ボーングローバル企業の経営理論

—新しい国際的ベンチャー・中小企業の出現—

中 村 久 人

八千代出版

はしがき

　著者は国際経営論を今日のように研究が盛んになるかなり以前から長年にわたって研究してきた。創業後もしくはその後まもなく国際事業活動を開始する「ボーングローバル企業」（以下、BGC）という形態のベンチャー企業や中小企業が存在することを、5、6年前に知り大変驚いた次第である。それまで国際ビジネスはほとんど伝統的な大規模多国籍企業の独壇場であり、小規模な企業が直接国際市場に参入する機会は限られていたからである。経営資源も希少なそのような小規模企業がなぜ早急に国際化を開始できるのか、また国際市場で大規模多国籍企業との競争に伍していけるのはどのような持続的競争優位性を有しているためだろうかという強い関心が日々高まっていった。

　さらに、著者はアメリカに本部を置くAIB（Academy of International Business）の世界大会に出席する機会があった。そこで知り得たのは同学会での約10部門ほどに分かれた分科会の一つにBGC研究に関する部会が存在することだった。当時、著者はBGCの研究を開始したばかりであったが、BGC部会にはそのテーマの論文や書物を書いた研究者たちが多数出席していた。そこではBGCの早期国際化や競争優位性といった特徴はこれまでの国際経営論でも十分説明可能であるという意見と、そうではなく十分説明できないので新しい理論が必要だという論争が戦わされていた。たまたま、著者が翻訳していた書物の共同著者であるフロリダ大学のナイト（Knight, G.）教授の発表もあり、彼も伝統的国際経営論を批判する立場であった。後で「あなたの著書を翻訳しています」と伝えたら大変喜んで戴いた次第である。こうした経験もBGCの研究を行う上での大きな動機づけとなった。

　そんなこともあって本書のテーマを「ボーングローバル企業の経営理論—新しい国際的ベンチャー・中小企業の出現—」とした次第である。第1章から第3章までは主としてこれまでの伝統的国際経営論の特徴について再検討

し、それらのうちで BGC の理論としても適用可能な部分があるかどうか検討した。第4章ではこれまでの BGC に関する理論について多くの論文の文献レビューを行った。その上で第5章では BGC の概念について代表的な理論の整理を行った。そして第6章では本書の中心課題でもある BGC の早期国際化と持続的競争優位性に関して綿密な検討を行った。さらに、第7章では BGC とハイテク・スタートアップのような類似企業との比較を行い BGC の特徴をより鮮明にした。第8章では BGC を多く輩出している北欧諸国での実地調査を踏まえ BGC の支援機関に関する調査結果をまとめている。第9章では、わが国のボーングローバル企業とボーン・アゲイン・グローバル企業についての事例研究を行った。

　本書の独創性（オリジナリティ）をいくつか挙げると、わが国において研究の少ない BGC について国際経営の観点から分析を行った数少ない研究であることである。次に、本書は BGC の特徴である早期国際化と大規模多国籍企業に伍していけるだけの持続的競争優位性の源泉に焦点を当てた研究であることである。この分野の多くの研究者の知見を盛り込んだ上での著者の見解を示している。

　さらには、BGC を数多く輩出している北欧諸国（フィンランド、オランダ、スウェーデン、デンマークなど）における BGC 出現の背景とそれらの支援機関について、独自の実地調査を行い、そこから得られた知見を明らかにしたことである。また、わが国の BGC とボーン・アゲイン・グローバル企業を特定し、なぜそれらの企業がそのように特定できるのかを示した点である。これについては本邦初の研究と考えている。さらに、本当に伝統的な理論では BGC の早期国際化や持続的競争優位性の源泉は説明できないのか著者なりの見解を示したことである。そのため、従来からの伝統的な国際経営論、多国籍企業論、国際経済論等の企業の国際化を説明する理論も渉猟し、それらの理論が BGC についても当てはまるかを検討した。

　「失われた10年」が今や「失われた20年」にもなろうとしているわが国の経済の現状をみるにつけ、国際的なベンチャー・中小企業である BGC が

多数創業され、グローバルな活動をすることが日本経済復興の原動力にも繋がるものと期待される。この点において今回の本書の出版における意義は大きいと確信している。

著者は、日頃から所属している「国際ビジネス研究学会」、「多国籍企業学会」、「日本マネジメント学会」、「日本経営学会」等の先生方、また「古川栄一経営学研究会（FKK）」会員の先生方にも学問的示唆やご教示を頂いている。

本書は、2012 年度に著者が提出した博士請求乙論文をもとに第 9 章を書き足して刊行するものである。博士論文審査の主査を担当されていた東洋大学の河野大樹教授（東北大学名誉教授、経済学博士）は、2013 年 1 月末に突然逝去された。しかし、私の論文に対する「審査報告書」はほとんど清書されて残されていたと、主査を引き継がれた稺山幹夫教授から後で伺った。生前河野先生から戴いた懇切丁寧な数々のアドバイスは実に適確なご指摘であった。ご苦労とお人柄を偲びここに心からの謝意を表したい。また、新しく主査を担当された稺山幹夫教授、副査を担当戴いた東洋大学経営力創成研究センター長の小椋康宏教授および同経営学部の石井晴夫教授にも衷心より謝辞を表したい。また、日頃からお世話になっている本学経営学部の先生方にも深甚なる感謝をこの場を借りて申し上げたい。

また、昨今の出版事情の厳しい折にもかかわらず、本書の出版を快くお引き受け戴いた八千代出版の大野俊郎社長と編集担当の岩谷美紀氏にも深甚なる謝意を表したい。

最後に、本書は平成 25 年度東洋大学井上円了記念研究助成（刊行の助成）を受けたものであり心からの謝意を表する次第である。

2013 年 5 月 31 日　　　　　　　　　　　　　　　　　　中村 久人

目　次

はしがき　i

序　章　問題意識と本書の構成 …………………………………………… 1
1．研究動機と研究目的　1
（1）研究動機　1　　（2）研究目的　3
2．本研究の理論的枠組みと章構成　6
（1）理論的枠組み　6　　（2）本書の章構成　6

第1章　多国籍企業経営論の理論展開の系譜 ……………………… 13
1．国際経営論からみた一般的な国際化プロセス　13
（1）経営国際化の発展段階　13
（2）経営の国際化・多国籍化・グローバル化　16
2．貿易論　19
（1）絶対生産費説　19　　（2）比較生産費説　20
（3）ヘクシャー&オリーン理論　21　　（4）近年の貿易論　21
3．海外直接投資論　22
（1）ウプサラ・モデル──海外進出の段階的アプローチ　22
（2）ハイマー&キンドルバーガー理論　23
（3）製品ライフ・サイクル理論　24　　（4）多国籍企業の内部化理論　27
（5）多国籍企業の折衷理論　31
4．貿易論や海外直接投資論のBGCへの適用可能性　35

第2章　グローバル企業の経営理論 ……………………………………… 39
1．海外市場参入戦略　40
（1）輸出による参入方式　40　　（2）契約による参入方式　41
（3）直接投資による参入方式　41
2．グローバル競争戦略論　44
（1）企業を取り巻く事業環境　44　　（2）企業内活動　48
（3）グローバル競争戦略　50
3．グローバル経営組織論　58
（1）国際企業組織の段階モデル　58　　（2）3つの組織モデル　60
（3）新組織モデルとしてのトランスナショナル企業の特徴　64

（4）トランスナショナル企業の構築　69
　4．グローバル戦略論やグローバル経営組織論のBGCへの適用可能性　75

第3章　トランスナショナル経営論以降のグローバル経営理論 …… 77
　1．トランスナショナル経営論以降の経営モデル　78
　　（1）マルティフォーカル・モデル　78　　（2）ヘテラーキー・モデル　79
　　（3）環境適合類型モデル　80　　（4）パフォーマンス・モデル　81
　2．知識経済時代におけるメタナショナル企業経営　83
　　（1）メタナショナル企業経営とグローバル・ナレッジ・エコノミー　83
　　（2）メタナショナル企業経営の特徴と必要とされる能力　85
　3．メタナショナル企業の事例研究　88
　　（1）STマイクロエレクトロニクス　88　　（2）資　生　堂　91

第4章　ボーングローバル企業に関する文献レビューと
　　　　　理論的枠組み ……………………………………………… 95
　1．ボーングローバル企業に関する文献レビュー　95
　　（1）BGCに関する初期の研究　96　　（2）BGCの早期国際化に関する研究　99
　　（3）BGCの全般的特徴に関する研究　102
　　（4）BGCにおけるICTの役割に関する研究　106
　　（5）BGCの経営戦略に関する研究　108
　　（6）資源ベース論やケイパビリティ論で説明されるBGCの研究　113
　　（7）国際ビジネスのネットワーク論で説明されるBGCの研究　115
　2．ボーングローバル企業を解明する理論的枠組み　117
　　（1）BGCを解明する理論と枠組み　117
　　（2）BGCにおける方向性および戦略　127
　　（3）伝統的国際化理論への挑戦　134

第5章　ボーングローバル企業の概念と
　　　　　新しい国際化アプローチ ……………………………………… 139
　1．ボーングローバル企業の概念　140
　2．ネットワーク・アプローチからみたBGC　147
　3．資源ベース論からみたBGC　154
　4．国際的起業家精神アプローチからみたBGC　159
　5．メタナショナル経営論の観点からみたBGC　166

第6章 ボーングローバル企業の早期国際化と持続的競争優位性 …………………………………… 171

1. BGC の出現を容易にする現代的諸要因　171
   - (1) グローバル化の進展　172
   - (2) 技術の進展　175
   - (3) BGC に対するグローバル化と技術の進展　179
2. BGC の早期国際化　181
3. BGC の持続的競争優位性　184
   - (1) 外部環境重視の戦略論から内部環境重視の戦略論へ　184
   - (2) 資源ベース論の持続的競争優位性　187
   - (3) コンピタンスをベースとした戦略策定　189
   - (4) 持続可能な競争優位性獲得のためのコンピタンス・ベースのモデル　189
   - (5) システムとしてのコア・コンピタンス　193
   - (6) 知識に注目した資源ベース論　194

第7章 ボーングローバル企業とその類似企業の比較
── ボーン・アゲイン・グローバル企業とハイテク・スタートアップ ──　…………………… 197

1. BGC とボーン・アゲイン・グローバル企業　197
   - (1) BGC とボーン・アゲイン・グローバル企業　197
   - (2) 国際ニュー・ベンチャーと BGC　200
   - (3) 国内ベースの中小輸出企業とボーン・アゲイン・グローバル企業　200
   - (4) カナダの BGC およびボーン・アゲイン・グローバル企業の比較　203
2. BGC とハイテク・スタートアップ　207
   - (1) ハイテク・スタートアップの定義と出現の背景　207
   - (2) ハイテク・スタートアップの成功確率と成長要因　209
   - (3) BGC とその周辺・類似企業との関係　212

第8章 北欧諸国における BGC 支援機関に関する考察 …………… 215

1. フィンランドおよびオランダにおける BGC 出現の背景　216
   - (1) フィンランドにおける BGC 出現の背景　216
   - (2) オランダにおける BGC 出現の背景　220
   - (3) フィンランドの BGC を創出・成長させる政策的基盤と支援機関　221
   - (4) オランダの BGC を創出・成長させる政策的基盤と支援機関　224
2. スウェーデンおよびデンマークにおける BGC 出現の背景　229
   - (1) スウェーデンにおける BGC 出現の背景　229
   - (2) デンマークにおける BGC 出現の背景　234

(3) スウェーデンのBGCを創出・成長させる政策的基盤と支援機関　238
　(4) デンマークのBGCを創出・成長させる政策的基盤と支援機関　240
　(5) デンマークのバイオ・テクノロジー産業とメディコンバレー　244

第9章　日本のボーングローバル企業とボーン・アゲイン・グローバル企業のケース　251

1. **日本のボーングローバル企業**　251
　(1) テラモーターズのケース　251　(2) ジオ・サーチのケース　262
2. **日本のボーン・アゲイン・グローバル企業**　271
　(1) マニーのケース　271　(2) スミダコーポレーションのケース　283

終　章　本書の結論　291

参考文献一覧　303
人名索引　327
事項索引　329

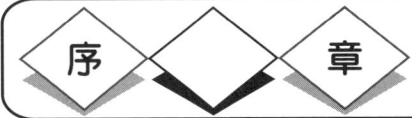

問題意識と本書の構成

1. 研究動機と研究目的

(1) 研究動機

　ボーングローバル企業（Born Global Company または Born Global Firm：BGC または BGF）とは、易しくいえば「生まれながらのグローバル企業」である。わが国ではあまり知られていない名称である。別の言葉でいえば国際ニュー・ベンチャー（International New Venture：INV）ということもある。この種の企業に属するものとして国際的なハイテク・スタートアップ（High-tech Start-up）企業が多いが、必ずしもハイテク企業だけでもないようである。

　国際経営論を専門としていながら、著者はこのような名称の企業研究に5、6年ほど前に初めて出くわしたのであるが、それは大変ショッキングな出来事であった。というのは、BGCはベンチャー・ビジネスや中小企業であるが、グローバルな市場で伝統的な大規模多国籍企業に伍して競争していることを知ったからである。

　これまでの伝統的な国際経営論や多国籍企業論によれば、企業の国際化・グローバル化のプロセスは、まず国内市場活動から始まり、長い年月をかけて継続的にその国内事業活動を経験した後に、メーカーであれば、貿易（輸出）を開始することになり、その後、現地企業とのライセンシング（技術供与）や組立て（KD）を開始し、さらには合弁による現地生産あるいは100%出資子会社による現地生産に進展し、そして最終的には現地での研究・開発（R&D）投資へと継続的・漸進的・段階的に進むというのが定説であった。

このような国際化・グローバル化のプロセスにおいてライセンシングが先か合弁あるいは100％出資子会社による単独出資が先かといった議論はあったが、BGCのように創業時もしくはその後まもなく国際化を開始する企業があるというのは想定外であった。BGCは国内事業活動もそこそこに上記の一連の国際化・グローバル化のプロセスを場合によってはいくつかの段階を飛び越えて進む、いわゆる「蛙跳び」的な早期国際化を実現する企業でもある。このような企業が存在することを知ったとき、長年国際経営論を研究してきた著者は、「目から鱗が落ちる」思いであった。

　さらに、BGCを研究している欧米の研究者の何人かは、ボーングローバル企業の早期の急速な国際化・グローバル化は伝統的な企業国際化の理論では説明できないといっている。従って、国際化プロセスを蛙跳びするようなBGCの経営を解明するには、それにふさわしい独自の新しい国際化理論が必要であることを主張し伝統的な国際化理論に挑戦している。

　従来は、国際的な事業活動は伝統的な大規模多国籍企業のビジネスであり、ベンチャー・ビジネスや中小企業はもっぱら国内市場でのビジネスが中心であった。また、中小企業が輸出を行う場合でも自社独自で直接輸出を行える企業は少なく、ほとんどは仲介業者である貿易商社等の販売経路を活用した間接輸出であった。

　しかしながら、最近におけるグローバル化の進展、ICT（情報通信技術）の世界的普及、特にインターネットの普及、国際的ビジネス経験を有する経営者の増加等により、希少な経営資源しか持たないベンチャー・ビジネスや中小企業でも創業時もしくはその後まもなくグローバル市場で国際事業活動を行うことが可能になったのである。

　このようなBGCの出現にもかかわらず、わが国におけるBGCの研究は、関連学会においてもまだ始まったばかりであり、その研究の重要性さえ認識されるに至っていない。その理由としては、日本ではこれまでベンチャー・ビジネスや中小企業を立ち上げる起業家が欧米諸国や他のアジア諸国に比べて極めて少なく、またそのような企業を支援するベンチャー・キャピタルの

動きもさほど活発でなかったこと、これまで起業時からグローバル市場への進出を目指すような国際的起業家精神を持った起業家が少なかったことにもよると考えられる。つまり、わが国においてBGCの出現があまりにも少なかったがためにそれについての研究もなされてこなかったということであろう。

わが国の経済は最近まで自由主義経済圏においてGNP第2位を維持しており、特にバブル経済全盛期の期間では国内の経済規模も大きく、小規模企業は海外市場を対象としたビジネスの必要性を感じなかったことも一因であろう。しかしながら、最近のわが国における少子高齢化に伴う労働人口の減少傾向、国内需要の落ち込み、国内企業の業績の悪化とそれに伴う景気の下降等、今こそわが国においても国際的起業家精神を有するベンチャー・ビジネスや中小企業としてのボーングローバル企業の育成、創業、成長が期待される時代が到来したと考えられるのである。

以上、著者が本書執筆においてBGCの経営についての理論的研究を志した背景あるいは研究動機である。

(2) 研究目的

次に、本書における研究目的であるが大きく分けて次の7つの目的で構成される。

1つ目は、BGCの国際化プロセスに関する解明である。これには2つある。最初に、BGCの国際化プロセスは、伝統的な国際化プロセスとどこが違うのか。また、その違いはいかなる理由で発生するのかという課題を明らかにすることである。次に、BGCはなぜ急速な国際化（早期国際化）が可能なのかという課題を明らかにすることである。また、その早期国際化を可能にしている要因は何かを明らかにすることである。

2つ目は、経営資源の希少なBGCがなぜ国際市場で伝統的な大規模多国籍企業との競争に伍していけるのかという課題を明らかにすることである。一般的に、ヒト、モノ、カネ、情報、技術といった経営資源が乏しいとされ

るベンチャー・ビジネスや中小企業がなぜ経営資源の豊富な大規模多国籍企業と世界市場で競争して成功を収めることができるのかという課題である。また、その場合、BGCの持つどのような種類の経営資源がどのような理由で企業の成功に貢献しているのかということも明らかにしたい。換言すれば、この課題はBGCが世界市場で大規模多国籍企業に伍していける競争優位性、正確には「持続的競争優位性の源泉」は何か、を明らかにすることである。

3つ目は、BGCの経営の解明にはどのような研究アプローチがなされてきたかである。また、それらは上記の研究目的のいずれを解明するのに役立つものかを明らかにする。具体的には、①BGCの初期の研究、②BGCの早期国際化の研究、③BGCの全般的特徴の研究、④BGCにおけるICTの役割研究、⑤BGCの経営戦略の研究、⑥資源ベース論やケイパビリティ論からみたBGC、⑦国際ビジネスのネットワーク論からみたBGC、⑧国際起業家精神（志向）からみたBGC、などである。

4つ目は、BGCと類似した企業について、それら類似企業の特徴を明らかにすると同時に、特に、それら企業との比較研究によりBGCの特徴を明らかにする。具体的には、ハイテク・スタートアップやボーン・アゲイン・グローバル（born-again-global）企業である。ハイテク・スタートアップを取り上げるのは、BGCとその出現の背景や特質に類似性が多いためである。ボーン・アゲイン・グローバル企業は、それまで長期間にわたり国内で事業活動を行ってきた企業が突然ある時点から急速な国際化プロセスを開始するベンチャー・ビジネスまたは中小企業のことである。それはBGCと本質的にどこが違うのか。またなぜ、そのような違いが生じるのか。さらにボーン・アゲイン・グローバル企業について検討する意義はどこにあるのかを明らかにしたい。

5つ目の目的は、BGCの創業が特に盛んである北欧諸国に目を向け、BGCを創出・成長させる「生態系」に関して著者の実地調査をもとに、なぜ北欧諸国にはBGCが多いのか、各国のBGC出現の背景は何か、BGCを創出・成長させる各国の政策的基盤や支援機関の実態はどうなっているのか、等の

本書の研究目的

1.	BGCの国際化プロセスを解明する。 ① 伝統的な国際化プロセスとどこが違うのか。その違いはなぜ発生するのか。 ② BGCはなぜ急速な国際化（早期国際化）が可能か。それを可能にする要因は何か。
2.	希少な経営資源しか持たないBGCがなぜ国際市場で伝統的な大規模多国籍企業との競争に伍していけるのか。また、その場合の「持続的競争優位性の源泉」は何か。
3.	BGCの経営の解明にはどのような研究アプローチがなされてきたのか。また、それらは「本書の研究目的」のいずれを解明するのに役立つか。
4.	BGCと類似した企業概念について、それら企業の特徴を明らかにすると同時に、それら企業との比較研究によりBGCの特徴を明らかにする。
5.	北欧諸国にはなぜBGCが多いのか、各国のBGC出現の背景は何か、BGCを創出・成長させる政策的基盤や支援機関の実態はどうなっているか、を明らかにする。
6.	わが国のボーングローバル企業やボーン・アゲイン・グローバル企業にはどのような企業があるのか。また、それらはなぜグローバル企業になり得たのか。
7.	ボーングローバル企業の早期国際化や持続的競争優位性の源泉は、従来の国際経営の理論で解明可能なのか、それとも新しい理論の構築が必要なのか。

課題を明らかにしたい。具体的には、フィンランド、オランダ、スウェーデンにデンマークを加えた4カ国である。

　6つ目の目的は、わが国のボーングローバル企業とボーン・アゲイン・グローバル企業の研究である。日本のボーングローバル企業にはどのような企業があるのか。それらはなぜグローバル企業になり得たのか。さらに、ボーングローバル企業が生まれながらのグローバル企業なら、生まれ変わってグローバルになったボーン・アゲイン・グローバル企業のケースについても、それらはどのような企業なのか、そして国内の長期にわたる事業からグローバル化への移行はどのようなものであったかを検討する。

　最後の目的は、ボーングローバル企業の早期国際化や持続的競争優位性の源泉は、従来の国際経営の理論で解明可能なのか、それとも新しい理論の構築が必要なのかという大きな課題に関して著者なりの見解を明らかにすることである。

2．本研究の理論的枠組みと章構成

（1）理論的枠組み

　本書においては、上記の7つの研究目的を解明するために、BGCの理論研究に有益と思われるすべての理論を活用するが、特にBGCの特徴や本質に関して、次の4つのアプローチによる分析に重点を置くことにする。①ネットワーク・アプローチからみたBGC、②資源ベース・アプローチからみたBGC、③国際起業家精神（志向）アプローチからみたBGC、④メタナショナル経営論からみたBGC、である。これらのアプローチによって、BGCの国際化プロセスが伝統的多国籍企業のそれと異なる理由、さらには早期国際化が可能な理由を明らかにすると同時に、BGCがグローバル市場で伝統的大規模多国籍企業に伍してそれらと競争できるだけの「持続的競争優位性の源泉」の中身は何かを解明する。

　これらのBGCへの理論的アプローチをベースとして本研究の理論モデルを示せば図序-1のようになる。

（2）本書の章構成

　本書は序章、終章を除けば第1章から第9章までの9章で構成されている。序章「問題意識と本書の構成」では、既述のように、第1節で研究動機と研究目的を述べ、第2節で本研究の理論的枠組みを示している。ここでは本書の章構成について概説する。

　第1章から第3章までは、これまでの伝統的国際経営論で扱われてきた国際企業から、多国籍企業、グローバル企業、さらにはトランスナショナル企業へと進化してきた国際的企業に関する経営理論の変遷の系譜を辿り、それぞれの理論の特徴とその根底に流れる国際化・多国籍化・グローバル化に対する概念と志向性を明らかにする。本書がBGC企業経営の理論的研究にもかかわらず、これら伝統的国際経営理論を取り上げるのは、今一度伝統的大規模多国籍企業の国際化プロセスについて考察し、BGCのそれとの相違を

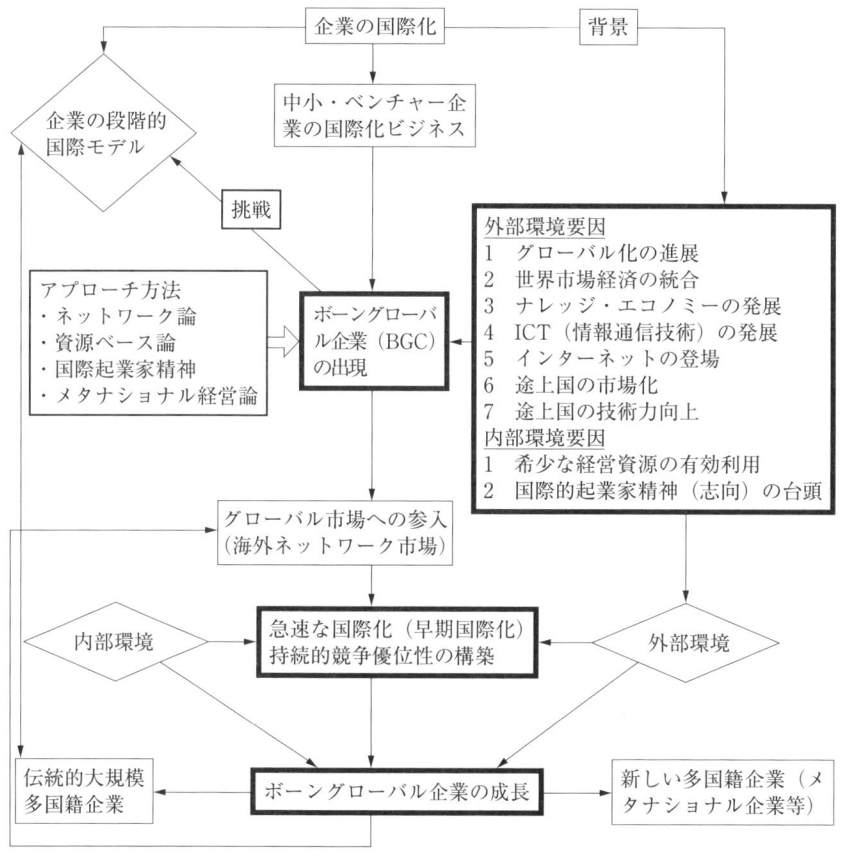

図序-1　本研究の理論モデル

出所）著者作成

明らかにするためである。また、どの部分がBGCの経営論、特に早期国際化と持続的競争優位性を解明する理論として活用できるのかも念頭に置いて分析を行う。

次に各章ごとの執筆の狙いを述べれば以下の通りである。

まず、第1章の「多国籍企業経営論の理論展開の系譜」では、第1節で経営国際化の一般的な発展パターンを述べ、第2節では海外直接投資の源流で

ある貿易論から時系列的に各理論（絶対生産費説、比較生産費説、ヘクシャー ＆ オリーン理論、近年の貿易論など）の特徴を浮き彫りにする。さらに、第3節では、貿易論の発展型理論として、①ウプサラ・モデル、②ハイマー ＆ キンドルバーガー理論、③製品ライフ・サイクル理論（PLCモデル）、④多国籍企業の内部化理論、⑤多国籍企業の折衷理論（OLIモデル）など代表的な海外直接投資理論の特徴を概説する。その際、常に、伝統的大規模多国籍企業の国際化プロセスとその速さについてBGCとの違いを念頭に置いて考察する。

第2章の「グローバル企業の経営理論」では、グローバル企業の経営理論として、第1節でルート（Root, F. R.）の海外市場参入戦略、第2節でポーター（Porter, M. E.）のグローバル競争戦略論を取り上げる。ポーターの競争戦略論からはBGCが海外市場で大規模多国籍企業との競争に伍して成功するなどといった考え方は出現しないし、到底正当化されないのである。しかしながら、見方を変えて例えば、彼の説く4つの基本戦略のうちコスト焦点戦略や差別化戦略、およびグローバル競争優位の源泉としてのダイヤモンド・フレームワークなどの概念はBGC版に焼き直して利用できる面もあるのではないかと考える。具体的には、前者ではBGCによるグローバル・ニッチ市場での焦点戦略や差別化戦略であり、後者ではBGCの持続的競争優位性を考察する際のヒントがあるように思われる。第3節では、トランスナショナル企業を中心にグローバル経営組織論について考察する。

第3章の「トランスナショナル経営論以降のグローバル経営理論」では、バートレット ＆ ゴシャール（Bartlett, C. A. & Goshal, S.）以降の理論的展開に沿って、それぞれの理論の特徴を浮き彫りにした後、それらの理論によってBGCの早期国際化プロセスや持続的競争優位性について説明できないかを検討したい。

第4章の「ボーングローバル企業に関する文献レビューと理論的枠組み」の第1節では、「ボーングローバル企業に関する文献レビュー」をいろいろな切り口で行う。具体的には、①BGCに関する初期の研究、②BGCの早期国際化に関する研究、③BGCの全般的特徴に関する研究、④BGCにお

けるICTの役割に関する研究、⑤BGCの経営戦略に関する研究、⑥資源ベースやケイパビリティ論で説明されるBGC研究、⑦国際ビジネスのネットワーク論で説明されるBGC研究などである。第2節では、「ボーングローバル企業を解明する理論的枠組み」について検討する。具体的には、BGCの研究において、技術的リーダーシップ、ネットワーキング能力、マーケティング能力、組織学習、イノベーション、資源ベース、ケイパビリティ等の理論が有益であることを示す。そして、伝統的国際化理論への挑戦を行う。

第5章の「ボーングローバル企業の概念と新しい国際化アプローチ」では、まず、伝統的な大規模多国籍企業とは違うボーングローバル企業の概念と定義を考察する。さらに、BGCの特徴や本質に関して、次の4つのアプローチによる分析を行う。①ネットワーク・アプローチからみたBGC、②資源ベース論からみたBGC、③国際起業家精神（志向）アプローチからみたBGC、④メタナショナル経営論からみたBGCである。

第6章の「ボーングローバル企業の早期国際化と持続的競争優位性」では、第1節において、現代におけるBGCの出現を容易にする諸要因について分析する。さらに、第2節ではBGCの国際化プロセスは、伝統的な国際化プロセスとどこが違うのか、またその違いはいかなる理由から派生するのか明らかにすると同時に、BGCはなぜ急速な国際化（早期国際化）が可能なのかという課題を明らかにする。また、その早期国際化を可能にしている要因は何かについても明らかにする。次に、第3節では、BGCの持続的競争優位性について分析する。それは、経営資源の希少なBGCがなぜ国際市場で伝統的な大規模多国籍企業に伍して競争し成功しているのかという課題を明らかにすることでもある。換言すれば、BGCが世界市場で大規模多国籍企業に伍していけるだけの競争優位性、正確には「持続的競争優位性」は何か、を明らかにすることである。

第7章の「ボーングローバル企業とその類似企業の比較―ボーン・アゲイン・グローバル企業とハイテク・スタートアップ―」では、第1節でBGCとボーン・アゲイン・グローバル企業および国際ニュー・ベンチャー企業と

の異同、国内ベースの中小企業やボーン・アゲイン・グローバル企業との異同について論じた後、カナダにおける BGC とボーン・アゲイン・グローバル企業を比較する。さらに、第2節では BGC とハイテク・スタートアップの異同について検討し、最後に BGC との、ベンチャー・中小企業、ハイテク・スタートアップおよびグローバル企業の関係を明らかにする。

第8章の「北欧諸国における BGC 支援機関に関する考察」では、BGC の創業が特に盛んである北欧諸国（フィンランド、オランダ、スウェーデン、デンマークの4ヵ国）に目を向け、著者の行った実地調査をもとに、なぜ北欧諸国には BGC が多いのか、各国の BGC 出現の背景は何か、BGC を創出・成長させる各国の政策的基盤や支援機関の実態はどうなのかといった課題を明らかにする。さらに、これら北欧諸国における BGC 支援機関の活動からわが国が学ぶべき点は何なのかについても検討する。

第9章の「日本のボーングローバル企業とボーン・アゲイン・グローバル企業のケース」では、典型的なわが国のボーングローバル企業と目される2社、およびボーン・アゲイン・グローバル企業に分類できる2社についてのケース・スタディを行う。それらはなぜグローバル企業になり得たのか。また、特に後者については、国内の長期にわたる事業からグローバル化への移行はどのようなものであったかを検討する。

最後に、結びでは、BGC の早期国際化や持続的競争優位性の源泉といった特徴に関して、果たして従来の国際経営の理論では解明できないものなのか、また伝統的な国際経営の理論への挑戦者たちの理論が客観性を有するとすれば、それはニューフロンティアとしての「BGC 経営論」になり得るのかといった課題についての著者なりの結論を述べたい。また、そのことは本書の到達点にもなりうるものである。

尚、本書の独創性（オリジナリティ）をいくつか挙げると、まず既述のように、わが国においてあまり研究がなされていないボーングローバル企業について、国際経営の観点から分析を行った数少ない研究であることである。「本書の目的」に示した課題について、これまでわが国では詳細な研究はほとん

どなされてこなかった。

　次に、本書はボーングローバル企業の特徴である早期国際化と大規模多国籍企業に伍していけるだけの持続的競争優位性の源泉に焦点を当てた研究であることである。この分野の多くの研究者の知見を盛り込んだ上で、著者の見解を示している。

　さらには、ボーングローバル企業を多く輩出している北欧諸国（フィンランド、オランダ、スウェーデン、デンマークなど）におけるBGC出現の背景とそれらの支援機関について、独自の実地調査を行い、そこからの知見を明らかにしたことである。

　また、わが国のボーングローバル企業とボーン・アゲイン・グローバル企業を特定し、なぜそれらの企業がそのように特定できるのか検討を行ったことである。これについては本邦初の研究と考えている。

　最後に、従来からの伝統的な国際経営論、多国籍企業論、グローバル経営論、国際経済論等の企業の国際化を説明する理論も渉猟し、それらの理論では本当にBGCの早期国際化や持続的競争優位性の源泉は説明できないという著者なりの見解を示したことである。

多国籍企業経営論の理論展開の系譜

　企業国際化の一般的な発展プロセス（段階）はどのようなものであろうか。また、企業はなぜ国際化、多国籍化、グローバル化するのであろうか、またせざるを得ないのか。これらのことを説明できる多国籍企業の一般理論を目指して、貿易論、産業組織論、多国籍企業論、国際経営論、国際経済論などいくつかの学問領域でこれまで不断の研究がなされてきた（鈴木、1988）。研究の流れは、貿易論から、ハイマー ＆ キンドルバーガー理論、製品ライフ・サイクル理論、内部化理論、さらには折衷理論へと展開されている。本章では、それらによってボーングローバル企業の特徴を理論的に解明することが可能であるかどうかを念頭に置きながら、上記諸理論の特徴と限界について検討することを目的とする。

1．国際経営論からみた一般的な国際化プロセス

（1）経営国際化の発展段階

　国内だけで企業活動をしている純粋な国内企業が次第に国際化していくプロセスは一般的にはどのようなものであろうか。国内企業が一夜明けてみたら国際企業になっていたなどということはあり得ないのであって、国際化にはいくつかの発展段階が考えられる。その概略を示したのが図1-1である。
　まず、純粋に国内的な経営を行っている企業が初めて外国との関係を持つのは一般的にモノ（製品）の輸出入、つまり貿易を通じてであろう。これは国内での企業経営しか経験のない企業が初めて国際的な経営の第一歩を踏み出すという、まさに画期的な段階である。モノ（製品）の輸出入が増加して

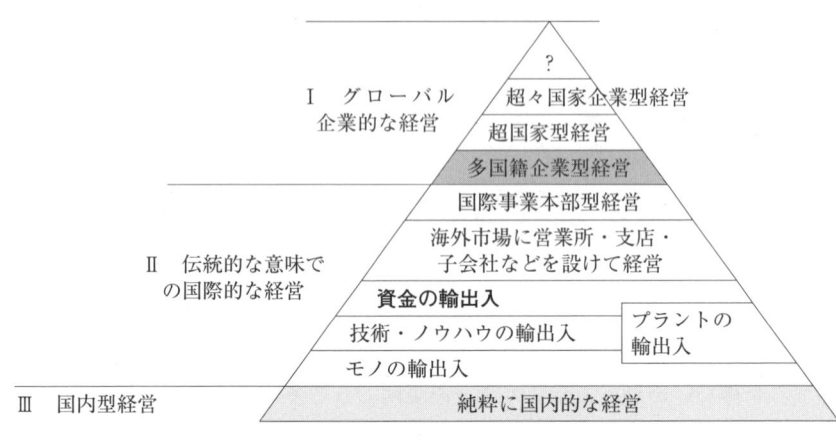

図1-1　経営国際化の発展段階
出所）小林（1972：p.29）を一部改変

くると、そのうち製品技術や生産技術さらには経営ノウハウなども輸出入（移転）されるようになる。さらに、輸出入先との関係が深まれば、資金の輸出入（資本投資、資金調達、貸付など）も並行して実施される。その他、資源開発投資などにおいてはこれらモノ（製品）、技術・ノウハウ、資金のすべてを一つのパッケージにした、いわゆるプラントの輸出入が行われる。

輸出活動が活発になり貿易量や販売シェアが上昇してくると、それに伴う権益やシェアの維持・管理が必要になり、現地国に営業所や支店、さらには現地法人としての子会社（合弁または完全所有）を設営して経営が展開されるようになる。こうした海外拠点は初期の段階ではその時々の必要に応じてどちらかといえば場当たり的に設営されるケースが多い。

しかし、これ以前の輸出入の段階では、本国本社の輸出入部門（貿易部門）が中心となり、本国からこれらの諸活動をコントロールしていたものが、この段階に至って初めて進出国での企業経営が加わることになるのである。

また営業所や支店は現地法人ではないが、子会社は完全所有であれ、合弁であれ現地の法律のもとに登記されたれっきとした現地法人である点に注意する必要がある。こうした海外拠点は初めは、主として本社からの輸入品を

現地小売店に販売する卸売機能を主体とした販売子会社が中心であった。しかし、売上高やマーケットシェアが拡大していくうちに、現地国ユーザーのニーズに合った製品の開発・製造、ビジネス・チャンスを逃さない販売、およびアフター・サービスの充実と迅速性、といった必要性から製造子会社が設営されるようになる。

現地法人である製造子会社の経営については、初期の段階では経験不足のためにあらゆる職能領域で毎日が試行錯誤の連続である。このため本社としては、社内の貿易部門の管理者とか海外製造の経験者を新規にスカウトするなどして、彼らに現地子会社の経営を任せるといったやり方を一般的にとるのであり、これを自律的海外子会社（autonomous foreign subsidiary）という。

しかし、こうした海外子会社の数が増加し、従ってグループ全体に占める子会社の売上高比率や利益率が増大してくると、本社としてはそれらの海外拠点を整理・統合・管理する必要性が出てくる。このように本社が集権的に複数の海外子会社を管理・統括することが必要になってくると本社内に国際事業（本）部（日本では海外事業部という場合が多い）が設置されるのである。

国際事業（本）部は、既存の輸出入部門（貿易部門）が発展的に解消して輸出入部門を、含める形で国際事業部になる場合もあるし、輸出入部門とは別に設置されることもある。後者の場合も結果的には貿易部門が国際事業部に吸収される傾向にあり、従って、輸出入、海外生産、技術供与といった海外事業活動に対しては一括して国際事業部が本社の窓口となる、いわば「国際事業本部型経営」が行われる。この段階までがこれまでのオーソドックス（伝統的）な意味での国際的な経営である。

しかし、経営の国際化がさらに発展し、例えば海外子会社の売上高や利益の合計額が国内事業部門のそれを上回るほどに海外経営のウェイトが高まってくると、グローバルな観点に立った経営を行う必要性が増大する。国際事業（本）部型経営は、国内事業部門と国際事業部門とを分割し、後者の国際事業部門のみを担当するやり方であるが、こうした経営には限界がある。国内経営と海外での経営を区別せずに、すべてをグローバル経営システムの一

環として同一のレベルで経営する、いわゆる「グローバル（世界）企業型の経営」が必要になる。グローバル企業とは世界中に市場、技術、アイディア、人材、工程、製品を求めて活動し、しかも現実の許す限りにおいて、国家的、政治的境界にとらわれずに、地球的な規模で経営を行う企業体である（小林、1972）。

　グローバル企業型の経営においては、国内事業と国外事業とをグローバルな観点から一元的に営み、それらを企業内国際分業として展開することになる。これこそが経営のグローバル化である。従って、グローバル企業型の経営では、企業にとって一番安くて高品質なところで原材料や部品を調達し、一番低コスト・高品質な製品ができるところで生産・加工し、一番顧客数が多くて高く売れるところで販売し、最高の人材獲得のためには国籍を問わないのである。

　こうしたグローバル企業型の経営にも、小林（1972）によれば、図1-1に示したように、いくつかの発展段階がある。すなわち、発展段階に従って、多国籍企業（multinational enterprise）、超国家型企業（transnational enterprise）、そして超々国家企業（supranational enterprise）がある。多国籍企業の具体例として、シンガーやキャタピラー、超国家企業としてユニリーバやシェル石油、超々国家企業としては現実に存在するというより当時ではまだ理想的な概念の域を出ないのであるが、ウェスチングハウス・ヨーロッパといった地域経済圏企業を挙げている（小林、1972）。

（2）経営の国際化・多国籍化・グローバル化

　今日、多くの日本企業が海外に進出し、現地で企業活動を展開するようになった。日本企業は世界のほとんどの国に進出し、海外での雇用者数は約300万人、既進出製造企業の海外生産比率は2010年までに30％を突破しており、現地生産子会社の売上高は日本からの総輸出額を追い抜く勢いである。今や国内事業と海外事業を区別せず、それらを全世界的ベースで同じ土俵の上に乗せて経営を行う、いわゆる「経営のグローバル化」の時代が到来して

表1-1　国際化・多国籍化・グローバル化

特性＼発展段階	国際化→	多国籍化→	グローバル化→
組織	①輸出部門 ②現地販売拠点 ③現地生産拠点	①複数の海外子会社 ②親会社に国際事業本部	グローバル組織構造：①世界規模・製品別事業部組織、②世界規模・地域別事業部組織、③世界規模・職能別組織、④世界規模・混合型組織（①+②）
経営資源	モノ、カネ+ヒト	モノ、カネ、ヒト+情報	モノ、カネ、ヒト、情報+企業文化
生産	国内生産システムの適用と部分修正	現地生産システムへの適応	グローバルな研究開発と生産
財務	①資金の調達源はほとんど親会社 ②財務・税務操作はほとんどない	①資金の調達源は親会社、各国子会社、各国金融市場 ②国際振替価格やタックス・ヘイブン	①資金調達源は全世界の金融・証券市場 ②システム最適化
トップの経営志向	国内志向	現地志向・地域志向	世界志向

出所）著者作成

いる。そうした企業がグローバル企業である。

　しかし、既述のように、企業は一朝一夕にしてグローバル企業になりうるものではなく、そこには多くの企業が共通して辿ってきたグローバル化への発展プロセス（段階）がみられる。これを一般的に国際化、多国籍化、グローバル化に沿って、発展段階別に示したのが表1-1である。

1）国際化の段階

　既述のように、国内事業活動だけを行っている企業が初めて国際化を経験するのは貿易においてである。日本企業の場合は輸出への依存度が高いが、これには商社など他社の販売網を利用する間接輸出と、自社独自に行う直接輸出とがある。

　輸出量が増大してくると、まず組織的には本社内に国内営業部門から独立した輸出部門が設立され、輸出先国には現地代理店、駐在員事務所や営業所・支店さらには海外販売子会社が設営されることになる。そして、最終的

にメーカーであれば現地で製造会社（工場会社）が設営される。

　輸出段階での経営資源はモノとカネ（資本）であるが現地子会社が設営されるとそれを経営・管理できるヒト（人材）の育成の必要性が高まる。この段階の現地生産の特徴は、主に国内生産システムの移転とその適用であり、国内製品と同一もしくは部分的修正による生産である。財務的には、一般的に小規模であり、資金の調達先は主として親会社である。さらに、この段階での親会社でのトップの経営志向性は基本的には国内志向（ethnocentric orientation、国内至上主義）である。

　2）多国籍化の段階

　海外子会社の数が増加していくと、既述のように、グループ全体に占める子会社の売上高、利益、従業員数等の比率が高まる。そのため、本社内にそれらの海外子会社を集権的に管理・統轄する組織として国際事業（本）部（海外事業部）が設置される。

　この段階の経営資源では、モノ、カネ、ヒトに加えて、国際情報通信ネットワーク・システムの構築を通じた情報関連資源の重点的施策が求められる。生産面では親会社の生産システムの一方的な移転（適用）から現地生産システムへの適応や現地ニーズに合わせた製品の生産が行われる。財務面では資金の調達源が広範囲になり、移転価格（トランスファー・プライス）や租税回避地（タックス・ヘイブン）を利用した財務・税務操作（調整）も行われるようになる。トップの経営志向は国内志向から次第に現地志向（polycentric orientation）あるいは地域志向（regiocentric orientation）に変化する。

　3）グローバル化の段階

　現地ユーザーのニーズにより一層適合した製品の開発・製造、技術の高度化・多様化等に対応するためには、国内事業部門と国際事業部門とを分離して、後者のみを担当する国際事業部による経営では限界があり、グローバル経営が必要になる。既述のように、グローバル化段階での経営では、国内事業部門と国際事業部門をグローバルな観点から一元的に営み、それらを企業内国際分業として展開することになる。

グローバル企業の組織構造では次の4種類が誕生する。①世界規模・製品別事業部組織、②世界規模・地域別事業部組織、③世界規模・職能別組織、④世界規模・混合型組織（①と②の混合型）、である。①は製品系列ないし一連の製品グループについて、製品別事業部が国内・海外の事業活動を統一的に管理する組織形態である。②は自社の市場を世界のいくつかの地域（国）に分割し、各々の地域の業務全体にわたって担当の各事業部が責任を持つ組織構造である。③はマーケティング、財務、生産、その他の職能担当部門が、事業の計画・実施・統制等に関して世界的規模の責任を有している組織形態である（ディムザ、1974）。

経営資源の面では、モノ、カネ、ヒト、情報に加えて広義の企業文化の定着が必要になる。グローバル企業の行動基準あるいは拠り所として共通の経営理念、経営哲学、価値観等の総体としての企業文化が要請される。

生産面では、グローバルな研究開発と生産が現地のそれと融合し、またフィードバックされる段階である。財務面では、資金の調達源は親会社や各国子会社だけでなく、全世界の金融・証券市場にまで拡大される。財務や税務の操作（調整）は、企業グループ全体としての観点からシステム最適化の原則により実施される。トップの経営志向はもちろん世界志向（geocentric orientation）である。

2．貿易論

(1) 絶対生産費説

今日の多国籍企業理論への道程を振り返れば、その源流は貿易論に求めることができよう。すなわち、アダム・スミス（Smith, A.）が提唱者といわれる「絶対生産費説」からの出発である。これは、もしA国がX財をB国より安く生産することができ、B国がY財をA国より安く生産できるのであれば、それぞれ最も効率的に生産可能な財の生産に特化すれば両国にとって利益になり、貿易により特化と分業が一層促進され、両国の経済厚生が増大

されるというものである。これはまさに国際貿易が行われる本質であるといえる。

極めてわかりやすいが、この説に従えば、すべての財の生産コストが自国より外国の方が低ければ、自国はすべての財を輸入しなければならず、その代金は輸出以外の方法で稼いだ外貨で支払わなければならなくなり、現実を説明する理論としては大いなる欠陥があった。

（2）比較生産費説

世界のすべての国が、必ずしもある財の生産に対して絶対優位を持っているとは限らない。リカード（Ricardo, D.）は、「比較生産費説」によって、たとえある国のみがすべての財の生産に絶対優位を持つ場合でも、1国内である財に対して比較優位があれば貿易による経済厚生の増大はあり得ることを明らかにした。つまり、1国内である財の生産コストが他の財より相対的に大きな比較優位を有する限り、その財に生産を特化し、輸出するのと引き換えに、比較劣位にあるその他の財を輸入することによって、その国はその貿易から自給自足を上回る利益を得ることができることを示したのである。

しかし、比較生産費説では、比較優位の生産コストを決定する唯一の生産要素は労働であるということが暗黙裡に前提となっており（生産物の価格は生産に費やされた単位時間当たりの労働量に比例するから）、他の生産要素のコスト要因が考えられておらず、これは説明のために単純化され過ぎた理論になっている。

また、この理論は次のような多くの制約条件がつけられて成立するものである。静学的分析枠組みの中で、資源は所与であり、2国2財1生産要素(生産要素は労働のみであり、それは国内では移動可能であるが国境を越えては移動しない)とする。単位コストは一定で、輸送コストはゼロ、需要条件や所得配分効果は含まれていない、などである（Buckley & Brooke, 1992）。

（3）ヘクシャー＆オリーン理論

　比較生産費説を一層精緻化するために出現したのがヘクシャー＆オリーン（Heckscher & Ohlin）の新古典派的アプローチによる理論である。これは、各財の生産に必要な生産要素の比率は異なり、また各国におけるこれら生産要素の賦存量は異なることを前提にする。そこでは、ある生産要素を豊富に有する国ではそれを相対的に多く利用する財の生産に特化することにより、より低い価格が実現される。こうして各国は生産特化した比較優位を有する財を輸出し、比較劣位にある財を輸入することになり、結果として世界全体の経済厚生と効率が改善される。つまり、「ヘクシャー＆オリーン理論」では、各国の生産要素の賦存量の相違が各財の生産コストの差をもたらし、各国の比較優位を決めるとされた。

　このモデルでも生産要素の移動は国内だけであるが、初期の2国2財2要素（資本、労働）の仮定を越えて一般化し、数多くの制約条件を少なくしていけば産業界全体にも当てはめることも可能であり、リカードの比較生産費説以上に説得力のあるものである。

　ところが、レオンチェフ（Leontief, W. S.）は、1947年のアメリカの貿易構造を分析し、アメリカが資本集約的な財を輸入し、労働集約的な財を輸出していることを明らかにした。彼は、ヘクシャー＆オリーン理論はこの事実に反していると批判した。これは「レオンチェフの逆説」として知られる。

（4）近年の貿易論

　さらに世界の工業生産の飛躍的増大に伴って、現代の貿易では、特殊生産要素、中間財および天然資源などの非貿易財貿易、要素貿易、技術貿易などの占める比率が高まっており、これらの変化が貿易に及ぼすインパクトを考慮した理論も出現している。例えば、Posnerの理論では、ある国で生じた技術革新が時間を経過して他国に伝播する場合の影響を扱っている。この時間的経過は反応ラグと模倣ラグの2つの要素で説明されており、時間が経過してこの2つのラグが解消すれば外国の競合企業が革新の模倣に成功し、輸

出が減少することを示している。この点では、バーノン（Vernon, R.）も後述の製品ライフ・サイクル理論（PLCモデル）で同様の分析を行っている。

さらに最近では、産業内貿易（そこでは同一産業内での財・サービスの輸出と輸入が同時に行われる）、サービス貿易（中間投入財としての特許、商標、暖簾などの無形資産やマネジメント、エンジニアリング、マーケティング、金融などのサービス取引）、さらには企業内貿易（多国籍企業の同一グループ内の内部取引）へと貿易のパラダイムは急拡大し、貿易理論は海外直接投資を中核とする多国籍企業理論との統合化に向けて急速に進展している。

3．海外直接投資論

（1）ウプサラ・モデル―海外進出の段階的アプローチ

ウプサラ・モデル（Uppsala model）は、企業がどのように段階的に海外市場での活動を展開していくかを説明した理論である。まず、企業は国内市場での事業経験を積んだ後、海外市場に進出すること。その場合、文化的、地理的に近い国から海外事業を開始し、その後次第に文化的距離、地理的距離の遠い国々に進出する傾向があること。また、それらは伝統的な輸出から海外事業を開始し、その後次第に標的国に向けてより大規模で集約的な事業活動を展開すること、を明らかにしている。

ウプサラ・モデルは、Carlson（1975）、Johanson & Wiedersheim（1975）、Johanson & Vahlne（1977）、などのスウェーデンの研究者たちによって提唱された理論であった。このモデルでは、国際化の基盤になるメカニズムを知識開発と市場コミットメントの相互作用から進化するプロセスとして特徴づけている。具体的には、国際化の漸進的・段階的プロセスは次のような4つのプロセスからなることを明らかにしている。①不定期な輸出段階、②独立のエージェントを介した定期的な輸出、③販売子会社の設営、④生産工場の設営、である。このモデルでは、標的市場に関する知識や情報が獲得・収集・分析され、段階的にプロセスが進行していくことになる。プロセスが段

階的になるのは、進出先市場が不安定であるため直接投資による市場参入の意思決定と実行が漸進的にならざるを得ないためである。

Johanson & Wiedersheim（1975）は、スウェーデンのエンジニアリング会社4社（Sandvik, Atlas Copco, Facit, Volvo）の国際化プロセスについての調査を行っている。この調査で、彼らは、①不定期の輸出、②独立した代理店（エージェント）を介した輸出、販売子会社の設営、生産工場の設営という国際事業展開の順序に関して実証分析に成功したことを明らかにしている。このように、一般的には企業の国際化プロセスは漸進的・段階的であり、それはスウェーデン企業だけでなく世界の他の企業についても当てはまると述べている。

また、上記のように、ウプサラ・モデルでは海外市場参入のパターンは、本国と標的国との地理的な距離だけでなく文化的距離（隔たり）が影響することを強調している。文化的距離とは、政治、経済、社会、法律、教育、文化等のシステムの違いである。これらの差が大きくなればなるほど、当該企業の優位性を移転できる可能性は低下し、現地拠点（販売子会社や工場など）を設営するために学習がより必要になると主張している。

（2）ハイマー＆キンドルバーガー理論

次に注目すべき業績として、ハイマー＆キンドルバーガー（Hymer & Kindleberger）の理論がある。この両者に共通する理論の特徴は、①投資受入国の地場企業が参入外国企業に対してどのような有利な条件を有しているか、②反対に、外国企業はその不利を補って余りあるいかなる優位性を持っているかを明らかにしている。具体的には、①では地場企業は消費者の嗜好、ビジネスの法的・制度的枠組み、地域の商習慣などの知識に精通しているが、外国企業はこれら知識の入手にはコストを要する。さらに外国企業は遠隔地である現地で操業を行うためのコストがかかる。それは出張、コミュニケーション、情報伝達、意思決定などをより広範囲に行うコストである。②の外国企業が有する企業特殊的優位性として、キンドルバーガー（Kindleberger,

C. P.) が挙げているのは、製品差別化を目的としたブランドの所有、特別なマーケティング技能の保持、パテント化された、あるいは一般に入手できない技術へのアクセス、資金源への有利なアクセス、あるチームの専有する経営的技能、工場の規模の経済、垂直統合の経済などである（Buckley & Casson, 1976 ; Kindleberger, 1969)。

さらに、ハイマー（Hymer, S.）によれば、ライセンス供与は市場を通じて企業が所有する優位性を売買する方法なので、企業はライセンス供与よりも海外生産を行う方が、その優位性から超過利潤（レント）を上げることができるとしている。それはパテント、その他の形での知識についての市場が不完全であるためだと述べている。そうした市場の不完全性は、買い手が知識を入手するまで、その価値を評価できないという買い手側の不確実性、知識に対する制度化された市場の欠如、知識の価値がその秘密性に依存していることによって生じる。従って、売り手は市場による競争入札ではその知識への投資に見合うほど価格を引き上げることはできない。さらに、外国企業が優位性を確保するためライセンス供与より直接投資を選考する理由として、外国企業の優位性をコントロールする欲求、買い手が対価を支払わずに知識を利用する危険性、などが考慮されている。これらの企業特殊的優位性に関する直接投資のライセンス供与との比較は、後述の内部化理論や折衷理論に多大な影響を与えたとみることができよう。

ハイマーは、多国籍企業を資本、技術、組織化のスキルといった企業が有する優位性を市場に代わって、効率的に移転させる制度として捉えたが、他方では、多国籍企業の巨大さからくる競争制限的な側面を強調し、多国籍企業の存在そのものに否定的な議論を展開することになる（Hymer, 1976)。

（3）製品ライフ・サイクル理論

次に、バーノン（Vernon, R.）の「製品ライフ・サイクル理論（PLC モデル）」の概要と課題について言及しよう。この PLC モデルは、製品の導入期、成熟期、標準化期という一連のライフ・サイクルと貿易、直接投資との関連を

生産要素の移動に着目して体系化したものである。換言すれば、製品の持つ一連のライフ・サイクルという概念を主軸に据えて、海外への生産立地移転の問題を貿易との関連で総合的に考察したモデルである（Vernon, 1966）。

　そこではアメリカ、他の先進国A、低開発国Bという経済発展段階の順に3つの市場が措定されている。まず、アメリカの技術集約的企業が新製品Xを開発し、それが国内市場に導入され、やがて成長期になると生産量（消費量）が本格的に伸びると仮定する。こうなると国内での生産量も増加し、消費量を上回る部分は先進国A（アメリカに続く経済発展段階の国）に輸出される。やがて、その企業の技術的優位性のために輸出量は急増する。しばらくして輸出先の先進国Aではその新製品Xを模倣する企業が出現し、自国企業の保護のため輸入規制が敷かれたりする事態が生じると、輸出の続行によるこれまでの現地市場の維持・拡大は困難になる。この状況を打開するため、アメリカ企業は先進国Aに直接投資を開始し、その製品の現地生産へと進む。ただし、この場合、すぐに、海外直接投資が起こるわけではない。アメリカ企業にとって自国での生産コストと市場への輸送コストや関税などの合計が、輸出先市場で生産する場合のコストより低い場合に限り、現地生産に踏み切るには慎重な判断が必要である。

　しかし、アメリカでの製品ライフ・サイクルが成熟期より標準化期に入ると先進国Aへの輸出は漸減し、やがてアメリカはその製品の輸入国に転化する。それは標準化期になれば、現地国企業も品質・コストの面で遜色のない新製品Xを生産できるようになるからである。他方、先進国Aでも生産量が消費量を上回るようになるとアメリカだけでなく、低開発国Bへも輸出するようになる。低開発国Bへの輸出が急増すると、アメリカとA国間で起こったのと同じことがA国とB国間で再現され、ついにA国も新製品Xの輸入国に逆転する。

　この段階になると、B国での地場企業が進出してきたアメリカ企業の子会社やA国企業の子会社と新製品Xの生産において激しい価格競争にしのぎを削ることになる。こうしたプロセスが繰り返されてアメリカ企業だけでな

く A国企業も製品 X の技術的優位性のため経済発展段階の下位の国に向けて次々に子会社を増やしながら多国籍化していく。

　PLC モデルの一大特徴は企業の多国籍化のポイントを技術革新に置き、この技術革新とその標準化までのタイム・ラグに注目した点であろう。この点は内部化理論にも引き継がれている。また、PLC モデルは製品の需給に関わる要因とその相互関係、市場と企業間の関係にも配慮されている。さらに、バーノンは現地生産の開始をコスト面から分析しているが、他方では上記のような企業による脅威への対応を重視し、企業を多国籍化させる導因として防衛的企業行動があることを示唆している。これらの知見は、多国籍企業理論への大きな貢献として評価できよう。

　しかし、1950 年代や 60 年代のアメリカ企業の多国籍化過程をうまく説明し得た PLC モデルも、70 年代以降のヨーロッパや日本の多国籍企業の出現により、多国籍化を説明する一般理論としては色あせてしまった。今日では、PLC モデルの限界あるいは課題として以下の諸点が論者によって指摘されている。

① なぜ新製品の開発と導入が常に、アメリカから開始されるのか。その他の国で開始される新製品もある。
② 国内市場での成熟を待たないで、直接、導入期段階から現地生産される新製品もある。
③ 製品ライフ・サイクルが短縮化され、必ずしも各段階を踏まない製品も多数存在する。
④ 新製品が開発されると同時に世界的規模で生産、販売されるケースもある。
⑤ 国際生産の分業体制によって、生産工程の一部のみを外国に移転するケースをいかに説明するか。
⑥ 先進国間の同一産業内企業による「相互上陸」による生産の方が現代では一般的趨勢になりつつある。
⑦ 革新的な技術優位を持たなくても中位技術や適正技術によって多国籍

化している、かつての日本企業やNIEsの企業をいかに説明するか。

（4）多国籍企業の内部化理論

　PLCモデル以降多国籍企業への多くの理論的アプローチを統合しようとする試みが内部化の概念に焦点を当てて進行している。その一つが「内部化理論」である。この内部化理論は、イギリスの「レディング（Reading）学派」に関係する経済学者たち、ダニング（Dunning, J. H.）、バックリー（Buckley, P.）、カソン（Casson, M.）、ラグマン（Rugman, A. M.）および「取引コスト（Transaction Cost）学派」といわれるアメリカのウイリアムソン（Williamson, O. E.）、ティース（Teece, D. J.）、ヘナート（Hennart, J. -F.）などによって開発され精緻化された理論である。

　内部化とは、企業内部に市場を創り出すプロセスである。つまり、企業が持つ製品や技術、情報などを、市場で他の企業に貸与したり販売するのではなく、市場に代わる場を企業内部に自ら創り出すことによってそれらを行う行為である。内部化理論はこうした企業行動に基づいて、多国籍企業の生成、発展と行動の原理をできるだけ普遍的なレベルで明らかにしようとするものである（長谷川、1998）。

　内部化理論の源流は、ノーベル経済学賞受賞のコース（Coase, R. H.）に遡ることができよう。彼はその研究論文において、「市場を通じて取引を実行するための費用に比べて、それが少ない費用ですむときには、市場でなされていた取引を組織化するために企業が生まれる」と述べている（Coase, 1988）。つまり、コースは取引において正規市場を回避し、企業がその内部価格を利用して外部市場での過大な取引コストを克服する場合があることを初めて明確にしたのである。こうした市場と企業の理論は経済学一般としては、その後「組織の経済学」、「取引コストの経済学」、「エージェンシー理論」などへと発展していくが、多国籍企業論への応用としてはマクマナス（McManus, J.）に引き継がれ、それ以降図1-2に示すように「レディング学派」、「取引コスト学派」の両派による理論的貢献が展開されるのである（長谷川、1989）。

```
                              ┌─→ レディング学派【Buckley, P.、Casson, M.、Rugman,
                              │                A. M.、Dunning, J. H.（折衷学派）
Coase, R. H. ──→ McManus, J.──┤                など】
                              │
                              └─→ 取引コスト学派【Williamson, O. E.、Teece, D. J.、
                                                Hennart, J. -F. など】
```

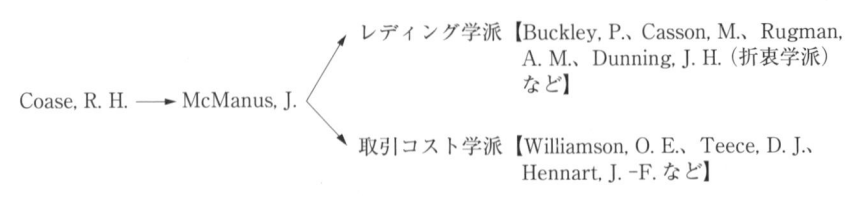

図 1-2　内部化理論の系譜

　内部化理論では、貿易や海外直接投資の効率性を妨げるのは市場が不完全であるからだと認識するところから出発する。つまり、外生的な政府主導の諸規則や統制に対処・克服するために多国籍企業が出現し発展したものと考える。換言すれば、多国籍企業は欠陥のある外部市場に代替するものとして、つまり内部市場として創出されたものであり、それによって外生的規制（外部性）を回避する。

　こうした内部化理論は、国内取引を対象として開発された経済理論（完全競争下の市場の利用か不完全競争下での企業組織の利用かの理論）を国際的に拡張したものだという見方が順当であろう。つまり、国境を越えた市場の内部化（海外子会社の設営）が、多国籍企業を誕生させるという考え方である。

　ラグマンは、世界経済システムにおいて、多国籍企業が自由貿易と対称性をなすことを指摘し、それによって内部化を説明する。完全競争の行われる国際市場では自由貿易が行われるが、この自由貿易を妨げるような何らかの障害が生じて市場が不完全になると、外部の国際市場の代わりに多国籍企業という内部市場が利用されることになり、それによって障害の克服が可能なものになる（Rugman, et al. 1986）。

　ラグマンは、市場の不完全性を2つのタイプに分けている。まず、政府規制や統制によって課される不完全性である。例えば、関税、数量割当、外貨規制、移民法、製品や生産要素に影響を与える他の諸規制、非関税障壁（NTB）などがこれに当たる。もう一つは、自然的に発生する市場の不完全性である。これは例えば、知識に価格を設定する場合や取引コストによって競争市場の展開が妨げられる場合である。かくして、多国籍企業は、貿易が

不完全な市場により妨げられた場合の自由貿易に対する代替物として位置づけられる。

また、バックリー＆カソンによれば、内部化の誘因となる市場の不完全性は、次のような場合に発生する（山口、1999）。

① 市場によって結びつけられた企業活動には著しいタイム・ラグを伴うことがあるが、その調整に必要な情報を入手できる先物市場は存在しないかもしれない。
② 中間財に対する市場支配力行使のため、ある種の差別的価格づけが必要となる場合もあるが、外部市場においては実施できない。
③ 市場が寡占状態にある場合、取引を行ったり、維持することが不可能になる。
④ 知識の性質や財の価値に対する評価が買い手と売り手の間で一致しない。
⑤ 市場では政府の干渉が行われる（関税、所得税など税率の違い。資本移動に対する規制など）。

バックリー＆カソンの場合、特に中間財としての知識の市場不完全性が、内部化の誘因を高めることを強調している。なぜ外部市場で知識に対する価格設定が効率的に行われないかというと、知識が公共財（public goods）であるからである。多国籍企業は、特許制度が遵守されなかったり、ライセンス供与がその企業の優位性を損なわせる恐れがあると判断した場合、その知識を企業内で専有しようとする動機を持つことになる。内部化によって、企業内に市場を創出することが、自社が生み出した知識の価値を守れるからである。多国籍企業の場合、先進国への進出は、特許制度や契約制度が完備し、比較的外部市場での取引でも優位性を維持するための基盤が確保されているが、発展途上国へのそれは市場経済のインフラが未整備であることを主因として一層困難である。これに加えて、外国企業との地理的遠隔性やそれに伴うコミュニケーションの効率性低下など国内企業以上に内部化の誘因は強いであろう。

また、内部化の利益については、コストの考察も重要である。バックリー＆カソンは、次のようなコミュニケーション・コストは外部市場によるよりもはるかに大きくなるかもしれないと述べている。
① 内部市場での会計、管理情報量の増大に伴う費用
② 内部市場ごとに自己のコミュニケーション・システムを保有する場合の間接費
③ 情報の正確さをチェックし、必要かつ有用な情報が漏れていないか確認する費用

　従って、企業による外部市場の内部化は、不完全市場を回避する利益が内部化のコストを上回る限りにおいて発生することになる（山口、1999）。

　ところで、多国籍企業内部の企業行動が内部化理論によって効果的に説明できる典型例として、技術移転と移転価格（トランスファー・プライス）がある。技術移転については、既述の企業の優位性としての知識、さらにはライセンス供与の検討を振り返れば理解できるので、ここでは移転価格の場合について説明する。ラグマンによれば、移転価格は多国籍企業が外生的な市場不完全性に効果的に対応するための方策である。ここでの外生的な市場不完全性とは、各国の税率の差、外国為替管理、通貨操作、複数為替レート、政府の規制や投資障壁などである。国際企業がこうした不完全な外部市場を利用すれば、高額な取引コストを支出しなければならないので、価格の内部市場を創出するのである。従って、その性格は、多国籍企業が内部設定した非市場価格である。多国籍企業は内部化されたこの非市場価格を利用して税率の国際的格差というひずみを最小化する。

　以上が内部化理論についての概説であるが、こうした内部化理論に対しては次のような批判や限界が指摘されている（長谷川、1998）。
① 企業の境界の問題を、取引相手との効率性の問題に帰着させてしまい、ライバル企業と相互作用をし合う「戦略的」な局面が欠落している。
② 理論の根底にある「市場の失敗」（外部市場の不完全性）のパラダイムが極めて静学的な概念であるため、激変する環境下でダイナミックに行動

する多国籍企業を扱う理論としては動態的視点が欠如している。
③　不完全市場を回避する利益と比べた内部化のコストについての分析が不十分である。
④　取引形態の選択肢が市場取引か内部化かの二分法で単純すぎる。国際提携など他の取引形態が扱えない。
⑤　先進国間の同一産業内での「相互上陸」による直接投資が説明できない。
⑥　インターネット導入により発生した「組織の中抜き現象」による情報サーチコストや信用コストの低減にどう応えるか（MNC生成の論理的根拠の希薄化）。

（5）多国籍企業の折衷理論

　多国籍企業の生産活動についてはさまざまな理論化がなされてきたが、ダニング（Dunning, J. H.）は1970年代後半において、既存研究を包括し、系統立てる試みを行った。その結果、提示されたのが折衷理論（OLIモデル）である。この理論の特徴を概観してみよう。

　ダニングによれば、1970年代までに提示された国際生産に関する理論は、産業組織論、産業立地論、内部化理論などにみられるが、それらはいずれも「部分的説明」に終わっている。産業組織論では、「なぜ」海外での事業が可能になるのか、産業立地論では「どの国で」事業を行うのか、内部化理論では「どのような参入方式で（いかに）」海外での事業を行うのか、がそれぞれ考察された。しかし、なぜ海外での事業が可能になり、いかなる参入方式でその事業を行い、それをどの国で行うのかを包括的に答えうる一般理論はなかったのである。

　そこで、誕生したのがこの折衷理論であり、次の3つの特徴からなる。
　第1に、海外での事業が可能になるためには、他の企業以上に利益を生み出すその企業の所有特殊的優位（ownership specific advantages）が必要である。所有特殊的優位とは、無形資産も含めた各種経営資源やそれらにアクセスで

きる能力である。それらは、具体的には以下のように分類される（Dunning, 1993）。

① 資産にアクセスする権利や無形資産から生じる優位性（製品革新能力、生産管理能力、暗黙知、企業間あるいは企業内の取引コストを削減する能力）

② ガバナンスが共通であることから生じる優位性

　(a)　既存企業の子会社であることで、新設会社に対して持つ優位性

　　主に企業規模、製品多角化、企業の学習経験から生じるもの。労働力、天然資源、資金、情報などに優先的にアクセスし、獲得できること。日本の系列のような生産的で協力的な企業間関係を結べる親会社の能力。製品市場への優先的なアクセス。限界コストでの親会社の諸資源に対するアクセス。シナジー的経済性。

　(b)　多国籍化することから生ずる優位性

　　多国籍化により、仲裁、生産移転、グローバル規模のソーシングが行える機会が拡張されフレキシブルな活動が増進されること。国際市場（情報、金融、労働力など）に対する優れた知識に優先的にアクセスできること。要素賦存、政府干渉、市場の面にみられる地理的相違を利用する能力。通貨や政治的・文化的シナリオが異なる地域でのリスクを分散したり減らしたりする能力。組織や経営のプロセスやシステムでの社会的相違から学習する能力。

第2に、所有特殊的優位の条件を満たした場合、どのような参入方式で海外での事業を行うかの決定が必要である。つまり、外部市場（外部化）で行うのかそれとも市場を内部化するのかの選択である。企業が輸出やライセンス供与にとどまらず海外直接投資によって国際生産活動を行うのは、所有特殊的優位を外部化するよりも、内部化することでより多くのベネフィットがあると考えるからである。ダニングは、それを内部化誘因から生じる優位（internalization incentive advantages）と呼んだ。市場の失敗を回避したり、それを利用する方向に導くことになるこの内部化誘因とそれに対応する企業能力のいかんにより、国際事業活動への最適参入方式は決定されると考えられ

る（江夏、1984）。内部化誘因から生じる優位とは、具体的には次のようなものである。
① 調査や交渉のための費用を回避すること
② モラル・ハザード（道徳的危険）や反対の選択にかかるコストを回避すること
③ 契約破棄とその後にくる訴訟にかかる費用を回避すること
④ 買い手側の不確実性（例えば、技術や販売されるものの性質や価値）を回避すること
⑤ 市場が価格の差別化を許さない場合
⑥ 売り手側の中間財や最終製品の品質を確保する必要性がある場合
⑦ 相互依存的活動から生じる経済性を獲得すること
⑧ 先物市場の欠如を補償すること
⑨ 政府の干渉を回避したり利用すること（数量割当、関税、価格統制、税率の違い等）
⑩ 投入物（技術を含む）の供給や販売条件をコントロールすること
⑪ 市場の販路（競争企業が利用しているものも含む）をコントロールすること
⑫ 競争（あるいは反競争）戦略として相互援助、収奪的価格の設定、移転価格のようなビジネス慣行を実施できること

第3に、生産拠点を外国に設営するためには、所有特殊的優位と内部化誘因から生じる優位が一層有利に発揮できるような立地の選択が必要になる。そのような進出先国は何がしかの優位性を保有することが必要である。これを立地特殊的優位（location specific advantages）といっている。具体的には次のようなものである。
① 天然資源や作り出された資源の賦存および市場の空間的分布
② 投入物の価格、品質、生産性（労働力、エネルギー、原材料、部品、半製品等）
③ 国際輸送や通信のコスト

④ 投資の誘因とそれを思いとどまらせる誘因（成果の要求を含む）
⑤ 製品やサービスの取引に対する人為的障壁（輸入規制のような）
⑥ 社会やインフラの基盤（商業、法律、教育、輸送、通信等）
⑦ 国家横断的イデオロギー、言語、文化、ビジネス慣行、政治等の違い
⑧ 研究開発、生産やマーケティングを集中することの経済性
⑨ 政府の経済システムや戦略、つまり資源配分の制度的枠組み

　以上のように、折衷理論では、多国籍企業の生成と成長の要因を3つの優位性に求めている。所有特殊的優位には企業が所有する有形資産だけでなく無形資産を含み、さらには組織自体が持つ能力まで含まれる。企業が他社以上に所有するそのような優位性が、内部化誘因から生じる優位性と一体になるとき、それは内部化される。さらに一体となった優位性が投資先国が有する立地特殊的優位と結びつくことで、企業が海外直接投資（現地生産）を行う条件となるのである。

　最後に、こうした折衷理論に対しては、次のような批判や限界が指摘される。

① 折衷理論はそれまでの諸理論を包括し、網羅的な体系になっている。しかしそのことが、「すべてを語っているが故に、なにも語っていない」結果となっている（江夏、1984）。
② 所有特殊的優位と内部化誘因から生じる優位は重複部分があり2つの優位性を明確に区分することは困難である（山口、1999）。
③ 内部化理論の中でも、所有特殊的優位と立地特殊的優位は扱われており、独立して折衷理論として取り上げる趣旨が明確でない。

　とはいえ、複雑な多国籍企業の生成、発展と行動の原理を理論的に総合化して考察しようとした折衷理論の貢献は、上記の批判によっていささかも低められるものではない。現時点での多国籍企業についての一般理論としては最も完成度の高い理論の一つとして高く評価されるべきであろう。

4．貿易論や海外直接投資論の BGC への適用可能性

　ボーングローバル企業においても、メーカーの場合、企業規模の大小を問わず初期段階の国際的業務（オペレーション）は、貿易、特に輸出から開始する企業が圧倒的に多いことは事実であろう。初めて、BGC の実態に関してオーストラリアで調査報告を行ったマッキンゼー社の McKinsey Quarterly (1993) でも中小輸出企業が対象になっている。また、その後の諸外国の BGC の研究者の調査対象も輸出企業を対象とするものが多い。しかしながら、本章で扱った貿易論からは、何が小規模な BGC を早期国際化に駆り立てるのか、その背景や理由に関する知見はみえてこないといえよう。

　ウプサラ・モデルに示された企業国際化プロセスの段階モデルは、伝統的な大規模多国籍企業の漸進的・段階的・連続的国際化プロセスを説明する理論として長くその有効性を確保してきた。

　しかしながら、1980 年代以降の急速な技術革新、特に ICT 化、市場のグローバル化、国際経験を有するアントレプレナーの増加等により、この段階モデルの有効性は低下しつつあるといえよう。特に、ボーングローバル企業の早期国際化理論への適用可能性としては限界があるといわざるを得ない。

　まず、ウプサラ・モデルの主張する国際化プロセス、つまり、①不定期な輸出段階、②独立のエージェントを介した定期的な輸出、③販売子会社の設営、④生産工場の設営、という段階モデルでは、今日の ICT、エレクトロニクス技術、バイオテクノロジー、医療技術などハイテクを有する BGC の国際化を十分に説明できないことである。このような BGC は伝統的多国籍企業による上記のような漸進的・段階的・連続的国際化プロセスを辿るとは限らないからである。図 1-3 に示したように、企業によっては従来の段階を踏まなかったり、ある段階を飛び越したり（蛙跳び）、段階的ではなく複数の進出国で同時並行的にいくつかのプロセスに関わる場合があるからである。

　また、BGC の外国市場への参入は、ウプサラ・モデルが説くような文化

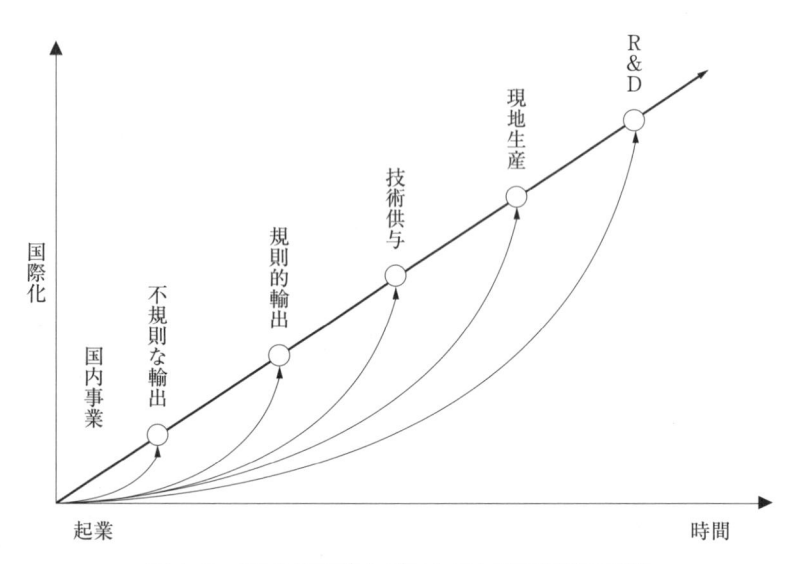

図1-3　BGCの国際化プロセスと経過時間の関係
出所）著者作成

縦軸：国際化　横軸：時間
起業　→　国内事業　→　不規則な輸出　→　規則的輸出　→　技術供与　→　現地生産　→　R&D

的・地理的距離の近い国から進出するのではなく、遠くても当該企業にとって市場が最も革新的である地域や国へ参入することになる。

　BGCは一般的に規模が零細なベンチャー企業もしくは中小企業であり、経営資源の希少な企業である。そのような企業でも創業後まもなく国際事業活動を開始できるとはウプサラ・モデルでは述べられていない。しかも、BGCは国際化の進展速度が速いのであるが、そうした早期国際化がなぜ可能になるのか。また、十分な経営資源を持たない零細企業が国際市場でどうして大規模多国籍企業に伍して競争できるのか。これらの疑問に関しては、やはり、ウプサラ・モデルでは解明できないのである。

　また当モデルでは、市場についての知識は当該企業自身の活動を通じてしか獲得できないことになっているが、特に今日では知識は経験に基づかなくてもネットワークによって接触した他企業から吸収できる機会が増加しているといえよう。

　最後に、当モデルは、時間依存の決定論的モデルであり、企業の戦略的要

素を考慮していないという欠点があるといえよう。

　その他、ハイマー＆キンドルバーガー理論、PLCモデル、内部化理論、折衷理論については、企業の国際化プロセスを解説するというよりも、多国籍企業の存在意義やなぜ企業は多国籍化するのかということに重点を置いた理論といえよう。ただ、Brouthers, et al. (1996) の研究では、ダニングの折衷理論における所有特殊的優位性と立地特殊的優位性は、大規模企業だけでなく中小企業の市場参入モードの選択の際に役立つことを主張している。所有特殊的優位性には、競合企業が容易に真似のできないユニークな製品やサービス、あるいは閉鎖された市場に参入を可能にする財務的資源や経験的資源を含むのであり、それらを当該企業が所有していれば市場参入選択時に、競争優位性を得られると説明している。立地特殊的優位性では、例えば、進出先国の賃金コストが低い場合が挙げられている。

　しかしながら、本章で扱った海外直接投資論は大規模多国籍企業やグローバル企業全般に当てはまる理論であっても、小規模で経営資源も希少なBGCがなぜ早期国際化が可能になるのか、またそれが有する持続的競争優位性の源泉は何かといったことに関して直接解明した部分は見当たらないのである。

◆参考文献
巻末の参考文献を参照

第 2 章

グローバル企業の経営理論

　本章では第1節で企業の海外市場戦略について体系的な分析をしたルート（Root, F. R.）の所論を参考にして伝統的な多国籍企業の海外市場参入戦略の概要について検討したい。続いて第2節では、産業組織論や競争戦略論の研究者であるポーター（Porter, M. E.）のグローバル競争戦略論について検討する。彼の競争戦略論には、企業の内部環境と外部環境によって大きく2つの流れがある。

　次に第3節では、グローバルな経営戦略を実施するためのグローバルな組織づくりとその運用に関する理論を、主として、バートレット＆ゴシャール（Bartlett & Ghoshal）のトランスナショナル企業の所論を中心として検討したい。グローバル規模の経営は今世紀に入りますます、複雑さ、多様性、そして変化の度合いを増してきている。各国経済と企業活動がますます相互の影響を強めつつある現在、すべての経営者が類似する難題に直面することとなっている。本章で示すトランスナショナル組織の編成と運営の方法は複雑化した企業の経営者に問題解決のための多大な示唆を与えるものとなろう。

　尚、本章でルートの海外市場参入戦略論、ポーターのグローバル競争戦略論、ストップフォード＆ウェルズやバートレット＆ゴシャールの多段階的発展モデルを取り上げる理由は、BGC の海外市場参入戦略論、競争戦略論、さらには早期国際化プロセス論として応用できる部分があるか解明する意図からである。

1．海外市場参入戦略

　本節では海外市場戦略論において体系的かつ伝統的な海外市場参入戦略を展開したルートの所論を中心に検討したい。海外市場への参入に当たっては、まずどのような方法で参入するのか検討しなければならない。いくつかの参入方式を分類して示せば次の通りである（Root, 1982 中村監訳、桑名訳、1984）。

　①　輸出による参入方式
　　(a)　間接輸出
　　(b)　直接輸出（代理店や流通業者を通じた輸出と支店や子会社を通じた輸出）
　　(c)　その他
　②　契約による参入方式
　　(a)　技術供与
　　(b)　フランチャイズ供与
　　(c)　技術協定
　　(d)　サービス契約
　　(e)　経営管理契約
　　(f)　建設・ターンキー契約
　　(g)　製造契約
　　(h)　共同生産協定
　　(i)　その他
　③　直接投資による参入方式
　　(a)　単独事業（グリーンフィールドによる新設およびM＆Aによる買収）
　　(b)　合弁事業（新設およびM＆A）
　　(c)　その他

（1）輸出による参入方式

　この方式の他の方式との違いは、完成品や半製品が標的国以外の国で製造

され、その後標的国に輸出されるという点である。その場合、輸出活動は物的製品に限定される。まず、間接輸出では、自国企業の商社のような仲介業者を介して輸出を行う。これとは対照的に、直接輸出では自国の仲介業者を使うことはない。直接輸出では標的国の仲介業者である代理店や流通業者を通じる輸出と、標的国に所在する自社の支店や子会社を通じる輸出とがある。

（２）契約による参入方式

　この方式の特徴は、当該企業と海外の標的国の企業との間の株式所有を伴わない長期の提携であり、当該企業から海外企業に対する技術や技能の移転に関係している。この参入方式は輸出の機会を創出することもあるが、それは本質的に知識や技能の移転の仲介手段であるので、輸出による方式とは異なっている。また、当該企業による株式投資が全くないので、投資による参入方式とも異なっている。技術供与では、海外の他社に当該企業が一定期間だけ工業所有権（特許権、ノウハウ、商標など）の使用を認め、代わりにロイヤリティーなどの報酬を得る。フランチャイズ供与は、これと類似しているが、動機、サービス、契約の有効期間において技術供与とは異なる。フランチャイズの供与者は社名、商標、技術の使用を認めた上で、恒久的な協定に基づいて組織、マーケティング、全般管理に関してフランチャイジーに援助を与える。その他の契約による参入方式としては、海外の企業に直接技術を移転し、その対価として金銭的報酬を取得したり（技術協定、サービス契約、経営管理契約、建設・ターンキー契約など）、あるいはそうしたサービスで製造した製品を取得すること（製造契約、共同生産協定）に関係している。

（３）直接投資による参入方式

　この方式は、当該企業が標的国において販売会社や製造工場を取得することによって参入する方式である。製造工場についてみれば、こうした子会社には親会社からの半製品の輸入に完全に依存している簡単な組み立て工場（輸出による参入方式の延長とみなされる場合もある）から、製品の一貫生産を行う

工場に至るまで、多種多様な子会社が存在する。所有と経営支配の観点からみれば、海外生産子会社の出資形態には、親会社の完全所有・支配を伴う単独事業か、親会社と現地パートナー（一般的には現地企業や現地政府）との間で共有される合弁事業（J. V.）のいずれかである。単独事業、合弁事業はともに新設と買収（M＆A）によるものがある。

　以上の3つの市場参入方式は、当該企業により1つだけでなく2つもしくは3つを同時に実施することもある。参入方式の意思決定は、これらの代替的な参入方式の間で無数のトレード・オフを伴った複雑な過程となる。この複雑な過程を扱うには、参入方式の選択に影響を与える社外的要因と社内的要因についての検討が必要である。

　ルート（Root, 1982）によれば、社外的要因として、標的国の市場要因（規模、競争構造など）、標的国の環境要因（政府の政策と規制、地理的な隔たり、経済規模・活力、対外経済関係など）、標的国の生産要因（生産手段の質、量、費用など）、本国の要因（市場規模、競争構造、政府の政策など）が挙げられている。また、社内的要因としてはその企業の製品要因（差別的な製品、技術的な製品など）と資源・経営者の積極性要因（大量の資源を持って参入するのか否か、経営者が海外市場の開発に積極性があるか否かなど）が挙げられている。

　さらに、彼は以上のような製造企業の海外市場参入方式に関する意思決定の展開過程を図2-1のように示している。この図に示された参入方式の発展段階は、次のような4つの国際化の段階として理解することができる。

① 第1段階：　一般的には製造企業では、間接輸出が海外市場参入の出発点である。最初の国際化として、間接輸出は予期せぬ形で突然舞い込んでくる場合もあるし、計画的に行われる場合もある。さらには別のルートとして、海外企業に技術供与を行う場合があるかもしれない。いずれにしてもこの段階では海外市場に対する積極性は低い。

② 第2段階：　標的国の代理店や流通業者または支店や子会社を通じた輸出で海外市場に参入する段階である。別ルートの技術供与については、海外企業から第1段階より積極的な要請があるかもしれない。つま

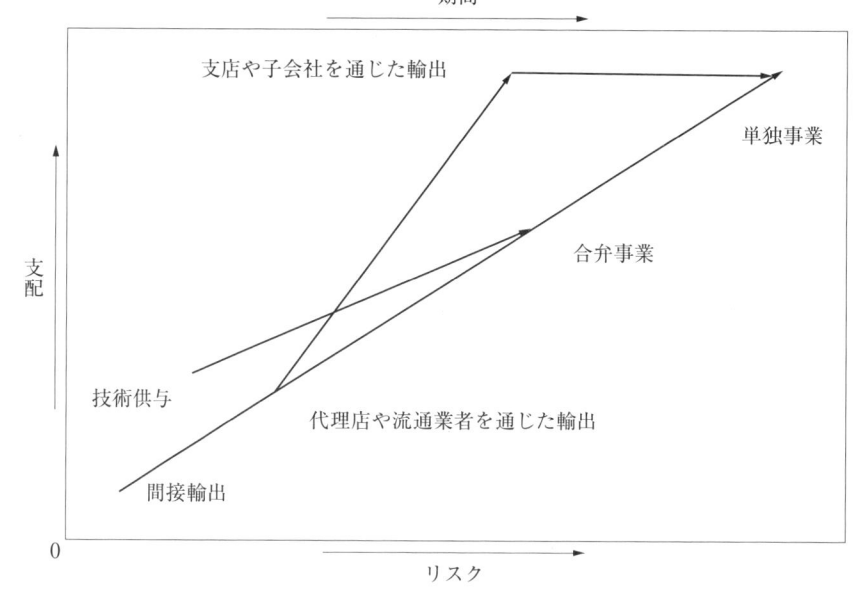

図2-1 製造企業の参入方式に関する意思決定の展開過程
出所）Root（1982 中村監訳、桑名訳、1984：p. 32）

り、直接輸出と技術供与、あるいはそのいずれかが行われる段階である。
③ 第3段階： 標的国の支店や子会社を通じた積極的な直接輸出、技術供与に加えて海外生産への株式投資として合弁事業などが行われる段階である。さらには、新設または買収による単独事業が開始されることになる。この段階では本社内に創設された国際事業部が輸出部門（貿易部など）に代わって海外事業全般にわたって権限を有するようになる。
④ 第4段階： 合弁事業や単独事業が複数国で設営・運営されるようになり、当該企業は多国籍企業になる。さらに、各国での合弁事業や単独事業が増加すると本社組織では国際事業部がグローバルな製品別組織や、地域別組織などに改編される。国際事業戦略は国内事業戦略と完全に統合される。本国市場は多数の国家市場のうちの一つとして扱われ、そこに当該企業はたまたま本社を持っているに過ぎないという段階に至る。

ここで相違の大きな第1段階と第4段階を比較してみると、第1段階の経営者は、数少ない海外市場に対して1つか2つの参入方式しか持たないが、第4段階の経営者は、多くの海外市場を対象として実行可能なすべての参入方式を検討できる点が大いに異なっているといえる（Root, 1982 中村監訳、桑名訳、1984）。

2．グローバル競争戦略論

　本節では、競争戦略論の研究者であるポーターのグローバル競争戦略論を中心に検討する。彼の競争戦略論には、大きく2つの流れがある。企業を取り巻く事業環境を中心とするものと、企業内部の活動に焦点を当てたものである。また、時代の変遷とともに、分析対象を国内からグローバルへと移行しつつある。

(1) 企業を取り巻く事業環境
1) 5つの競争要因

　事業環境に関する研究の出発点は、ポーターの最初の著書『競争の戦略』である（Porter, 1980）。まず彼は、企業の競争戦略では、それが属する業界の構造分析の重要性を指摘した。特に、企業の属する業界の収益性を決める5つの競争要因を挙げている。それらは、①新規参入の脅威、②代替製品・サービスの脅威、③買い手（顧客）の交渉力、④売り手（供給業者）の交渉力、⑤競争業者間の敵対関係、である（図2-2参照）。

　これら5つの競争要因の分析を通じて、自社の強みと弱みを分析し、それぞれを自社に有利な方向に変えて、自社が圧倒的な力を持てるように業界を選択し、業界構造を変えていくことが、収益性を最大にするための競争戦略の第一歩である、と述べている。

　しかし、業界の構造分析だけでは十分ではない。企業の収益性は業界内の競争上のポジションにも影響される。今仮に、自社の属する産業が成熟段階

```
           ┌──────────┐
           │新規参入業者│
           └────┬─────┘
                │ 新規参入の脅威
                ↓
┌────────┐   ┌──────────┐   ┌────┐
│ 売り手  │→ │ 競争業者  │ ←│買い手│
│(供給業者)│   │業者間の敵対関係│   └────┘
└────────┘   └────┬─────┘
  売り手の交渉力    ↑        買い手の交渉力
                │ 代替製品・サービスの脅威
           ┌────┴─────┐
           │   代替品   │
           └──────────┘
```

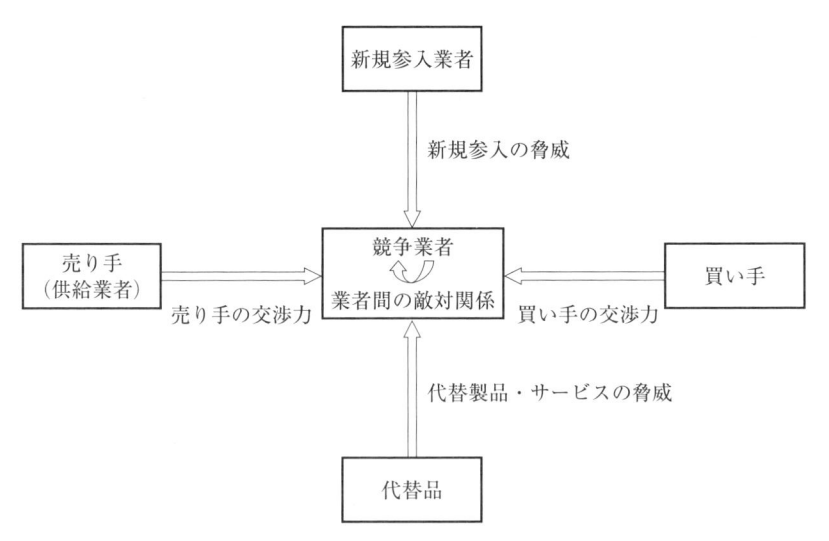

図 2-2　業界の収益性を決める5つの競争要因

出所）Porter（1980：p. 18 土岐他訳、1982）

にあったとしても、競争上のポジションが優れていれば、かなりの収益が期待できるかもしれない。反対に、成長段階にある産業でも、自社の競争上のポジションが上位でなければ、高い収益を上げることはできない。では、どのようにすれば企業は有利な競争上のポジションを獲得できるだろうか。

2）3つの基本戦略

彼は、次の3つの基本戦略のいずれか、もしくはその組み合わせを選択し実行することによって、有利な競争上のポジションを獲得できるとしている（図 2-3 参照）。

① コスト・リーダーシップ戦略： これは自社の属する産業内で競合企業よりも低コストを達成する戦略である。この方法にはいろいろあるが、規模の経済性の追求が最も一般的である。これは、企業が標準品を大量に生産・販売することによって、製品単位当たりの生産コストを低くして他企業に対して競争優位を得ようとするやり方である。

② 差別化戦略： これは顧客が重視する次元に沿って、自社を産業内で

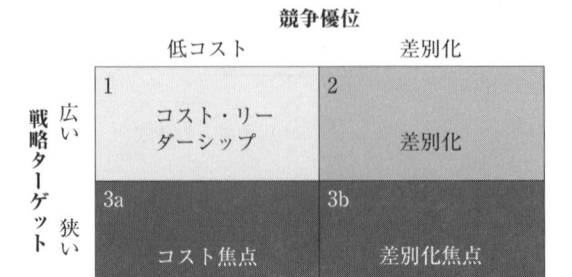

	競争優位	
	低コスト	差別化
戦略ターゲット 広い	1 コスト・リーダーシップ	2 差別化
戦略ターゲット 狭い	3a コスト焦点	3b 差別化焦点

図2-3　有利な競争上のポジションを獲得するための3つの基本戦略
出所）Porter（1985：p.16　土岐他訳、1985）

特異性のある企業にしようとする戦略である。すなわち、それは顧客が重要と考える特性をいくつか選択して、そのニーズを満たすのは自社しかないといった体制をつくることを意味する。差別化の手段には、製品自体（性能、品質、デザイン、付帯ソフト）、価格、技術、包装、サービス（アフターサービス、支払条件、購入のしやすさなど）、イメージ（製品の社会的認知、企業のイメージ）などがある。企業が差別化に成功すれば、製品価格が少々高くても、顧客がそれを受け入れるので、高収益を得ることができる。

③　焦点戦略：　特定の買い手グループ、特定の種類の製品、特定の地域市場などにターゲットを絞り込み、それに適合する戦略を展開することにより競合企業を排除しようとする戦略である。この戦略は、厳密には、コスト・リーダーシップと結合したコスト焦点戦略と、差別化と結合した差別化焦点戦略に二分される。この焦点戦略を展開すれば、企業は特定の市場セグメントで競合企業よりコストや製品特性などで優位に立つことができる。

　企業は、以上の3つ（あるいは4つ）の基本戦略のいずれかを展開することにより競争優位に立ち、業界内で有利な競争上のポジションを獲得することができる。もっとも、企業は以上の3つ（あるいは4つ）の基本戦略を同時複合的に展開することも可能である。例えば、先にみたように、焦点戦略と

いってもコスト・リーダーシップ戦略との同時展開であったり、差別化と一緒になった同時展開であったりするのである。また、コスト・リーダーシップ戦略と差別化戦略の同時展開も、一見矛盾するかのようにみえるが可能である。ポーターによれば、コストの削減が必ずしも差別化を犠牲にするとは限らず、双方を同時に可能にした企業も数多く存在する。しかし、以上のいずれにおいても、中途半端で不徹底な基本戦略しか持たない企業は、競争優位を得ることはできないのである。

このように、ポーターによれば、企業が競争優位を確保するためには、自社の属する業界の構造分析と競争上のポジションの分析を行うことにより、競争戦略を有利に展開する必要があるが、これはもちろん時代の推移とともに変化する。例えばアメリカの自動車産業では、初期には少数のメーカーが高価な大型車を生産する差別化戦略をとっていた。しかし、その後、フォード社が自動車産業の競争ルールを変えてしまった。同社は低価格で販売可能なT型フォードを低コストで大量に生産したのである。コスト・リーダーシップ戦略の採用である。この戦略によって、フォードは世界的な規模で自動車業界を制圧してしまった。ところが、1920年代末になると、アメリカの経済が成長して、乗用車の数もさらに増加し、消費者の欲求も高まり、今度はGMが競争ルールを変えた。同社はフォードのT型自動車では満足できなかった顧客の高次で多様なニーズに応える差別化戦略を採用したのである。

ポーターによる業界の構造分析のための5つの競争要因や業界内で競争上のポジションを有利に導く競争戦略は、煎じ詰めれば何らかの方法で参入障壁を設けて、業界内部の競争の度合いを緩めること、すなわち業界での寡占状態の形成に行き着くことになる。その意味で、彼の競争戦略論は寡占の理論であり、貿易や投資の規制が緩和されつつある今日の先進資本主義国の経済政策の流れに逆行するものではないかという批判が提起されるのである。

しかし、その後のポーターの事業環境に対する見方はドラスティックな変化をみせたといえる。寡占状態を作り出しその中に自社のポジションを維持

するといった静態的な戦略ではなく、むしろ周囲からダイナミックな刺激を受けるような環境に身を置くことが自社にとって望ましいという考え方に変化している。それは企業が寡占状態の中に身を置いて安住すると、ダイナミックなイノベーションは起こり難いし、長期にわたって高い収益性を維持することは困難になるからである。

熾烈なライバル間の競争、買い手（顧客）や売り手（供給業者）からの高レベルの厳しい要求、関連・支援業界からの刺激といったものがあってこそ、またそれらにうまく対処することによってこそ企業の競争優位は磨かれるという考え方である。そのような競争や刺激を受ける「場」を「国」の単位で捉えたのが、『国の競争優位』（Porter, 1990）であり、さらに「地域」と捉えたのが『競争戦略論』（Porter, 1998）にみられるクラスター理論である。

（2）企業内活動

他方、ポーターの企業内の活動についての研究は、『競争優位の戦略』（Porter, 1985）の中で価値連鎖（value chain）という概念によって展開された。価値連鎖は、競争優位の具体的な源泉である。ここでいう価値とは、買い手が企業の提供するものに進んで払ってくれる金銭的価額であり、企業による製品の売値と販売数量の積である。価値連鎖は、価値のすべてを表すもので、価値をつくる活動とマージンからなる。マージンとは、価値総額から価値をつくる活動（価値活動）に要したコストを差し引いた額である。

価値活動は主活動と支援活動の2つに大別される。主活動は、製品の物的創造活動、買い手に販売し輸送する活動、販売後の援助サービス等からなる。具体的には次の5つの活動に分類できる。

① 購買物流：　製品の原材料・部品等を外部から受領し、貯蔵し、配分する活動
② 製造：　原材料・部品等を最終製品に変える活動
③ 出荷物流：　製品を集荷し、保管し、買い手に届けるまでの活動
④ 販売・マーケティング：　買い手が製品を買えるよう手段を提供し、

買いたくなるように仕向ける活動
⑤　サービス：　製品の価値を高めたり維持したりするサービス活動

他方、支援活動の方は、次の４つの活動からなり、主活動をサポートする。

①　調達活動：　部品、資材、機械などの調達、新しい供給業者の資格判定、供給業者の能力監視などの活動である。この活動の出来不出来は調達物のコストと品質に関わる。
②　技術開発：　部品の設計、プロセス・エンジニアリング、材料研究、市場調査といった活動である。
③　人事労務管理：　社員を募集、採用、教育し、給与を支払うなどの活動。この管理の良し悪しにより社員の熟練とやる気が左右され、採用や訓練のコストも変化する。
④　全般管理（インフラストラクチャー）：　本社経営、企画、財務、経理、法務対策、対政府関連業務など、多数の活動の集合体であり、価値連鎖全体を支援する活動である。

　ポーターは、以上の主活動および支援活動を構成する個々の活動を競争企業と比べて、より安くよりうまく行うことによって、コスト・リーダーシップ（低コスト）や差別化という競争優位を確保できると主張したのである。つまり、競合企業よりも低いコストで価値連鎖内の活動を行うか、それとも、競合企業よりもユニークなやり方でその活動を行うか、のどちらかが競争優位を獲得する方法だということになる。

　ただ、価値連鎖は個々の独立した活動の集合体ではなく、相互に依存した活動のシステムとして理解すべきである。価値活動は、価値連鎖内部で繋がっており、競争優位は個々の活動自体からも生まれるが、同時に活動間の連結からも生まれることが多い。

　さらに連結関係は、企業の価値連鎖の内部だけにあるのではなく、自社の価値連鎖と、供給業者や流通チャネルの価値連鎖との間にもある。これをポーターは「垂直連鎖」と呼んでいる。例えば、供給業者の原材料や部品はそれらを採用する企業の価値連鎖に結びつくので、両者の連結関係がうまく

できあがると、その企業は競争優位を向上させるチャンスに恵まれることになる。

次に、ポーターは、この価値連鎖全体の流れと、業務活動相互間のフィット（適合）に注目した「戦略の本質」(Porter, 1996) を発表している。この論文では、「戦略の本質は、自社を他社とは違ったものにすることである。それは他社とは異なる独自の業務活動を伴った戦略的ポジションを創造することである」と規定している。

この戦略的ポジションの創造は、業務の効率化とは異なるものである。業務の効率化は、同様の業務活動をライバル企業よりうまく遂行することである。これに対して、戦略的ポジションを創造する戦略ポジショニングとはライバル企業とは違う活動を行うとか、同様の活動を違う方法で行うことである。業務効率の改善は、収益力の達成には欠かせないものである。しかし、それだけではゼロサム競争に陥り、ライバル企業より先にいくことはできない。

ではどうすれば戦略的ポジショニングを永続的に維持することができるのであろうか。それは、ある業務活動のやり方を選択するとき、もう一方を選択できないというトレード・オフを解決し、業務活動相互間にフィットを作り出すことであると述べている。このフィットには、3つのタイプが存在する。①個別の業務活動と全体の戦略との間の整合性、②業務活動における相互補強、および③業務活動の調整と情報交換を行って余分な活動を取り払い、無駄な努力を減らすこと（努力の最適化）、である。これら3つのフィットが一体となって業務活動のシステム全体から競争優位が生まれるのである。

(3) グローバル競争戦略

ポーターは、国際的な競争戦略といっても多くは国内で競争する企業のそれと大変似通っているという認識を持っている。従って、既述の「5つの競争要因」によって業界構造や競合業者を分析し、「価値連鎖」を実践し、「3つ（あるいは4つ）の基本戦略」のどれに絞るかという競争優位を確立するた

めの方法は基本的に同じであると考えている。

　また、彼は国際戦略を策定する場合、適切な分析単位は業界（産業）であるとみている。業界はマルチドメスティック業界と、グローバル業界の2つに大別される。前者の業界では、一国での競争はそれ以外の国の競争とは無関係に行われる。例えば、小売業、卸売業、保険、消費者金融などの業界である。後者は、一国での競争上の地位が他の国での地位によって大きく左右される業界である。例えば、民間航空機、半導体、複写機、自動車などの業界である。

1）国際競争での活動の配置と調整

　国際的に活動する企業は、価値連鎖のうちの諸活動をどのように国別に行うかを決定しなければならない。主活動を上流活動と下流活動に二分してみよう。下流活動すなわち買い手に近い活動が競争優位にとって重要である業種では、国際競争のパターンがマルチドメスティックになる傾向がある。多くのサービス産業はこの例である。これに対して、製造といった上流活動や技術開発といった支援活動が競争優位の決め手になる業種では、競争パターンがグローバルになる傾向がみられる。

　ポーター（1986）は、価値連鎖の主活動ごとに、配置（立地）問題と調整（coordination）問題に分けて分析している。例えば、製造に関する配置（configuration）問題では、部品や最終製品の工場をどこに置くか。調整問題では、複数の工場にどんな役割を与えるか。それらをどのように連結し、技術やノウハウを工場間でいかに交流させるかといった問題がある。

　さらに、彼は国際戦略のタイプについて、横軸に活動の配置を、縦軸に活動の調整をとり、活動の配置を分散型と集中型、活動の調整を高、低に分けて分析している。ある企業が分散型配置を決め、ほとんど活動の調整を行わないとしたら、それは「国を中心とした戦略」で競争することになる。正反対に、別の企業ができるだけ多くの活動を一国だけに集中し、本社を通じてそれらの活動の綿密な調整を行う場合は「単純なグローバル戦略」になる。また、集中型配置であって活動の調整度合いの低い戦略は、マーケティング

を分権化した「輸出中心戦略」である。さらに、海外投資額が多くて、各国子会社間に強い調整が必要な場合は、分散型配置で活動の調整度が高い戦略を用いることになる。

　1960年代、70年代の自動車業界では、「国を中心とした戦略」をとるのはGMであり、「単純なグローバル戦略」をとるのはトヨタであった。現在では、GMはよりグローバル戦略の方向へ、トヨタはより分散型の方向へ移動しつつあり、両社の国際戦略のタイプは接近しているという（Porter, 1986）。

　グローバル競争優位の戦略では、価値連鎖の諸活動をグローバルに集中したり、分散した諸活動を調整することによって、コスト・リーダーシップ（低コスト）または差別化を達成する方途を探ることになる。諸活動を集中した場合と分散した場合の有利、不利はどのようなものであろうか。まず、諸活動を一カ所または数カ所に集中した場合、有利になる要因には次のようなものがある。

①　活動における規模の経済性が大きい場合
②　活動に特異な習熟曲線が存在する場合
③　活動を行うのに場所を絞った方が有利な場合
④　研究開発や製造などは同じ場所で連結させた方が調整しやすい場合

他方、諸活動を分散させた場合、有利になる要因には次のものがある。

①　国により製品ニーズが異なる場合
②　管理者が市場に密着でき、諸活動のノウハウの学習と把握が容易になる場合
③　諸活動を集中することで、輸送、通信、倉庫などのコスト効率が悪化する場合
④　一カ所で活動するとリスクがある場合

以上のような諸活動を集中させる利点と分散させる利点をどこでバランスさせるかがポイントになるが、それは活動ごとに、また業界によって異なることになる。

　次にポーターは、配置と調整を原理的にまとめて、以下のようにグローバ

ル業界の4つの戦略を提示している。それは競争の地理的範囲を複数の国にするのか少数の国に絞るのか、また対象とする業界のセグメントが多数なのか少数なのか、この2つの次元によってそれぞれ最適な戦略が異なるというものである。

　a）グローバル・コスト・リーダーシップまたはグローバル差別化

　幅広い製品系列をすべてまたは大部分の市場にいる顧客に販売することによって、グローバルな配置と調整から引き出される低価格または差別化の優位を探求する戦略である。グローバル・コストリーダー企業（例えば、トヨタや小松製作所）は、標準化された製品を多数のセグメントに販売し、技術開発、調達、生産において規模の優位を獲得している。グローバル差別化企業（例えば、IBMやキャタピラー）は、規模と習熟の優位を利用して差別化コストを下げ（例えば、モデルチェンジの頻度を高める）、世界の顧客にブランドの評判や製品差別化を強調する。

　b）グローバル細分化

　グローバル戦略の利点を得ながら狭い特定のセグメントに製品を販売し、資源の無駄を省く（例えば、自動車のメルセデスやリフト・トラックのトヨタ）。この戦略の一種に、集中と調整の優位が特に大きくなる一部の国で競争する戦略がある。例えば、高級ホテルの海外進出である。この戦略により、一国だけのセグメントでは採算が合わない規模の限界を、グローバルな地域拡大によって乗り越えられる。

　c）市場防衛の国を狙う

　市場が政府によって防衛されている国を狙う戦略である。すなわち、この市場防衛戦略は、高率関税、厳しい輸入割当、高い現地調達比率等の政治的要求が行われている国に絞って、多数のセグメントを対象に行われる。そのような国には、例えば、インド、メキシコ、アルゼンチンなどがある。

　d）相手国優先

　この戦略は、業界全体はグローバルでも、その国の独自性が強い少数の業界セグメントを狙うものである。この戦略は、非常に異なったニーズを持つ

セグメントがかなりの規模である場合だけに適用できる。また、グローバルな配置と調整が経済的に妨害される場合に適用される。

2）グローバル競争優位の源泉—ダイヤモンド・フレームワーク

『国の競争優位』(Porter, 1990)ではグローバル競争優位の源泉を分析するための「ダイヤモンド・フレームワーク」が提示された。これを説明すれば以下の通りである。例えば、製薬産業の分野では、世界的製薬企業のうち2社（Hoffmann-La Roche と Novartis）をスイスのような小さな国が占めているのはなぜか（以前は3社だったが Chiba-Geigy と Sandoz が合併し Novartis に）。大型トラックでは、世界的な大メーカーの2社までがスウェーデンにあるのはなぜか（Saab-Scania、Volvo）。また、スウェーデンが硬い岩盤の採掘装置でも世界をリードしているのはなぜか。また、人口わずか数百万人のデンマークがインシュリンにおいて世界の先陣を切っているのはなぜか。イタリアはなぜ靴産業やデザイン・サービス産業で世界有数なのか。日本はなぜロボット産業で最先端なのか、……等々。

これらの問いに答えうる有力な分析枠組みが「ダイヤモンド・フレームワーク」である。もっとも、それはその反対の現象、例えば、日本のアパレル産業や洗剤産業さらにはサービス産業等に世界的な産業が少ないのはなぜか。自動車、建設機械、楽器といった多くの製造工程からなる組立産業には強いが、紙・パルプ・化学・精錬などの加工産業では強くないのはなぜか（Abegglen & Stalk, 1985）、といった問いに答える分析枠組みでもある。

「ダイヤモンド・フレームワーク」によれば、ある国の産業のグローバルな競争優位は、企業の立地を構成する次の4つの決定要因と2つの変数によって決定される（図2-4参照）。

① 要素条件： ある任意の産業で競争するのに必要な各種資源やインフラといった生産要素に関してその国が置かれた地位である。要素とは具体的には、人的・物的・知的資源、資本、さらには競争に影響を与える各種インフラである。一国に賦存する生産要素がその国の企業や産業の比較優位に大きなインパクトを与えることは確かであるが、そのよう

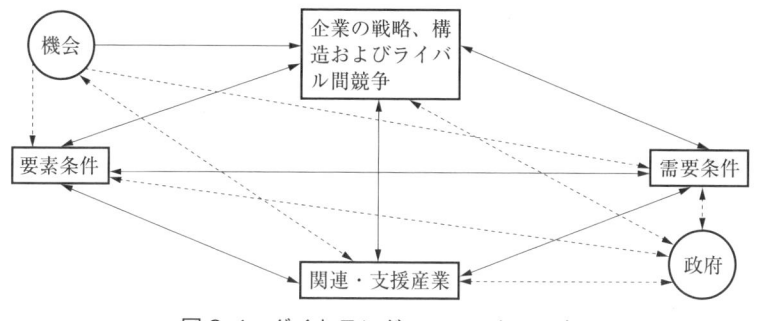

図2-4 ダイヤモンド・フレームワーク
出所）Porter（1990：p. 188 土岐他訳、1992）

なストックの生産要素よりもさらに重要なのは、特定の産業で素早く生産要素を作り出し、またグレードアップを行う能力を有することである。今日の世界で繁栄している国（スイス、シンガポール、台湾、韓国、日本等）の特徴をみると、いずれも国土が狭く資源の乏しい国である。しかし、国民の教育水準は高く、勤勉で、日夜創意工夫に励んでいる。反対に、資源が有り余っている国々はむしろ開発が遅れている（Omae, 1990）。ポーターは、「成功する国は生産要素の質と量を最も速くグレードアップする国である」（Porter, 1990）と述べている。例として、デンマークにおけるインシュリンの世界的優位性を挙げている。インシュリンは糖尿病の治療に用いられるが、デンマークがこの分野におけるグローバルな競争優位を確立し得たのは、発酵技術、生物分化の技術、また精製技術において科学的な基礎を確立しているからである。

② 需要条件：当該産業の製品やサービスに対する国内外での需要の性質である。例えば、スウェーデンが硬い岩盤の採掘装置で世界的である一つの理由は、国内の鉱石産業が発達しており、しかもこの国の岩が非常に硬いという特性に対処しなければならない国内ニーズがあるからである。また、アメリカは油田を掘るロータリー採掘技術では高い評判を得ているが、それは昔から油田を掘っていて採掘条件がだんだん厳しく

なっており、それを克服しようとする国内ニーズがあるからである。日本の公害防止機器開発の優位性についても同様のことがいえる。

③ 関連産業および支援産業： 国際的な競争力を有する関連産業や支援産業の国内での有無である。例えば、日本の工作機械メーカーが優位なのは、国内の数値制御装置、モーター、その他の部品購入先メーカーが世界クラスの企業であるからである。スウェーデンのボールベアリングや切削工具が優れているのは関連の特殊鋼分野の強さのためである。イタリアが靴産業で世界をリードしているのは、皮革産業、皮の加工産業、靴の製造機械などが発達しているためである。また、スイスが製薬で成功しているのは、それ以前に染色産業で成功していることと密接に関連しており、また関連分野としてはこれまた世界レベルの香料産業がある。日本のFAXの優位性は複写機の成功に負うところが大きい。また、日本の電子楽器の世界的リードは国内の民生用エレクトロニクス製品を基盤とした音響製品分野の成功からきている。

④ 企業の戦略、構造およびライバル間競争： 企業がつくられ、組織され、経営される状況、および国内のライバル企業間の競争の性質である。特に国内競争に関しては、世界的な競争力を持つ企業はほとんどの場合、国内市場に強力な多くのライバル企業を有している。例を挙げれば、先のスイスの製薬企業、ドイツの化学企業（3大メーカーはBASF, Hoechst, Bayer)、アメリカのコンピュータ企業やソフトウェア企業、日本の自動車メーカー、工作機械メーカー等である。国内市場における熾烈な競争がそれらの企業を革新し、グレードアップさせ、ついには国際的な競争優位を持つ企業にまで鍛え上げたのである。国内競争がなくて外国企業に打ち勝った例など皆無であろう。このように国内市場が非常にダイナミックで、チャレンジングであることが特定産業でその国が優位に立つことに繋がる。その場合、一つの町とか地域にライバル企業が集中している方が、結果的により大きな競争優位が生み出される傾向がある。例えば、ドイツのゾーリンゲンの刃物、スイスのバーゼルの製薬、ボス

トンのルート128のミニコンピュータ、ニューヨークのマジソン・アベニューの広告などであり、日本では三条市（新潟県）の金物産業や燕市（新潟県）の洋食器産業、浜松市（静岡県）の楽器産業、諏訪（長野県）の精密産業、堺（大阪府）・関（岐阜県）・三木（兵庫県）の刃物産業などを挙げることができる。

以上の競争優位の源泉である4つの決定要因は、図2-4に示すように、相互に影響し合っている。

次に、「機会」と「政府」からなる2つの変数についてみてみよう。

① 機会： 国内環境や当該企業の力とは直接関係なく発生したチャンスである。競争優位に重大な影響を及ぼす「機会」としては、画期的な発明、大きな技術移転（バイオテクノロジー、マイクロエレクトロニクス等）、オイルショックなどによるコストの高騰、世界金融市場や為替レートの大幅な変化、世界や地域での急激な需要の高まり、外国政府の政治的決定、戦争などを挙げることができる。より具体的な例でいえば、それまで電子機器産業で支配的地位を占めていたアメリカとドイツの企業はマイクロエレクトロニクス技術の出現によって日本企業にとって代わられることになった。また最近ではその日本企業も韓国企業の圧倒的な攻勢に苦しんでいる。さらに、船に対する需要の高まりは造船業界でも日本に代わって韓国が主導権を握ることになった。また、シンガポールはアパレル産業では世界の後発国であったが、香港や日本がアメリカでアパレルの輸入割当を課されている間に急伸した。さらに、2度にわたるオイルショックにより日本は徹底的なエネルギー・コストの優位性を高めることになった。

② 政府： 政府の役割は、図2-4にみるように、既述の4つの決定要因に影響を与えたり、反対に受けたりするその国のシステムに関わる変数である。政府は「要素条件」に対して、補助金、資本市場に対する政策、教育政策などにより、地域の「需要条件」に対しては製品規格や支援サービスに関する規則によって、また「企業の戦略、構造およびライバ

ル間競争」に対しては資本市場の規制、税務政策、独禁法などによってそれぞれ影響力を行使する。反対に、例えば、教育投資に関する政策では、地域の競争企業の数によって影響を受けるし、ある製品に大きな国内需要が発生すればその製品に対する政府の安全基準の導入が早められたりする。

　競争優位に関しては、政府の決定は好ましく働く場合もあるし、そうでない場合もある。例えば、日本政府はFAXの導入期においてFAXによる書類を公文書として認めたり、FAXを普通の電話に繋ぐことを許可するなどして、当該産業の競争優位に一役買っている。しかし、イタリアの場合、厳しい金融機関に対する規制は、同国金融機関の国際市場での活動を阻害する結果となっている。

　このようにして、一国内で4つの決定要因と2つの変数からなるフレームワーク全体が一つのシステムとして最良な形で機能するとき、競争優位の源泉としての「ダイヤモンド・フレームワーク」が実現し、一国の企業・産業がグローバル優位を獲得することになるのである。

3．グローバル経営組織論

（1）国際企業組織の段階モデル

　世界規模の企業組織に関する研究の源泉を辿ると、ストップフォード＆ウェルズ（Stopford, J. M. & Wells, L. T.）の注目された研究がある。その当時、国際企業の発展プロセスに対応して、最適な組織構造を採用するという考え方が大きな影響力を持っており、さまざまな条件のもとで、どのようなスタイルの組織構造が、正しい「最適解」をもたらすかに最大の関心が向けられていた。彼らは1960年代に187社のアメリカ系多国籍企業を対象とする分析に基づいて、国際企業における組織構造の「段階的発展モデル」を導き出したのである（Stopford & Wells, 1972）。

　ストップフォード＆ウェルズは、ほとんどの企業が海外に進出する際に

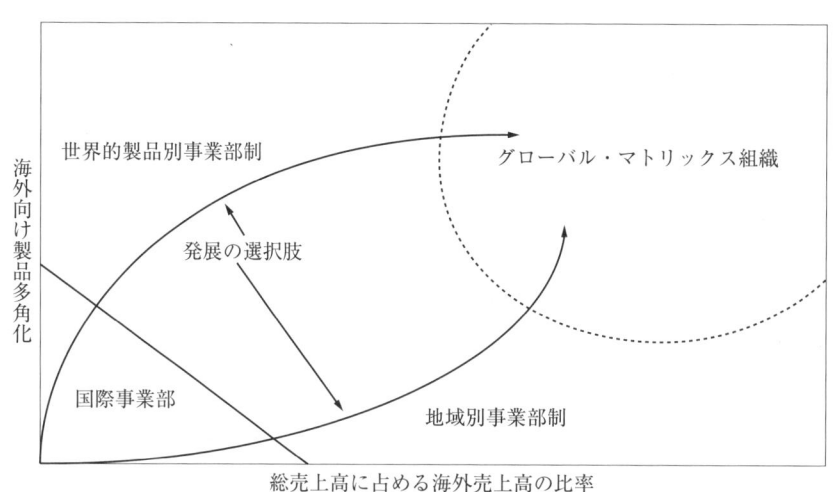

図2-5　ストップフォード＆ウェルズによる国際的組織構造の段階的発展モデル
出所）Bartlett & Ghoshal（1989：p.30 吉原監訳、1990：p.41）

（縦軸：海外向け製品多角化、横軸：総売上高に占める海外売上高の比率。領域：世界的製品別事業部制、グローバル・マトリックス組織、発展の選択肢、国際事業部、地域別事業部制）

直面する戦略上および管理上の課題を整理するために、2つの変数を設定した（図2-5参照）。一つは、国際的に販売される製品の数（縦軸の海外向け製品多角化の程度）、もう一つはその企業での海外販売の重要度（横軸の総売上高に占める海外売上高の比率）である。彼らは187社の組織構造上の変化を図上にプロットすることにより、国際企業が海外進出の異なった段階ごとに異なった組織構造を採用する、という事実を見出した。

このモデルによれば、国際企業は、海外売上高と海外で販売される製品多角化の程度が低い初期段階では、国際事業部により国際業務が行われるのが一般的である。その後、海外での製品多角化の程度をそれほど増大させないで国際販売を拡大する企業は、地域別事業部の組織構造を採用することが多い。これに対して、海外での製品多角化の程度を増大させることによって海外販売の拡大を図る企業は、製品別事業部重視の構造を導入するのが一般的である。さらに、海外売上高と海外での製品多角化の程度がともに十分大きくなると、これらの企業は「グローバル・マトリックス組織」に到達する。

1980年代に入り、複雑性、多様性、変化がますます増大する中で、多数の組織上の問題点が惹起され、国際企業の経営者たちは、組織の再編を模索し始めた。多くの企業が「グローバル・マトリックス組織」を拠り所として改組を行うこととなった。

　理論的には、グローバル・マトリックス組織による解決は成功を収めるはずであった。第一線の管理者がさまざまな組織グループの長に同時に報告することにより（つまり、各製品担当部門の管理者が地域別組織と機能別組織の両グループに対する報告責任を負ったり、あるいは地域担当部門の管理者が機能別組織と製品別組織への報告責任を負うといった形）、企業全体として、中央集権による効率、各国ごとの適応、世界規模の知識（技術を含む）や能力の移転の3つの要求に対して、バランスを保つことが可能になると考えられた。

　しかし、多くの企業にとってこの組織は、満足すべき成果をもたらさなかった。グローバル・マトリックス組織の先鞭をつけたダウ・ケミカル社はかつての地域別事業部組織に戻している。また、シティバンクも何年かの試行の末、この組織構造を破棄している。これらのグローバル・マトリックス組織を破棄した企業が共通して挙げたこの組織の問題点としては、①この組織構造では、さまざまな考え方と関心に含まれる差異を増大してしまう、②2つの命令系統が対立と混乱を生み出す、③経営プロセスが遅滞し、コストがかかってしまう、などであった。

　その結果、多くの企業では、グローバル・マトリックス組織に対する当初の期待は急速にしぼみ、何らかの形でこの組織の欠点を補完するか、あるいは何らかの違った方法による解決が必要だという認識が高まった。そこで出現したのが、同じハーバード学派のバートレット＆ゴシャールが提唱するトランスナショナル型の組織構造である。

(2) 3つの組織モデル

　まず、バートレット（Bartlett, C. A.）＆ゴシャール（Ghoshal, S.）は、アメリカ、ヨーロッパ、日本の家電、日用雑貨、通信機の各産業に属するそれぞ

れ3社、合計9社の調査の結果、国際企業のタイプを、マルティナショナル企業、グローバル企業、インターナショナル企業の3種類に分類している（Bartlett & Ghoshal, 1989）。それぞれの特徴を示せば次の通りである。

1）マルティナショナル企業（Multinational Companies）

これらの企業は、進出先国ごとの差異に焦点を当てる。つまり、各国別に顧客の志向、産業に関する特徴、政府の規制等の差異に機敏に対応し、その製品とサービスを差別化することによって経営を行う。また、この種の企業は各国の市場環境に柔軟に適応していくことが特徴である。海外でのほとんどの活動は本社から各国の子会社（または支社）に大幅な自由裁量権が与えられており、従って自律的行動が認められている。この分類に属する企業には、例えば、ユニリーバ、ICI、フィリップス、ネスレといったヨーロッパ企業に多くみられる。

さらに、組織面に注目すれば、これらの企業は情報や組織力を分散させ、現地の経営方法に沿って各国市場の違いに対応している。情報を分配し、権限を委譲した結果できたこの組織形態は「権限分散型連合体（decentralized federation）」としての特徴を有する。

この組織形態は戦前に海外へ進出した多くのヨーロッパ企業の経営によく適合していた。当時の企業は同族所有が多く、組織は個人的人間関係や私的な付き合いをもとに成立していた。従って、経営のやり方は、信用できる人物を任命して海外の子会社へ派遣し、その人物に経営を任せるという傾向が強かった。管理や統制は主として、親会社のトップとそれら子会社の責任者たちとの人間関係を通じて行われることが多かった。各国の子会社は独立した単位として経営され、現地の企業環境を最大限に利用するという目的を持っていた。

2）グローバル企業（Global Companies）

これらの企業はグローバルな効率のよさを求めて、戦略や経営の決定権を中央に集中させている。この種の企業では、自社製品に対してコスト上、品質上最高の地位を築くため不断の努力が払われる。これらの企業は世界を統

一された一つの市場と考えて、製品や戦略を開発している。世界市場に対しては、相違点よりも類似点の方が重要であるという考えが主流となっている。この分類に属する企業には、トヨタ、キヤノン、コマツ、パナソニックなど日本の国際企業に典型的に多くみられる。

　組織面からみてみれば、この組織は情報や権限の中央集権化を基本としており、海外子会社の役割は、極端にいえば、本社で策定した計画と方針通りに、部品を組み立てて製品を販売することだけである。従って、グローバル型組織では海外子会社が独自の製品や戦略を生み出す自由はマルチナショナル組織に比べてずっと少なくなる。この組織形態は「中央集権型組織体（centralized hub）」であるといえる。

　この組織形態は、日本企業の経営規範や経営のやり方によく適合していた。中央での意思決定や管理によって、集団志向で行動する日本企業の文化的特徴が海外での組織展開でも維持されたのである。重要な意思決定はすべて日本本社で行われ、海外の子会社は情報源や指示を本社に頼っている。本社の経営者は、子会社の運営、製品や知識の流れを厳しくチェックしており、コミュニケーションは常に一方通行である。これら企業の経営者は、世界市場に大きな焦点を当てているが、子会社の自主性が低いために、現地の環境の違いに対する理解が少ない。

３）インターナショナル企業（International Companies）

　これらの企業は本国で開発した知識（技術を含む）や能力を世界各国に移転して組織の拡大を図る。特に、海外での競争優位の源泉として本国でのイノベーションを重視することが特徴である。バーノン（Vernon, 1966）の「製品ライフ・サイクル理論（PLCモデル）」で説明されたように、これらの企業は本国で開発された新製品や技術をより水準の低い外国へ移転することにより生産拠点を増やしていく。この種の企業には、クラフト、ファイザー、Ｐ＆Ｇ、GEといったアメリカ系の国際企業が多く属している。

　組織面からみると、この組織は終戦直後の10年間は優勢であった。当時国際化を推進した企業にとっての主題は、知識や専門技術を進歩の遅れてい

る国や市場開発の進んでいない国へ移転することであった。現地子会社は新製品や戦略を自由に改良できたが、製品開発、経営方法、着想などについては親会社に大きく依存していた。本社の管理や統制の度合いはマルティナショナル企業より大きく、グローバル企業より小さい。従って、このような組織形態は、「調整型連合体（coordinated federation）」といえる。

　アメリカに本拠を置く企業は、その企業文化がこの組織形態によく適合していた。経営支配権を有するトップは、管理体制の中に規則的に情報を流すルートを敷き、中央の意思が伝わるようにして、子会社が目指すべき方向を示したのである。インターナショナル型組織モデルはマルティナショナル型組織モデルに似たところもあるが、前者の方が知識や情報の移転について本社に多くを依存している。

　しかしながら、Bartlett & Ghoshal によれば、上記3種類の国際企業は、それぞれが下記のような欠点あるいは課題を持つために、彼らの提唱する「トランスナショナル企業」に転進・移行しなければならないと説くのである。

　まず、マルティナショナル企業では、各国子会社は受け入れ国の環境に柔軟かつ機敏に適応できることが特徴であり長所でもあるが、一方で必然的に世界規模の効率が達成できにくいことや他の海外子会社で獲得された知識（技術を含む）や能力を共有できないなどの問題を抱えている。グローバル企業では世界規模の効率性の追求は大きな特徴であり長所でもあるが、それは各国市場での柔軟性と世界規模の学習効果（知識の移転）を犠牲にして築き上げられるものである。例えば、世界規模の効率を実現するために製造部門を本国に集約することにより、輸出が増加し各国との貿易摩擦が発生することにもなる。また、研究開発（R&D）を中央集中で進める企業では、本国以外で実現した技術開発を活用したり、そうした技術革新をグローバルに広めていく能力に欠けることになる。また、製造活動や研究開発の本国集中により為替変動の煽りをもろにかぶるというリスクを負うことにもなる。

　インターナショナル企業では、本社でイノベーションを中心とする知識を生み出し、それを世界的に拡大できるという特徴または長所はあるが、世界

規模の効率性においてはグローバル企業に、各国対応の柔軟性ではマルティナショナル企業に劣るという問題がある。

(3) 新組織モデルとしてのトランスナショナル企業の特徴
　バートレット＆ゴシャールによれば、つい最近まで、ほとんど世界中の産業で要求される戦略は単次元のものだった。しかし、今日、マルティナショナル企業の持つ適応性だけとか、グローバル企業の効率性だけ、インターナショナル企業の持つイノベーションの開発と普及といった画一的な戦略で成功できる時代ではなくなった。要求される戦略が多次元的になり、現実に、上記いずれの企業もトランスナショナル企業に転進・移行しつつあることが提唱された (Bartlett & Ghoshal, 1989)。

　彼らは、トランスナショナル企業では、マルティナショナル企業の適応性、グローバル企業の効率性、インターナショナル企業のイノベーションの開発と普及、の3つの長所を同時に取り込むことが可能になると主張する。これまでの単一の戦略課題にアプローチしてきたときと同じ方法を利用しようとするとジレンマに陥って、3つの目的のどれかを達成するために他の2つを犠牲にするか、少なくともかなりの妥協をしなければならなくなる。

　しかし、トランスナショナル企業では効率を求めるのはグローバルな競争力をつけるための手段であり、現地への適応を重視するのは、柔軟性を身につけるための手段であり、イノベーションは組織ぐるみの学習の結果得られるもの、とみなされる。このように問題を再定義すると次のようなトランスナショナル企業の組織的特徴を挙げることができよう (Bartlett & Ghoshal, 1989)。

1) 競争力の確立—統合ネットワーク
　トランスナショナル企業では、情報を中央に集中すべきか分散すべきかという問題よりも、状況に合わせて適切に意思決定を行うことが重要となる。トランスナショナル企業では、本国に集中している情報もあれば、海外に集中している情報もあり、各国に分散している情報もある。その結果、分散さ

れ専門化した複雑な組織構成となるが、企業側は強い相互依存関係によって分散した情報を統合する。先に、マルチナショナル企業、グローバル企業、インターナショナル企業のそれぞれの組織モデルとして、権限分散型連合体、中央集権型組織体、調整型連合体という特徴を挙げた。同じように、トランスナショナル企業の組織と情報の分配を表現すれば、「統合ネットワーク型」ということになる。この言葉は、トランスナショナル企業が管理しなければならない部品、製品、資源、人材、情報などの重要な流れを重視している。単なるハード面の統合だけでなく、大量かつ複雑な情報・伝達の連結、相互依存する業務、公式・非公式なシステムの統合を内容としている。

また、統合ネットワークは、世界中にある非常に専門化した組織単位を結びつけて、効率性、適応性、イノベーションという多次元の戦略課題を達成させる機構である。この組織構造の強みは、経営資源の分散、事業の専門化、相互依存の強化という、3つの基本的特性にある。

2）柔軟性の開発―組織の役割および責任の専門化

今日の、経済的・技術的・政治的・社会的環境では、中央集権型の組織も分散型の組織もかなり柔軟性に欠けるといえる。そこで、トランスナショナル企業ではマルチナショナル的な柔軟性を身につけて、適応性を開発することも行うが、最も重視するのは組織の部署ごとに役割や責任を整然と分けることである。例えば、各国の子会社の役割に変化を持たせている。ある子会社では標準化したグローバルな製品を担当し、別の市場では、子会社が地域に合った製品を積極的に開発するといったようにである。従来の企業にみられるような画一的な組織の役割分担とは全く対照的である。

バートレット＆ゴシャールは、トランスナショナル組織の全体の目的を実現するために海外子会社が果たす役割を、戦略軸と組織軸のマトリックスにより以下の4つのタイプに分類している（図2-6参照）。戦略軸は現地環境の戦略的重要性であり、組織軸は海外子会社の技術、生産、市場開発、その他の分野における現地資源と組織能力のレベルを表している。

① 戦略リーダー：　高い組織能力を持ち、戦略上重要な市場に位置する

（現地環境の戦略的重要性）戦略軸	高	ブラック・ホール	戦略リーダー
	低	実行者	貢献者
		低	高
		組織軸	

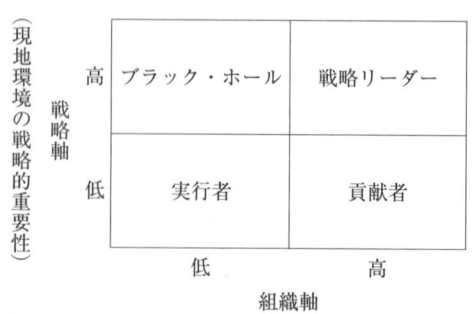

（現地資源と組織能力のレベル）

図2-6　海外子会社組織の役割のタイプ

出所）Bartlett & Ghoshal（1989：p. 122 吉原監訳、1990：p. 146）

海外子会社である。そのような子会社は、幅広い戦略を開発し実行する上で本社のパートナーとして認められる。また、戦略リーダーは、変革が必要となる初期の警告を見抜くだけでなく、脅威や機会の分析、および適正な組織的対応についても周到な準備が必要である。

② 貢献者：　組織上の高い能力を持っているが、市場戦略上の重要性に欠ける海外子会社である。このような子会社は、その余剰能力を活用してグローバルな課題に取り組む必要がある。

③ 実行者：　戦略上さほど重要でない市場において、現地の事業を維持する能力も低い海外子会社である。親会社が製品に付加する価値を分配するのがその役目である。実行者の活動を通じて、グローバル戦略に必要な規模と範囲の経済を達成することができる。

④ ブラック・ホール：　戦略上重要な市場に位置しているが組織上の能力が低い海外子会社である。この分類に当たる子会社は、本来は戦略リーダーの役を演じるべきなのだが、そうするだけの組織上の能力に欠けているのである。

本社の経営者は、それぞれの海外子会社に上記4つのうちのいずれかの役割分担を与えるに際して、戦略的な効率だけでなく会社の組織的能力を向上させることも考えなければならない。

３）学習プロセスの促進—多様なイノベーション・プロセスの管理

　企業の競争においてはイノベーションを世界中に普及させる能力、すなわち「世界的学習」を高めることが重要となる。イノベーションについては、グローバル企業もインターナショナル企業もそれを中央に頼り、マルティナショナル企業では、現地に大きく依存していた。トランスナショナル企業ではイノベーションの推進や学習に、全く違う方法を用いている。経営陣は、環境条件やチャンスは国によって千差万別であり、また企業内のそれぞれ異なった部署で異なった能力が開発されることを認識している。幅広い環境上の刺激にさらされている世界的企業は、国内企業よりも優位に立つ可能性が高い。それは幅広い消費者嗜好、追随してくるライバル企業、政府の要求、技術上の刺激などによって、組織内の学習やイノベーションが誘発されるためである。

　トランスナショナル企業では、中央と子会社の情報をプールして、分散した組織で世界的解決を図ろうとする。従って、効率のよい現地工場が国際センターになったり、現地や地域の革新的な研究所が特定の製品や工程を開発する優秀なワールドセンターに指定される場合もあり、創造力のある子会社のマーケティング・グループが、ある製品や事業の世界戦略について指導的役割を与えられる場合もある。世界的学習を推進するためには、企業は製品や工程の革新を可能にするあらゆる方法を用いる必要がある。

　マルティナショナル企業による分散型イノベーションでは各国別のニーズに迅速かつ持続的に対応できるが、必要以上の差別化を行って効率を損なう危険性がある。グローバル企業の集権型イノベーションでは規模の経済や効率は達成できるが、そこで開発されたイノベーションが各国市場ニーズを無視したものになりやすい。トランスナショナル型のイノベーションでは、分散した子会社を連結し、場所がどこであろうが既存の資源と能力を活用して、どこで発生したチャンスであろうと利用できるようになる。

　この統合イノベーション・プロセスの開発に最も役立つと考えられる３つの企業特性がある。それらは、組織単位間における資源と権限の相互依存関

表 2-1　4種類の企業組織の特徴

組織の特徴	マルチナショナル企業	グローバル企業	インターナショナル企業	トランスナショナル企業
企業資産と能力の配置	分散型。海外子会社は自立している	中央集権型。グローバル規模	能力の中核部は中央に集中させ他は分散させる	分散、相互依存、専門化
海外事業が果たす役割	現地の好機を感じ取って利用する	親会社の戦略を実行する	親会社の能力を適応させ活用する	海外の組織単位ごとに役割を分けて世界的経営に統合する
知識の開発と普及	各組織単位内で知識を開発し保有する	中央で知識を開発して保有する	中央で知識を開発し海外の組織単位に移転する	共同で知識を開発し、世界中で分かち合う

出所）Bartlett & Ghoshal（1989：p. 65 吉原監訳、1990：p. 88）

表 2-2　4種類の企業における戦略目標と権限委譲

	マルチナショナル企業	グローバル企業	インターナショナル企業	トランスナショナル企業
戦略目標	市場ごとの差別化（柔軟性）	本社集中によるコスト優位性（コスト効率）	本社でのイノベーションを世界規模に拡張する	効率性、柔軟性、世界規模の学習能力を同時に実現
権限委譲	分権化	集権化	重要な決定の集権化、その他の分権化	分散化、相互依存、専門化

出所）Bartlett & Ghoshal（1989 吉原監訳、1990）をもとに著者作成

係、異なる組織単位を統合する強力なメカニズム、そして子会社経営者の確固とした企業理念と世界的視野、である。

　以上のように、トランスナショナル企業の組織的特徴は、統合ネットワーク（競争力の確立）、組織の役割と責任の専門化（柔軟性の開発）、多様なイノベーション・プロセスの管理（学習プロセスの促進）の3つを支柱とした統合的な組織システムである。その組織的特徴を既述の3種類の国際的企業組織と比較したのが表 2-1 である。また、補足として、それら4種類の企業の、戦略目標と権限委譲の特徴を示したのが、表 2-2 である。

(4) トランスナショナル企業の構築

1) トランスナショナル型組織移行への課題

　国際環境や業界特性の変化により、企業は今や国際戦略の目標の拡大を迫られており、マルティナショナル企業の柔軟性、グローバル企業の効率性、インターナショナル企業の世界的規模の学習効果（知識の移転）の3つを同時に達成させる課題に直面している。かつての一元的な組織特性を取り崩せなければ、トランスナショナル企業への移行には障壁が立ち塞がる。そこで本項では、トランスナショナル型組織へ移行するために企業が取り組まなければならない管理特性を3つに絞って検討する（Bartlett & Ghoshal, 1989）。

　a) 多様性の容認―多様な見解のバランス

　トランスナショナル型組織への移行には、多次元的な組織の多様性に正当性を与えること、また、多様な見解のバランスを維持することが重要になる。これにより、経営者は環境の変化に対応できる柔軟性と、多様な戦略的能力を基礎として強い競争力を持つ組織の核を作り上げることができる。しかし、多くの企業において、トランスナショナルな戦略的能力の開発は、各社の主要な経営者グループに自分たちの権限を脅かすものと受け取られやすい。そうした経験から、一元的な組織偏向を是正するための主要なポイントは、戦略、組織、人間関係にあるといえよう。

　組織の多様性開発の難しさは、新しい経営視野と能力を開発しながら、組織の既存の知識ベースと能力を保護しなければならないことにある。このことに成功している企業は、この移行プロセスを論理連続性のもとに段階的に行われるべきものと考えている。まず、組織内に承認された新グループを結成し、次に彼らを組織の情報資源とコミュニケーション・チャネルにアクセスさせる。そして、最後に彼らに組織の主要な決定プロセスでの影響力を持たせるのである。

　b) 複雑性の管理―柔軟な調整メカニズムの開発

　調整業務の複雑化に直面して、トランスナショナル型組織への移行にはどのような調整メカニズムの開発が必要であろうか。従来から、日本、アメリ

カ、ヨーロッパの各企業には、国際事業の調整方法に関して、それぞれ文化を背景とした興味深い異なった特徴がみられる。まず、大多数の日本企業では、本社マネジメント・グループの直接活動と干渉を前提とする国際的調整プロセスが開発された。これは「集権化 (centralization)」による調整である。

この集権化は、日本企業の中央集権型の組織形態と文化先導型の組織プロセスにうまく適応していた。しかし、集権化の運営は非常に高くつく。海外子会社の規模が拡大し複雑性が増大するにつれて、本社の意思決定部門の規模が拡大せざるを得ない。結果的には、情報の収集や処理の点で限界になり、本社スタッフがタイミングよく現地の要求に対応できず行き詰まることになる。負担過剰状態の集権化プロセスでは、意思決定の質も低下する。海外事業環境の多様性と複雑性が大きくなればなるほど、本社経営陣は機敏に現地ニーズに対応することが困難になる。

また、現地子会社への直接的コントロールのため多数の本社スタッフが派遣されるが、子会社の数と複雑性が増大するにつれ、派遣できる優秀な管理者、技術者等の数にも限界がある。さらに、コストの面でも大きな負担になってくる。

次に、アメリカを基盤とする企業の調整プロセスは、公式的なシステム、政策、規格化に大きく依存するものである。これは「公式化 (formalization)」による調整である。公式化は集中化よりかなり高い運営費の削減を可能にした。また、意思決定のルーティン化は、著しい経営の効率化をもたらした。しかし、新しいアイディアや提案は必ず文書化し、広い範囲に配布して検討するといった手続きは、大々的なスピードアップと柔軟性が要求される競争環境の中では、重要な意思決定を遅らせることにもなる。また、規則化やルーティン化によって運営される内部環境は、管理者や技術者たちの創造力やイノベーション意欲を抑制する。

ヨーロッパ企業の主要な調整プロセスは、重要な決定者となるべき人材を慎重に選抜、育成し、現地に適応させるやり方である。これは「社会化 (socialization)」による調整である。この社会化は、集中化の本社過剰負担の

問題と公式化の柔軟性欠如を克服するという点で魅力的である。社会化は本社と子会社の力を同時に高めるので、資源と能力の世界的な開発と統合が促進される。また、共通の価値観と目標を前提とするので、より強固でかつ柔軟な調整方法といえる。しかし、社会化の欠点はそのコストである。社会化は組織全体にその目標を慣行化するために、管理者たちに厳しい教育、訓練が必要であり、大企業のこのようなプロセスには多額の投資が必要とされる。また、決定プロセスは、集中化や公式化のアプローチより、通常時間がかかり曖昧で複雑になる。

さて、多くの企業が移行しつつあるトランスナショナル型の企業形態では、多様な見解や利害を自ら促進しつつそれらを調和させ、資産と資源を広く分散しつつそれらを統合し、役割と責任を分化しつつそれらを調整しなければならない。そのような企業形態に移行する際には、多種多様な調整方法を開発し、そのメカニズムを最も効率的に用いて、これまでの組織における伝統の偏りをなくすことが重要である。

現に、ヨーロッパ企業は、集中化による調整で広範囲にわたって組織力の向上と簡素化が可能になることを理解し始めており、日本企業は集中化のやり方に公式化やルーティン化政策を取り入れ、アメリカ企業はそれまで無視してきたインフォーマル・プロセスや価値システムを形成し管理することに改めて関心を抱いている。

c）共通の企業理念の確立とコミットメントによる結合

トランスナショナル組織は、強力な統合源がなければ、無政府状態になり、最悪の場合、領地争いの国際的ネットワークになる恐れもある。そうならないためには、組織内の成員間、また本社と海外子会社間には共通の目的と価値観、より大きな目標との一体感、企業全体の重要課題へのコミットメントが重要となる。それを可能にするには明確で一貫した企業理念（corporate vision）の確立が必要になる。この点で、成功した企業には次のような3つの共通した特徴がある。

① 目標の明快性： 企業理念を効果的に共有するための基本的条件は、

目標の明確な表現と十分な伝達にあるといえる。企業目標を明快にするのに役立つ要因は、簡潔性、適切性、補強の3点である。

② 目標の持続性： 企業は中枢的戦略目標と組織の価値観に持続的に関与する必要がある。この持続性がなければ、強力な統一理念でも消滅してしまう。

③ 目標の一貫性： 全組織単位を通じて目標の一貫性を貫徹することが重要である。換言すれば、全員が確実に同一の理念を共有することである。一貫性を欠けば、混乱と非能率を引き起こし、各組織単位の活動は減退する。

以上から、管理者を中心とした組織成員たちに、強いコミットメントを持たせるには、経営に積極的に参加させることが必要だが、そのためには、彼らに企業理念の一部を実現するための直接的権限と、新組織を調整する際の中心的役割を与えれば、トランスナショナル組織に向けた強力な取り組みができるであろう。

2）最もトランスナショナル企業に近い企業、ABB

バートレット＆ゴシャールによる既述の研究では、1980年代の国際企業としてはユニリーバ、旧松下電器産業、エリクソンといった企業が比較的トランスナショナル企業に近いとしていたが、その後90年代の研究ではアセア・ブラウン・ボベリ（Asea Brown Boveri：ABB）を最もトランスナショナル企業に近い企業の一つとして紹介している（Bartlett & Ghoshal, 1992）。ここではABBのトランスナショナル組織型の特徴をみてみよう。

いわゆる重電メーカーとしてのABBの事業部門は送電・配電事業、発電所（ガスタービン、蒸気、水力、原子力）、工業・建設システム、輸送、金融サービスなどに及んでおり、日本でいえば三菱重工のような業種に属するといえよう。ABBはスウェーデンのアセアとスイスのブラウン・ボベリが1987年に合併してできた会社である。本社はスイスのチューリッヒにある。この合併成立の立役者は、アセアのCEO（最高経営責任者）であったパーシー・バーネビック（Barnevik Percy）であった。彼はCEOとして在任中の7年間に、

同社の総売上高を4倍、収益を8倍、発行株式を20倍に伸ばしたといわれる。しかし、彼は市場の動向からみて、電機産業はこのままでは生き残れないと考え、事業を国際展開する道を選んだのである。その究極の方法としてブラウン・ボベリとの合併が実現したのである。

新たに合併した企業で再びCEOになった彼が実行した最も大規模な改革は、すでにアセアで試みていたグローバル・マトリックス組織の導入であった。ABBでは、250人のグローバル・マネジャーが1200社、約2万人の従業員を率いている。これらの企業は、世界の約150カ国に所在する5000のプロフィット・センターに沿って分割されている。このように、ABBは1200の独立法人からなるネットワークであり、平均200名の従業員をもって構成されている。組織単位が小規模に保たれているのは、大企業でありながら個々の企業に企業家精神を保たせることを重視するためである。

ABBは、売上高340億ドルの超グローバル企業であるが、その組織的特徴は、バーネビックによると「グローバルな調整機能のもとに結集するローカル企業の連合体」であり、「マルチドメスティック（multi-domestic）企業」という名称がふさわしいといっている。彼はまた、「グローバルであると同時にローカルであり、大規模であると同時に小規模であり、徹底的に分権化する一方で重要事項の報告と管理は集権化したいと考えており、このような3つのパラドックス（矛盾）を解決することによって本当に強い組織になる」と述べている（慶応義塾大学ビジネス・スクール、1994）。

ABBのグローバル・マトリックスは、事業部門（ビジネス・セグメント）別と地域別（または国別）に分かれている。事業部門はさらに事業分野（ビジネス・エリア）に細分されている。事業部門のトップには、同社の最高意思決定機関である経営委員会（Konzernleitung）のメンバーがおり、彼らはそれぞれの部門があたかも独立企業であるかのように全世界の業績について報告する。地域別の方はグローバル・マネジャーとカントリー・マネジャーの双方に報告することになっており、そのトップは経営委員会のメンバーである。

このマトリックス組織を、例えばアメリカにあるABB（ウェスティングハウ

スの送電・配電事業部門を買収してできた子会社）の一つからみてみよう。現地子会社であるこの継電機器事業部のゼネラル・マネジャーは事業関連に関しては世界の継電機器事業部門のヘッドに、地域関連に関しては、送変電・配電事業のアメリカセグメントのトップに、それぞれ報告を行う。その報告を受けた両ミドル・マネジメントは、事業関連については、ABBの送変電・配電事業部門のトップ・マネジメントに、また地域関連についてはそれぞれの地域のトップ・マネジメントに報告を行う。

　旧ウェスティングハウス時代のマネジメント階層が8～9もあったのとは対照的に、ABBでは、グループ役員と現場マネジャーとの間には、1レベルの管理階層しかない。そして、ABBの組織の頂点に立つのが、既述の経営委員会である。パーシー・バーネビックがこの経営委員会の委員長を務め、本社から全社的な方向性を示し、リーダーシップを発揮しているのである。しかし徹底した90%ルールのもとに、2000人を超えていた本社スタッフはわずか150名に削減され、人事、技術、事務担当社員はほとんど事業会社へ移籍されたのである。

　さて、ABBが既述のような3つのパラドックスを解決するには、このようなグローバル・マトリックス組織が重要な基盤になっていることは確かである。しかし、そこには同時に、これまで述べてきたトランスナショナル企業の組織的特徴が色濃く取り入れられている。つまり、進出国別の多様性に対応するための柔軟性、全社規模の効率性、世界規模の学習効果（知識の移転）の3つを同時に達成できるような組織であり、その組織形態の特徴を一言で表せば、「統合ネットワーク型」であった。ABBにおいても、分散された部門ごとに能力やノウハウが育てられ、それらの専門的な活動と能力が統合されている。また、各組織間の関係は単なる依存や独立ではなく、相互依存の関係にある。

　バートレット＆ゴシャールを驚かせたのは、既述のアメリカABBの送電・配電事業部門において旧ウェスティングハウスのときと同じマネジャーによって管理されているにもかかわらず、買収後売上高と収益が目覚ましく

成長したことである。そればかりか、ABBの経営に変わってからは、各社員が一個人として会社に参画していると感じられるような組織の雰囲気ができあがっていき、管理者は広範な企業目的と、自分の個人的な価値観とが一体化していることを、自分のキャリアの中で初めて実感し得たというのである。

4. グローバル戦略論やグローバル経営組織論のBGCへの適用可能性

　ルートが海外市場参入戦略で述べている国際化プロセスは、基本的にはウプサラ・モデルと同一線上にある概念といえる。文化的距離、地理的距離の概念についてもほぼ同じ説明をしている。ルートは、国際化プロセスの最終段階（第4段階）になれば広範な数多くの参入方式の中から適切な方式を選択することができる点で最初の輸出段階のときとは異なる点を指摘している。従って、彼の国際化プロセス論では、創業後まもない企業の市場参入方式は間接輸出か直接輸出に限定されることが措定されていると解釈できる。

　次に、ポーターの競争戦略論は伝統的な大規模多国籍企業のそれを扱ったものだが、既述の3つ（または4つ）の基本戦略における「差別化戦略」と「焦点戦略」（コスト焦点戦略と差別化焦点戦略からなる）は、BGCのような小規模で経営資源の希少なベンチャー企業や中小企業にも十分適用可能な競争戦略といえるし、実際にもBGCで採用されている。

　ナイト＆カブスギル（Knight & Cavusgil, 2005）によれば、優れた国際的成果を有するBGCは、特に差別化戦略と焦点戦略に優れていると述べている。他方、低コストだけで競争する企業は価格競争に陥り、利益マージンにプレッシャーをかけてしまうので、典型的には収益性が低く、顧客をもぎとろうとする競合企業の動きに脆弱である。ほとんどのボーングローバルは平均的に規模が小さく資源上の優位性がほとんどないとすれば、コスト・リーダーシップ戦略に力点を置くのは賢明ではない。

　従って、ポーターの所論からは、BGCも含めた小規模企業で希少な資源

しか持たない企業の競争戦略については有効な知見が得られるが、BGCの早期国際化の背景や理由に関する知見を得ることはできないといえよう。このことについては、Bartlett & Ghoshal（1992）のトランスナショナル企業の概念についても同様である。

　著者は、次章で述べるトランスナショナル経営論以降の国際経営論に関して、BGCの早期国際化や持続的競争優位性を解明するのに、メタナショナル企業経営論が有効であると考えている。

　◆参考文献
　巻末の参考文献を参照

第 3 章

トランスナショナル経営論以降の
グローバル経営理論

　バートレット & ゴシャール（Bartlett & Ghoshal, 1989）のトランスナショナル企業の経営モデルは1980年代後半から1990年代までグローバル経営分野の研究に大きな影響力を与えてきた。これはマルチナショナル企業の長所である各国市場への適応性、グローバル企業の長所である効率性、さらにはインターナショナル企業の長所としてのイノベーションと学習能力の世界的な移転の3つの長所を同時に取り込むことができる理想的な経営モデルとして紹介されたのであった。

　また、同時代には類似のモデルとしてプラハラッド & ドーズ（Prahalad & Doz, 1987）によるマルティフォーカル・モデルやヘッドランド（Hedlund, 1986）によるヘテラーキー・モデル等も出現している。さらに、今世紀になって一躍存在感を増してきたのがドーズ他（Doz, et al., 2001）によるメタナショナル企業経営のモデルである。

　本章ではトランスナショナル経営論以降最近までのグローバル経営モデルの変遷を追いながら、特にメタナショナル企業経営のモデルを中心に、それが今日の知識経済時代にフィットした注目に値するグローバル経営のモデルであることを明らかにする。具体的には、メタナショナル企業出現の時代的背景、メタナショナル企業経営の特徴と同経営に求められる能力、さらにはメタナショナル企業経営の事例等について検討したい。

1. トランスナショナル経営論以降の経営モデル

　1980年代後半から90年代まで、トランスナショナル経営モデルと同様に企業を取り巻くグローバルな環境変化を意識したいくつものグローバル企業経営のモデルが登場した。例えば、プラハラッド＆ドーズによるマルティフォーカル・モデル、ヘッドランドのヘテラーキー・モデル、ゴシャール＆ノリア（Ghoshal & Nohria）の環境適合類型モデルやパフォーマンス・モデルなどいくつかのグローバル経営モデルである。

（1）マルティフォーカル・モデル
　プラハラッド＆ドーズ（Prahalad & Doz, 1987）によるこのモデルもトランスナショナル企業経営モデルと類似した概念である。彼らもグローバル統合（integration）を縦軸に、ローカル適応（responsiveness）を横軸にとった2次元マトリックス（I-Rグリッド）によって、両者を高いレベルで同時に達成することのできる戦略を理想系としてマルティフォーカル戦略と呼ぶ戦略を主唱している。つまり、このマルティフォーカル・モデルの特徴は、グローバル統合と現地適応のバランスをいかにうまくとるかということが優先課題となる。彼らは企業のトップ・マネジメントの視点から、多くの業界をI-Rグリッド上にマッピングし、各社の事業ポートフォリオを明らかにしている。これによって、グローバル統合に重点を置いてグローバル・ビジネスを行う企業、ローカル適応を重視してマルティナショナル・ビジネスを行う企業、さらにグローバル統合とローカル適応の双方を同時に達成してマルティフォーカル・ビジネスを行う企業に類型化している。さらに、I-R分析からするマッピングは時間とともにその位置づけが移動することも示している。従って、マルティフォーカル戦略を実施するマルティフォーカル企業の経営者は、自社のグローバル統合とローカル適応の両面の変化に配慮し、戦略的にそれをコントロールし、またその変化に柔軟に対応することが必要になる

(浅川、2003)。

(2) ヘテラーキー・モデル

これまでの多国籍企業の組織モデルとして支配的であったハイアラーキー（階層構造）・モデルに対峙するヘテラーキー・モデルを提唱したのはヘッドランド（Hedlund, 1986）であった。このモデルもトランスナショナル・モデルと類似性を有するが、ヘテラーキー・モデルの方が組織構造の視点を重視した概念であるといえる。彼は組織構造（ハイアラーキー）というのは、企業ばかりでなく広く社会組織において昔から存在してきた基本的・伝統的な構造であると考える。

しかしながら、この昔から存在する伝統的な階層構造も今日における複雑な組織、特に多国籍企業の組織構造としてはむしろヘテラーキーなる組織構造の方がうまく機能すると考えたのである。このヒエラルキーの代替概念であるヘテラーキーは、彼によれば次のような特徴を持つ組織構造である（Ghoshal & Westney, 1993）。

① ヘテラーキーの要素は3つの主要な次元、すなわち知識、行為、権限の局面に関連している。
② ヘテラーキーの各ユニットは、これら3つの次元に沿って同様に秩序づけられる場合もあれば、そうでない場合もある。
③ その秩序は時間と環境に従って、さまざまに変化する。
④ その秩序は必ずしも一過性のものではなく（非一過性）、しばしば循環性を有する。
⑤ ヘテラーキー内のユニット間の関係は、何種類も存在する。これは多次元性を反映したものである。
⑥ ヘテラーキーでは全体的な結合を特性として持ち、主に規範的統合によって、単なる無秩序から守られている（規範的・目的志向的統合）。

また、彼は特に多国籍企業の経営との関係では次のようにも述べている。
① 組織の中心は一つではなく、多く存在する（多中心）。

② 多中心というのは、単に中心が多いということだけではなく、それぞれの中心が異なった役割を担っているということである。
③ 海外子会社のマネジャーにも戦略的役割が与えられている。
④ 組織の境界線がときとして曖昧になり、柔軟な企業統治が行われる。そして社内的なネットワークだけでなく、対外的なネットワークも柔軟に構築される。
⑤ ヘテラーキーでの統制は、公式的な統制よりも、企業文化や経営スタイルといった非公式的な規範的統制がよく利用される。
⑥ ヘテラーキーではハイアラーキーのように価値創造活動が本部でのみ行われるのではなく、企業内のユニットのいたるところでそれに関連した頭脳的活動が行われる。従って、企業全体が頭脳としての性格を有している。

さらにこうしたヘテラーキー型企業組織を運営するために経営者に必要とされる能力は伝統的なハイアラーキー型企業組織を運営する場合の能力とは異なっている。ヘテラーキー型企業の経営者には、アイディアを相互に交換できるスキル、それを素早く行動に移せるスキル、組み合わせから新たなものを見出す能力、外国語能力、異文化に対する適応力、誠実さ、リスクをとる意志、企業に対する信念、といったものが必要である（Hedlund, 1986；浅川、2003）。

（3）環境適合類型モデル

ゴシャール＆ノリア（Ghoshal & Nohria, 1989）は多国籍企業の環境適合については、外部環境の複雑性のレベルと現地子会社のリソースのレベルによって4種類に分類している。さらに、親・子会社の関係を集権化(centralization)、公式化（formalization）、社会化（socialization）の組み合わせからなる「適合」統治構造によって表示している（図3-1）。

その結果、外部環境の複雑性と現地のリソースのレベルがともに高い場合は、社会化の度合いが最も高い統合型（integrative）が適しており、反対

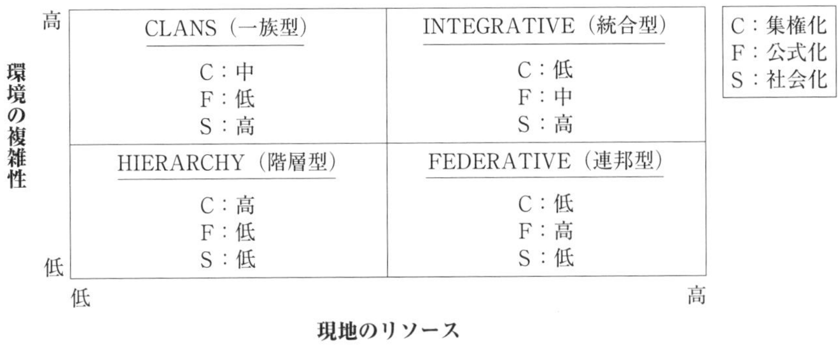

環境の複雑性 高	CLANS（一族型） C：中 F：低 S：高	INTEGRATIVE（統合型） C：低 F：中 S：高
環境の複雑性 低	HIERARCHY（階層型） C：高 F：低 S：低	FEDERATIVE（連邦型） C：低 F：高 S：低
	低　　　現地のリソース　　　高	

C：集権化
F：公式化
S：社会化

図3-1　多国籍企業の環境適合類型

出所）Ghoshal & Nohria（1989）および浅川（2003：p. 155）をもとに作成

に両者がともにレベルが低い場合は、集権化の度合いが最も高い階層型（hierarchy）が適している。また、環境の複雑性は高いが現地のリソースのレベルが低い場合、社会化の度合いが高い一族型（clans）が適しており、その反対に環境の複雑性は低いが現地のリソースのレベルが高い場合、公式化の度合いが最も高い連邦型（federative）が適していると述べている。

つまり、彼らの結論としては、「多国籍企業はそれぞれの子会社が置かれた環境に適合する形で本社・子会社関係がそれぞれ内部的に差別化されている」というのである（浅川、2003）。

（4）パフォーマンス・モデル

ノリア＆ゴシャール（Nohria & Ghoshal, 1993）も、多国籍企業が直面する環境をグローバル統合とローカル適応の2軸からなるマトリックスによってグローバル環境、インターナショナル環境、マルチナショナル環境、トランスナショナル環境の4種類に分類した上で、図3-2に示すようにそれぞれの環境に最もうまく適合する組織を構造的統合と構造的差別化のマトリックスと対応させる形で4種類の環境とそれぞれが適合したときに高いパフォーマンスがもたらされることを明らかにしている。

つまり、グローバル統合度が高くローカル適応度が低いグローバル環境に

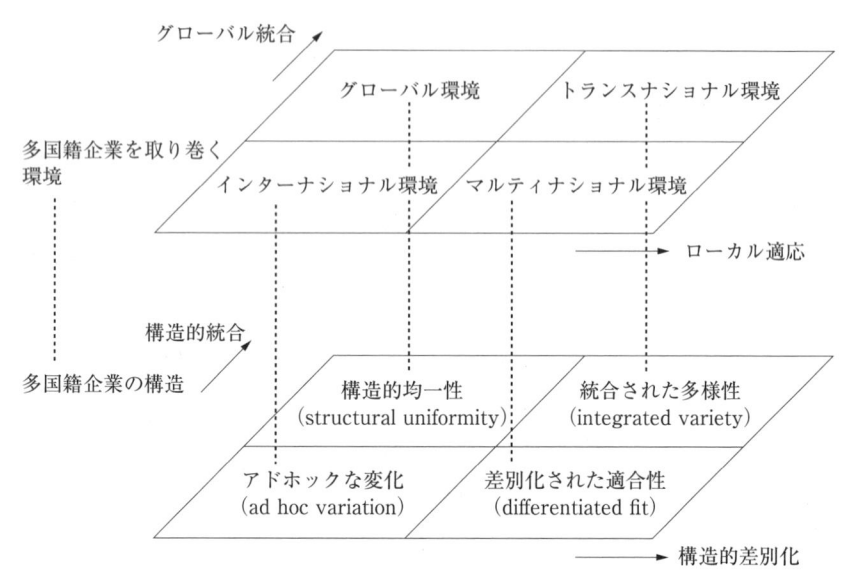

図 3-2　環境と構造の適合が高いパフォーマンスをもたらす関係図
出所）Nohria & Ghoshal（1993）および浅川（2003：p. 154）

対しては構造的均一性（structural uniformity）で対応した企業が、グローバル統合度もローカル適応度もともに低いインターナショナル環境に対してはアドホックな変化（ad hoc variation）で対応した企業が、ローカル適応度は高いがグローバル統合度の低いマルティナショナル環境に対しては差別化された適合性（differentiated fit）で対応した企業が、さらにグローバル統合度もローカル適応度もともに高いトランスナショナル環境に対しては、統合された多様性（integrated variety）で対応した企業が、それぞれ他の組織構造をとった企業よりも良好なパフォーマンスを挙げていることを検証した。具体的には、投資収益率、総資産利益率、売上の伸び率といったパフォーマンスである。

　ここで注目すべきことは、トランスナショナル型がすべての環境に適応できる万能型ではないということである。あくまでもその企業が置かれた4種類の環境要因によって最適の組織構造モデルが決まるということである（浅川、2003）。

2．知識経済時代におけるメタナショナル企業経営

(1) メタナショナル企業経営とグローバル・ナレッジ・エコノミー

　これまで述べてきたグローバル経営のモデルはいずれも80年代後半を中心に出現した理論であった。それは多国籍企業（MNCs）を取り巻く環境がこれまで以上に複雑で不透明になり、経営上の行き詰まりを打開するための理想型としてのモデルが追求されたのであった。

　しかしながら、トランスナショナル企業経営にしても、代表例であったABBではCEOのバーネビックが引退するや否やこの経営手法は廃止されてしまった。理想型は示されたが、現状を打破してどのようにすればそれに到達できるのかといったことが明確でなく、具体性に乏しいといった批判がなされたのであった。また、急激な環境変化の一つであるグローバルなナレッジ・エコノミーに適切に対応できるモデルかどうか課題もあったといえよう。

　そうした環境変化の中でドーズ、サントス（Santos, J.）、ウイリアムソン（Williamson, P.）の3名によるメタナショナルの企業経営モデル（Doz, et al., 2001）は、グローバル経営の革新的な理論として注目されたのである。それはこれまでのような単なる理念型のモデルではなく、ナレッジ・エコノミーの新たな挑戦課題にも対応できる理論であった。

　メタ（meta）とはギリシャ語で「beyond（超越する）」を意味するものであり、従ってメタナショナル経営の特徴は、本国に立脚した競争優位性にだけ依存するのではなく、それを超越してグローバル規模で優位性を確保しようとする経営である。換言すれば、メタナショナル経営においては、本国だけでなく世界中の子会社・関連会社・提携企業等において価値創造を行い、競争優位を創成するのである。

　さらに、「グローバルなナレッジ・エコノミーの時代における競争力は、世界に拡散する新しい技術、能力、市場ニーズなどに関する知識をいち早く感知・獲得し、それらを革新的な製品・サービス、生産プロセスを創造する

ために移転し、さらに日常業務に活用する点にかかっている」(桑名、2008)。

これまでの多国籍企業は、基本的には本国で培った競争優位性をベースにして、それに依存しながら海外市場を開拓し、グローバルなビジネスを展開してきた。しかし、今日では国の競争優位や国内のイノベーション・クラスターの競争優位が長期にわたって安定的に存続するとは限らない。国の競争優位をもたらした分野が急速に衰えて、他国に競争優位を引き渡してしまう場合も決して珍しくはなくなっている。例えば、自動車産業におけるGM、フォード、クライスラーといった旧ビッグ3、電子産業でのシャープ、パナソニック、富士通など、造船業におけるIHIや日立造船などの優位性の低下である。

「ナレッジのベースが急速にグローバル規模で分散化し、これまでの常識では考えられないような地域(国)で新たなイノベーションの芽が生まれる可能性がある。従来の固定概念にとらわれてイノベーションの拠点をこれまでの強みをベースに配置するというアプローチは、潜在的チャンスを見逃すことになる」(浅川、2003)。しかし、そのようにグローバルにイノベーションの拠点を探索することは容易ではない。「自国主義の呪縛ないし国の強さの固定観念から脱却し、常に世界中のあらゆるロケーションに対しても目を離さず、潜在的イノベーションの芽を探索し、ナレッジや能力を迅速かつ的確に社内に獲得し、社内各部門で移転・共有し活用しうるような企業、すなわちメタナショナル企業」(浅川、2003)をどのようにすれば構築することができるのであろうか。

ドーズらは、このようなメタナショナル企業を構築するには、次の3つの考え方から脱却する必要があると述べている。
① 自国至上主義からの脱却： 自国が最大の競争優位の源泉であるとする考え方からの脱却である
② 既存の力関係からの脱却： グローバル・ナレッジ・エコノミーの時代には先進国・地域ばかりでなく辺境の地からもイノベーションが生まれる

③ 既存概念からの脱却： 現地適応はあくまで現地のためであるといった考えではなく、その成果は他の国にも移転できる可能性がある

（2）メタナショナル企業経営の特徴と必要とされる能力
1）メタナショナル企業経営の特徴

　前項でみてきたようにメタナショナル企業経営の特徴は、本国での競争優位性だけに依存するのではなく、それを超えてグローバル規模で優位性を確保しようとする点にある。そのため「自国至上主義、自前主義、先進国至上主義等から脱却し、世界に散在するさまざまな知識を感知、確保し、それを移動・融合し、変換、活用していくことが必要になる」(竹之内、2008)。このような能力を持った企業こそが、まさにこれからのグローバルな知識経済時代の競争で勝利者になるといえるであろう。

　このことは逆説的ではあるが、仮に「間違った場所で生まれた」企業、競争劣位にある企業でも、国際ビジネスのやり方次第ではグローバル企業へと発展する可能性があるということである (Doz, et al., 2001)。今日のグローバルな知識経済においては、自国の劣位を克服することが可能であり、むしろ場合によっては、自国が強い場合よりも、謙虚に他国から学ぶという姿勢を持てば、より強力なパワーを備えることさえ可能である (浅川、2003)。事実、ノキア、STマイクロエレクトロニクス、エイサーといった企業は、いずれも当初は世界的にみて競争優位性を有するような企業ではなかったが、次第にその産業分野で世界の主導的な企業に躍進していったのである。このことは、これまでの伝統的な多国籍企業のようにいつまでも本国での優位性に依存していたのでは、これからの時代には落後してしまうということである。

　今日のグローバルな知識経済時代においては、グローバル競争のルールが変化し、企業は「海外市場に参入する競争」から「世界に拡散している知識から学ぶ競争」へと変化しつつあるのである (Doz, et al., 2001；桑名、2008)。つまり、これからの多国籍企業は将来のイノベーションに繋がる新しい知識を世界中から競合企業よりも早く感知・獲得し、組織ユニット間で移転・活

用していくことが重要である（桑名、2008）。

　以上のようなメタナショナル現象、すなわち、典型的には主要な知的資源（知識や市場ニーズなど）を海外に求めて競争力を構築し、台頭してきた多国籍企業の行動現象を十分に説明できる理論がこれまで存在しなかったのである。メタナショナル企業経営をトランスナショナル企業経営と比較した場合の差異を示すと次の通りである。第1に、トランスナショナル企業のように理念系ではなく、少数だがすでにメタナショナル企業経営を行っている具体的な企業が存在する。例えば、既述のノキア、STマイクロエレクトロニクス、エイサーの他にも、資生堂の香水部門、ポリグラム、ピクステクなどである。第2に、トランスナショナル企業のように既存の海外子会社に親会社が強引に役割を付与することはしない。第3に、メタナショナル企業経営ではアライアンスにより外部資源を取り込むことを極めて重視している。第4に、メタナショナル企業経営の方がグローバルな知識経済時代に適合している。

　2）メタナショナル企業経営に必要とされる能力

　メタナショナル企業経営に求められる最も重要な能力は何か。ドーズらはそれらの能力として次のものを段階別に挙げている。まず、メタナショナル化の第1段階としては、新しい知識や市場を感知し（sensing）、それにアクセスする能力。つまり、世界中の国・地域で現地固有の知的資源（知識）や市場を感知し、それらに関する知識をグローバルに入手する能力である。既述のように新たな知識経済の時代においては、リードマーケットが多様化し、イノベーションが辺境の地から生じる可能性が増大している。そこでこれからの多国籍企業には新たな知識をグローバルに感知する能力が求められるわけである。

　この感知能力は、①新たな技術や市場を予知する能力（prospecting capabilities）および、②それらに関する知識を入手する能力（accessing capabilities）で構成される。前者は、目標を明確に持ち競合企業より先に革新的な技術や新しい市場ニーズの出現を感知することである。後者は、海外における顧客・サプライヤー・卸売業者・大学・研究開発センターなどから既存のネットワーク

を通じて革新的技術や新しい市場ニーズを取り込む能力である。

　また、必要な知識を入手するためには、現地の状況に精通し、現地での幅広い人脈を有する専門家に権限を委譲することが重要である。例えば、資生堂は、香水ビジネスで成功するためにはフランスに進出して直接フランス人の専門家と交わることの重要性を認識し、香水製品の開発と販売を専門に担当するBPI社を90年パリに設立している。

　第2段階は、新知識を機動化し（mobilizing）、イノベーションを作り出す能力、すなわち世界中に分散した知的資源（知識）を社内に結集させ、社内ネットワークを通じて活性化・機動化させる能力である。つまり、知識をイノベーションに転換するためには、分散した知識を自社に引きつけ、共通の方向に向け、新製品・サービスを生み出す圧力を行使するメカニズムが必要である。それは、リード顧客やグローバルなプロジェクトなどの知識を引きつけるためのマグネット（仕掛け）として活用する中で、知識を移転、融合し、革新的な製品やサービスを生み出すことのできる能力である。機動化能力は、①入手した知識を本国や第三国に移転する能力（moving capabilities）および、②新しく入手した知識をイノベーションに向けて融合する能力（melding capabilities）の2つで構成される。知識を移転するには現地の知識に精通しているだけでなく、親会社や第三国の他部門ともコミュニケーションのとれる人材が間に立ってナレッジ・ブローカーとしての役割を演じることが重要である。例えば、レコード会社のポリグラムでは、国境を越えていろいろな国からローカルアーティストを発掘し、国際的スターに変身させる独特のシステムを有している。同社では国際レパートリーセンター（IRC）という組織をつくり、世界中に分散しているプロデューサー、プロモーションやマーケティングの専門家などの知識を結集し、グローバルにヒットしそうな曲やタレントを見つけ出している。

　第3段階は知識を活用してイノベーションを生み出した後、日常のサプライチェーンに乗せ、売上や利益の拡大を図る（operationalizing）能力である。この段階も2種類の能力で構成される。すなわち、①新たに創造された知識

を日常のオペレーションに繋いでいく能力（relaying capabilities）および、②そうしたイノベーションを活用する能力（leveraging capabilities）である。前者では、新たな知識をオペレーションに繋げるためには、知識を活用できるコンテキストを強く意識する必要がある。そして、潜在的ユーザーのニーズに留意して、単なる知識の創造に終わらないようにしなければならない。また、後者は、さまざまな場所で弾力的に組み合わされた業務力を通じて効果的なグローバル・サプライチェーンを構築する能力である。例えば、南仏のFEDメーカーであるピクステクは、自国での優位性が全くないにもかかわらず、世界中に散在する知識や能力にアクセスして、それらを有する企業と積極的にアライアンスを組み、補完的技術や資源を入手している（竹之内、2008）。

また、ドーズらは、メタナショナル企業経営を行うためには、既存概念からの脱却に加えて、類似性よりも差異に注目することが重要であり、個別最適ではなくグローバルな全体最適への貢献が重要であると述べている。また、他社から学習しようとする意思や、柔軟性やイノベーションの受け入れを重視する企業文化を有することの必要性も説いている（Doz, et al., 2001；竹之内、2008）。

3．メタナショナル企業の事例研究

メタナショナル企業の事例として、ドーズらはSTマイクロエレクトロニクス、資生堂、ノキア、ポリグラム、ピクステクなど、自国での優位性を持たなかったり、あるいは優位性を持っていてもそれに依存することなく（それを越えて）、世界中に新しい知識を求めて成功した企業を紹介している。ここでは以下の2社を取り上げることにしよう。

（1）STマイクロエレクトロニクス

STマイクロエレクトロニクス（以下ST）は、イタリアの半導体メーカー

SGSマイクロエレクトロニカとフランスの同業者トムソン・セミコンダクターという業績不振の2社が合併して、半導体産業の先進技術もなく世界の主要市場でもないイタリア、フランスという立地を本拠として1987年に設立された。設立当初、売上高8億ドルに対して最終赤字が2億ドルであり、主要顧客もなく、必要な技術はアメリカ、日本、台湾など世界各国に依存していた。まさに弱者連合の合併であり、設立当初、現在の成功を予想した人はほとんどいなかったのである。この点で同社は、ドーズらのいう、「間違った場所に生まれてしまった企業」であった。こうした不利な条件を克服するために、STは世界中に生産・開発拠点を張り巡らせ、世界中の大企業と戦略的提携を結んでいる。

　さらに人事面では、SGSのCEOから新会社であるSTのCEOに就いたパスクァーレ・ピストリオ（Pistorio Pasquale）は、就任直後に大規模なリストラを断行している。フランスの3工場とアジアの2工場を閉鎖し、2万3000人いた従業員を5000人に削減している。合併して世界ランク14位になったとはいえ設備投資に回せる資金は年間1～2億ドル程度であり、大規模な設備投資を必要とするDRAM（記憶保持動作が必要な随時書き込み読み出しメモリー）などの汎用品は投資対象になり得なかった。そこで特定の顧客向けに開発・生産するLSI（大規模集積回路）に絞り込んだのであった。その結果、同社はシステムLSIを主軸として着実に成功し、1992年以降一貫して黒字を確保している。

　このようにして世界中に分散した異なる専門家の知識・能力を結集し、集積回路と同様の機能を発揮するシステム・オン・ア・チップ（system-on-a-chip：SOC）を設計し生産することに成功した。これによりさまざまな地域の多様な顧客ニーズに応じることが可能になった。その結果、売上高や純利益だけでなく、他社が模倣不可能な持続的競争優位性を構築することができたのである。

　さらに、同社のメタナショナル経営の特徴を述べれば次の通りである。

1）拡散している新しい知識や市場を感知し（sensing）、それにアクセスする能力

　STは主要顧客や他の半導体メーカーと技術開発等においてグローバルな戦略的提携のネットワークを構築している。88年にはフランスの通信機器メーカーのアルカテルとの提携契約、94年にはノキアとの提携が成立している。さらに、今日では通信、自動車、コンピュータ、コンシューマの4分野で12社の顧客と提携関係を築いている。また、世界中の大学や研究機関の研究成果を取り込む体制も整えている。STは技術力やコア競争力を、さまざまな戦略的パートナーの専門的知識によって補完し高度な能力を開発するとともに、エレクトロニクス産業のあらゆる分野の顧客に対して先進的ソリューションを提供し続けている（Doz, et al., 2001 ; 竹之内、2008）。

　2）拡散している新知識を機動化し（mobilizing）、イノベーションを作り出す能力

　STのR＆D活動と関連プログラムの多くはAST（Advanced System Technology）部門によって管理されている。また、AST部門では今後3～5年以内に必要とされる戦略的システムの知識開発を行っている。最近のASTによる主な成果としては、デジタル機器、ネットワーキング、モバイル・セキュリティー、オンチップ・インターコネクト向けの革新的なテクノロジーなどが挙げられる。また、グローバルに多数の共同研究プロジェクトに参加し、特にヨーロッパ域内での先端技術研究プログラムにおいて主要な役割を演じている。

　3）イノベーションを生み出した後、日常のサプライチェーンに乗せ、売上や利益の拡大を図る（operationalizing）能力

　STは世界中に分散した異なる専門家の知識・能力を結集して、集積回路と同様の機能を発揮するシステム・オン・ア・チップの開発を実現させたことはすでに述べた。これによりさまざまな地域の多様な顧客ニーズに応じることが可能になった。その後も、同社は次世代製品を創出するさまざまな技術革新を進め、世界中で感知し、機動化した知識を製品化してい

る。現在、製造部門は先端製造設備をイタリア、フランス、アメリカ、シンガポールの4カ国に配置し、200mm（8インチ）ウェハを生産している。300mmウェハの生産はイタリアのカターニャで行われており、フランスのクロルではフリースケールおよびフィリップス半導体部門との3社共同によるCrolles2という12インチ・パイロットラインを稼働させている（竹之内、2008）。

今日では総合半導体メーカーとして、2011年度には売上高97.3億ドル、純利益5300万ドルを上げ、世界半導体売上高ランキングで8位につけている。世界中で約5万人の従業員を擁し、主要工場は12カ所、研究開発センターは10カ所に及んでいる。

（2）資　生　堂

資生堂の場合は、現在、国内で圧倒的な市場シェアを確保しているが、それを越えて海外でも攻勢に転じる一環として、フランスにおける香水ビジネスへの参入に注力しており、このケースをメタナショナル現象として取り上げてみよう。

資生堂はスキンケアと化粧品では国内で圧倒的な市場シェアを誇っており、グローバルにみてもロレアル、ユニリーバ、P＆Gに続いて、世界4番目の化粧品メーカーである。しかしながら、メーキャップやスキンケア製品に比べて、香水部門は大きな立ち遅れがみられた。その理由は日本国内における香水ビジネスがまだ未成熟であるためであった。

同社が国際化・グローバル化を進めるに当たってこのことは大きなネックであった。香水ビジネスを国際化することは世界の主要化粧品メーカーの仲間入りをするためにも必要不可欠であった。特に、ヨーロッパでは香水ビジネスの化粧品全体に占める割合は3割から4割であり、フランスでは4割にも達しているという。従って、香水ビジネスにおいて世界で認知を得ることが、グローバルな一流化粧品メーカーとしての証となるといえる（Doz, et al., 2001；浅川、2003）。

日本では全化粧品に占める香水の割合は1％前後であり、国民文化にもよるが香水ビジネスにおいては後進国といわざるを得ない状況である。古くから香をたくなどの習慣はあるが、欧米のように香りを身につけるといった習慣はまだ未成熟である。日本文化を基盤に持つ資生堂が香水製品を開発し、市場に投入することは非常に難しいと言わざるを得なかった。かつて、同社は60年代にエキゾティックなフィーリングの「禅」や「むらさき」をアメリカに輸出したが、売上はほとんど芳しいものではなかった。日本での実体験や技術・能力を伴わない製品の輸出がいかに難しいかが伺われる事象であった。

　事実、香水ビジネスには暗黙知を伴う部分もあり、調香は科学的知識・技術を大きく超える感性的・芸術的要素を伴う営みである（浅川、2003）。そこで同社は、香水ビジネスで成功するためにはフランスに進出して直接フランス人の専門家と交わることの重要性を認識し、香水製品の開発と販売を専門に担当する100％子会社BPI（Beaute Prestige International）を90年に設立した。そして、香水ビジネスの専門家であるフランス人を所長に採用し、マーケティング担当重役にはイヴ・サンローランの香水部門で活躍し、「オピウム」で成功を収めたシャンタル・ロスをスカウトしたのであった。

　彼女のクリエイティブ・マーケティングにおける卓越した才能は、同社の香水マーケティング部門の脆弱さを十分に補完して余りあるものであった。同社は、彼女の有する広範な人脈や彼女自身の能力・経験などが十分に発揮できるよう、BPIの運営に関しては彼女に全権を委譲したのであった。例えば、ローディッセイの開発の場合、フランスを中心とした海外現地での開発活動によって生まれている。調香技術は一流フランス人調香師、コンセプトはパリで活躍中の三宅一生、ボトルデザインはフランス人の有望デザイナー、クリエイティブ・マーケティングはシャンタル・ロス、広告等のビジュアル化はニューヨーク在住のアメリカ人写真家というように、それぞれ一流の専門家により付加価値を得られるものであった（浅井、2003）。さらに、92年には、パリの南ロワールにジアン（Gien）工場を設立している。

これらの多くのアーティストやマネジャーの才能をオーケストラの指揮者のように束ねることで、相乗効果を生み出すことのできる強力なリーダーシップを持ったシャンタル・ロスの存在と、彼女と日本企業である資生堂を結び、ひたすら異文化間の調整を巧みにこなした現地日本人マネジャーの役割は極めて重要であった（浅川、2003）。こうして同社は香水の本場フランスおよびヨーロッパ内での存在感を高め、さらには北米やアジア地域へと進出し、成功を収めようとしている。

　本章では、トランスナショナル経営論以降のグローバル経営論の展開についてみてきた。これらのうちで特にメタナショナル企業経営のモデルに焦点を当てて検討した。
　今日のようなグローバルなナレッジ・エコノミーの時代においては、経営に必要不可欠な知識や技術は世界的に拡散しており、MNCsはそれらをいち早く感知・獲得し、機動化し、それによって革新的な製品、サービス、生産プロセスなどの優位性を獲得することが喫緊の課題となっている。
　グローバルなナレッジ・エコノミーが現実のものになるにつれて、伝統的なMNCsの利益の源泉は脅威にさらされている。世界中でカネ、商品、製品、そして情報に効率的にアクセスできる能力はギャンブルゲームでのテーブルに積まれた賭金のようになりつつあるとドーズらは述べている（Doz, et al., 2001）。自己満足に浸っている伝統的な企業は出生地の異なる新しい競合企業からの挑戦を受けることになる。従来からの古い巨大企業は競争の切り札として母国ベースの優位性にだけ頼っていられない時代に突入している。
　シリコンバレーのような魅力あるクラスター出身の企業でも、例えばシリコンバレーを含めて、ケンブリッジ（イギリス）、バンガロール、テルアビブ、台北、東京などからの知識を活用できるライバル企業にはかなわないであろう。グローバル・ナレッジ・エコノミーの時代において重要なことは、その企業がどの国の出身かということではなく、その企業が何者かということである。

最後に、著者はメタナショナル経営とBGCの経営には多くの類似点があると考えており、BGCはメタナショナル経営の利点を積極的に活用すれば、たとえ資源不足であっても、「間違った場所に生まれてきた」場合であっても発展の可能性は高くなると考えている。メタナショナル経営論からみたBGCについては第5章において詳細に検討したい。

◆参考文献
巻末の参考文献を参照

第 4 章

ボーングローバル企業に関する文献レビューと理論的枠組み

　第1節では、「ボーングローバル企業に関する文献レビュー」を時系列的および内容的な切り口で検討する。具体的には、①BGC に関する初期の研究、②BGC の早期国際化に関する研究、③BGC の全般的特徴に関する研究、④BGC における ICT の役割に関する研究、⑤BGC の経営戦略論に関する研究、⑥資源ベース論やケイパビリティ論で説明される BGC の研究、および⑦国際ビジネスのネットワーク論で説明される BGC の研究である。

　第2節では、「ボーングローバル企業を解明する理論的枠組み」について検討する。具体的には、BGC の研究において、技術的リーダーシップ、ネットワーキング能力、マーケティング能力、組織学習、イノベーション、資源ベース、ケイパビリティなどに関する理論が有益であることを示す。さらに、BGC における理論的方向性および戦略について検討し、最後に、伝統的国際化理論への挑戦を行うこととする。

1．ボーングローバル企業に関する文献レビュー

　BGC についての顕著な特徴の一つは、創業まもなく海外で事業を行うということである。決して国際化を行わない企業、あるいは長年にわたって国内で事業を行った後次第に海外に拡大していく企業のパターンとは対照的に、ボーングローバルの経営者は典型的に企業の創業時もしくはその後まもなくの時点から世界に対して「国境のない」見方をしている。本節

表 4-1 BGC に関する学術的な文献から作成した主要テーマと主要文献

主要研究テーマ	主要文献
BGC に関する初期の研究	Hedlund & Kverneland (1985); Ganitsky (1989); McDougall (1989); Rennie (1993); Oviatt & McDougall (1994); Knight & Cavusgil (1995); Knight & Cavusgil (1996); Knight (1997)
BGC の早期国際化の研究	McDougall, Oviatt & Shrader (2003); Moen & Servais (2002); Bell, McNaughton, Young & Crick (2003); McNaughton (2003); Chetty & Campbell-Hunt (2004); Mathews & Zander (2007); Fernhaber, McDougall & Oviatt (2007); Zhou (2007); Kudina, Yip & Barkema (2008)
BGC の全般的特徴に関する研究	Knight (2001); Etemad (2004); Rialp, Rialp & Knight (2005); Luostarinen & Gabrielsson (2006); Servais, Zucchella & Palamara (2006); Fan & Phan (2007); Acedo & Jones (2007); Freeman & Cavusgil (2007)
BGC における ICT の役割の研究	Loane (2006); Servais, Madsen & Rasmussen (2007); Zhang & Tansuhaj (2007)
BGC の経営戦略の研究	Knight, Madsen & Servais (2004); Knight & Cavusgil (2005); Freeman, Edwards & Schroder (2006); Laanti, Gabrielsson & Gabrielsson (2007); Mudambi & Zahra (2007); Kuivalainen, Sundqvist & Servais (2007); Aspelund, Madsen & Moen (2007); Michailova & Wilson (2008)
資源ベース論やケイパビリティ論で説明される BGC の研究	Yeoh (2000); Yeoh (2004); Rialp & Rialp (2007); Weerawardena, Mort, Liesch & Knight (2007); Karra, Phillips & Tracey (2008); Di Gregorio, Musteen & Thomas (2008)
国際ビジネスのネットワーク論で説明される BGC の研究	Sharma & Blomstermo (2003); Mort & Weerawardena (2006); Coviello & Cox (2006); Coviello (2006); Zhou, Wu & Luo (2007)

出所) Cavusgil & Knight (2009: pp. 30-31)

では、学術誌や著書からボーングローバル企業についての主要な見解をレビューする。表 4-1 はこれらのテーマを扱っている文献で既存の学術的な文献や論文を時系列的およびテーマ別に分類してリストアップしたものである (Cavusgil & Knight, 2009)。

(1) BGC に関する初期の研究

1980 年代において研究者たちは、いくつかの企業が早期に国際化を行

う傾向があることに注目し始めていた。この現象を調査した最も初期の研究が何であったかといえば、スウェーデン企業の日本への参入を研究したHedlund & Kverneland（1985）であったといえよう。80年代初期のそのようなビジネスの中に、彼らは参入および成長戦略がより直接的で早急な参入形態にシフトしつつあることを発見した。その研究では約半数の企業が日本において輸入代理店から販売子会社を設立しないで、直接製造拠点を運営していた（Hedlund & Kverneland, 1985）。要するに、それらの企業は早くから急速に国際化を図っていたのである。明らかになった知見は、標的となる外国市場についての知識は、既存の現地代理店との関係、技術供与の方法、および合弁パートナーとの関係、それらすべてが急速な市場参入を支持していたことである。早期の国際化はまた、企業の創業者の国際ビジネスでの経験と大きく関わっていた（Hedlund & Kverneland, 1985）。

　Hedlund & Kverneland（1985）では、彼らの調査結果から企業はゆっくりと漸進的に国際化を行うという伝統的な見解（例、Johanson & Vahlne, 1977）に疑いの目を投げかける結果になったと述べている。彼らは、国際ビジネスの複雑性を管理する企業能力を改善するだけでなく、以前とは異なる環境条件（例えば、工業化の進んだ国々での類似性の増大）を説明するには、伝統的にいわれてきた国際化の理論は修正されるべきであると述べている。また、Hedlund & Kverneland（1985）では、早急な学習や早期の市場参入の便益をより注意深い参入戦略によってもたらされるリスクの低減や他の可能な優位性と比較検討すべきことを推奨している。知見では、経営者は従来のアプローチとは反対に、外国市場に有望な拠点を築くためにもっと早急に直接的に参入することを考えるべきであると述べている。

　1989年に、Ganitskyは、イスラエルで創業からすぐに外国市場に進出した企業（生まれながらの輸出企業）について調査した。彼はこの生まれながらの輸出企業を、最初に国内市場で事業活動してからその後外国市場に進出する企業（適応的輸出企業）と比較した。Ganitskyの調査では、これら2つのタイプの輸出企業では、評価プロセス、輸出で参入する理由、リスク因子、経営

上の姿勢が異なっていることを明らかにした。生まれながらの輸出企業においては、弾力的な経営姿勢や実践を通じて国際化の課題を乗り越えていくことが判明した。Ganitsky(1989)は、BGC を 4 つの競争的姿勢(リーダー、挑戦者、高業績者、およびニッチャー) に特定化することにより、そのような企業についての分類を初めて行ったといえるかもしれない。生まれながらの輸出企業は限られた資源と経験のためにそれらの成功が妨げられる可能性がある。従って、最も成功の確率が高い企業は適応的輸出企業であり、個々の外国市場の状況に合わせてそれらのアプローチを弾力的に修正する企業であることを明らかにした (Ganitsky, 1989)。

ボーングローバルの研究者である McDougall は 1980 年代末に初めて早期の国際化についての検討を行っている。彼女は初期の研究 (McDougall, 1989) で、「国際的起業家精神」について創業時から国際ビジネスに携わる企業の出現と関連づけて定義した。社歴の浅い 188 社についての研究で、McDougall (1989) は、ボーングローバル型企業の戦略や産業構造の特徴は国内の新しいベンチャー企業のそれとは実質的に異なっていることを明らかにした。国際的なスタートアップ企業は、攻撃的な外国市場参入を強調していた。経営者はその企業の創業時からその事業ドメインを国際領域とみていることが明らかであった。それら企業は多くの流通チャネルを開発し、コントロールし、またさまざまな市場セグメントの多くの顧客にサービスを提供し、また高度な市場あるいは製品認知度を開拓することによって、幅広い戦略を追求していた (McDougall, 1989)。

1993 年に Rennie は、創業時もしくはその後まもなく国際化を行う企業を説明するのに、「ボーングローバル」という用語を紹介した。

1994 年に Oviatt と McDougall は BGC (正確には彼らは「INV〔国際ニュー・ベンチャー〕」という用語を用いていた) に関する学術的な文献の中で、実質的には最も早くそれを取り上げた。彼らは、多国籍企業や国際ビジネス論を起業家精神の研究の展開と統合することによって、早期国際化企業の説明枠組みを提示している。彼らは、多くのより小さな国際的な企業が、ユニー

クな資源、特に知識についてコントロールすることで成功していることを指摘した (Oviatt & McDougall, 1994)。関連した論文で、McDougall, Shane & Oviatt (1994) は、一般的に受け入れられている5つの理論（独占的優位性理論〔Hymer, 1976〕、製品ライフ・サイクル理論〔Vernon, 1966〕、国際化の段階理論〔例、Bilkey & Tesar, 1977；Cavusgil, 1982〕、寡占反応理論〔Knickerbocker, 1973〕および国際化理論〔Buckley & Casson, 1976〕）を比較し、BGCのいくつかの側面が既存の国際ビジネス論では十分に説明できないと結論づけた。

Knight & Cavusgil (1995, 1996) は、1990年代の中頃、BGCの早期国際化を支持している研究について検証した。その結果、ボーングローバル現象は企業の国際化に関する伝統的な理論（例、Johanson & Vahlne, 1977）に挑戦をつきつけるものであるとの結論に達した。フランスでは、例えばRoux (1979) が、創業から3年以内で輸出を開始した12社について報告している。カナダでは、Garnier (1982) が、創業時もしくはその後まもなく輸出を開始した数多くの企業を発見している。

1997年にKnightはボーングローバルに関する博士論文を執筆した。彼は、ボーングローバル現象は伝統的な国際企業とは対照的であることを解明し、ボーングローバルの国際的な成果に先行する重要な方向性や戦略的な前提条件を説明した理論的なモデルを開発・検証し、ボーングローバルに関する適切な構成概念として「グローバル志向」を開発、精緻化し、それによってBGCの国際化に関する一般的で現代的な解釈を示そうとした (Knight, 1997)。

（2）BGCの早期国際化に関する研究

BGCの研究過程においては、多くの研究者が早期の国際化現象に関する説明を試みてきた。例えばある研究者は、ある産業のグローバルな統合水準と競合企業の国際化の程度が、新企業の海外進出の速度の速さに影響を与える要因であると主張している (McDougall, Oviatt & Shrader, 2003)。Moen & Servais (2002) は、デンマーク、ノルウェー、フランスにおける中小企業の輸出業者を事例に、早期の国際化を行う企業は、海外への事業拡大

までに数年間を要した企業よりも高い業績を出す傾向があることを明らかにした。これらの成果は、企業の将来的な国際関連事業が、設立後の素早い行動によって影響を受けることを示していた。Moen & Servais（2002）は、早期の国際化を支援するための適切な資源や能力を開発する役割と、若い企業が海外進出で成功するのに必要な能力に焦点を当てている。

　Bell, et al.（2003）は、企業の国際化が長らく漸進的なプロセスとしてみられてきたことに注目した。そこでは「精神的に近い」市場に向かって引きつけられ、徐々に進化的段階を踏んで国際市場へ関与の度合いを高めていくのである。しかしながら、これらの著者たちはボーングローバルの出現がこの従来の考え方に挑戦状をつきつけていると主張した。国際化は、所有者や経営者の交代、あるいは相当な国際ネットワークを持つ他企業による買収のように、組織的人材あるいは財務的資源が変化することによって引き起こされる。著者たち（Bell, et al., 2003）は、次に別のタイプの企業における多様な国際化の「経路」が認められる統合モデルを提示した。このモデルは早期の国際化を促進させる企業内外の諸要因（最先端の知識など）の役割に焦点を合わせている。著者たちはまたBGCを育成し、支援する公共政策の役割についても検討している（Bell, et al., 2003）。

　伝統的な国際化モデル（例えば、Johanson & Vahlne, 1977）を思い起こして、McNaughton（2003）は、企業は通常漸進的なペースで海外市場の数を拡大していくと述べている。対照的にボーングローバルは典型的に企業の創業と同時もしくはその後まもなく、多くの海外市場へ参入していく。中小企業の輸出業者を調査した結果、企業は独占所有権のある知識集約的な製品を所有していればいるほど、また強力なグローバル志向産業に属していればいるほど、また小さな国内市場しか持たない国で創業すればするほど、多数の海外市場をターゲットにする傾向があることを示唆している（McNaughton, 2003）。

　Chetty & Campbell-Hunt（2004）は、ニュージーランドで社歴の浅い企業の国際化について調査した。この事例研究では、伝統的な企業の国際化の経路とBGCのそれでは、主にそれらが駆使する戦略と以前から持ってい

る動機づけやケイパビリティが異なることを明らかにしている。著者たちは、ボーングローバルは、国際市場での活動に積極的に従事したり経験を積むことを求めており、最初の失敗には寛容であり、問題が生じた場合には積極的に解決手段を図るといった比較的に積極的な学習スタイルを持っていることを突き止めたのである。積極的な学習スタイルは、急速な早期の国際化で生じる不確実性と混乱に対して企業が効果的に対処するのに役立つ。Chetty & Campbell-Hunt（2004）は、またボーングローバルの国際的拡張は多くの点で伝統的な企業国際化の見方と一致しているという見解に異議を唱えている。

　Mathews & Zander（2007）は、加速化された国際化に関して起業家的ダイナミックスを調査した。彼らは急速で早期の国際化の際立った特徴は、起業家精神と国際的な志向を統合して捉えることがベストであると主張している。彼らは新たな機会の発見、それらの機会を活用する際の資源の展開、競合企業との競争の観点から自らの理論的枠組みについて議論している。

　Fernhaber, McDougall & Oviatt（2007）は、BGCを説明するのに役立つ産業構造変数を確認するために、産業経済、起業家精神、国際ビジネスの分野から学術的な文献を引用している。彼らは、急速な成長によって特徴づけられる産業で事業を行っている若い企業の方が、新興産業や成熟産業において新たなベンチャーを行っている場合よりも、急速に国際化を達成する傾向があると主張している。彼らはまた、ある産業の知識集約度が高ければ高いほど、その産業内で事業を行う新企業は国際化の度合いが高まると述べている。グローバルなもしくは高度に国際化した産業で事業を行っている企業は、創業時もしくはその後まもなく海外の事業に乗り出す傾向がある。外部で入手可能な資源もまた影響力が強い。例えば、VCから資源を広く入手できる産業では、新企業が早期に国際化する傾向があるといえよう（Fernhaber, et al., 2007）。

　早期の国際化に取り組んだZhou（2007）は、組織的な知識の役割を強調している。早期に国際化する企業では、海外の市場知識は革新的で積極的な

起業家精神による機会の追求から生じる傾向があることを明らかにしている。これに対して伝統的な国際企業では、知識は海外市場での経験の漸進的な蓄積から生じるものである。Zhou（2007）は中国の若い企業の調査データを利用して、起業家精神の特質に関わる3つの局面を説明しており、特に積極性は最も影響力が強く、その後には革新性が続いている。リスクテイキングの局面は最も影響力が少ないことが明らかにされた。リスクテイキングの特質は、おそらく市場知識の蓄積というよりも国際化のコストに関する経営者の意識に関係しているためだと述べている。また Zhou（2007）は、調査の結論として、早期の国際化について調査する際には起業家精神的な特質とそれを補完する局面はそれぞれ別に取り扱うべきであることが判明したと述べている。

　Kudina, Yip & Barkema（2008）はイギリスにおけるボーングローバルを研究し、早期国際化の主要な理由は国内 UK 市場の規模にあることを見出した。この発見はイギリスが世界における最も大きな経済の一つであるという点で特筆すべきことである。それにもかかわらず、より小さい国内市場という不利益が UK のハイテク企業を早期国際化に押しやっているのである。これらの知見に基づき著者たちは、ボーングローバル出現の理論的根拠は巨大市場（日本、アメリカのような）、中規模市場（イギリスのような）、小規模市場（ベルギーのような）（Kudina, et al., 2008）に基盤を置く企業それぞれによって違ってくるかもしれないと述べている。著者たちは、さらにもう一つの重要な早期国際化の推進力はハイテク産業における共通の多国籍な顧客のニーズであるとしている。また、早期国際化へ企業を推し進める重要な諸要因として、グローバルネットワークと連携の存在、世界中の買い手のニーズの同質性、コミュニケーション技術の進展を強調している（Kudina, et al., 2008）。

（3）BGC の全般的特徴に関する研究
　多くの研究がボーングローバルの他の特徴を分析している。例えば Knight（2000）はグローバル化により影響を受ける小規模国際企業間における、

起業家精神志向、マーケティング戦略、企業業績の3つの相互関連性を調査した。結果は、起業家精神志向が国際的業績を向上させる特別なタイプのマーケティング戦略の開発と結びつくことを示した。その研究ではグローバル化に強い影響を受けるボーングローバルは、有益な技術の獲得、国際化への対応、外国市場への参入準備に力を入れている様子であった（Knight, 2000）。

Etemad（2004）は若い起業家精神を有する企業の国際化と外国市場での成功に影響を与える理論と主要因について検討した。最も重要な要因は企業活動における起業家の直接的影響力、特に経営者の経験および国際化志向である。国際化を推進する他の内部要因には事業活動の経済性、競合企業の特性、R＆Dと革新の経済性、企業の国際事業活動の戦略的論理性がある。ボーングローバルの国際化を促進する外部要因には国際市場の自由化、ICTの進歩、外国パートナーの資源、現状の供給業者と購入者の魅力を含む。国際化に影響を与える他の要因には海外への拡大の容易さ、規模の経済の改善見込み、以前の国内顧客の国際化に応える必要性、企業の以前の競争上の地位を維持する必要性を含む。Etemad（2004）は、また企業国際化における財務的資源とダイナミックな学習志向プロセスに対する企業ニーズの特性についても調査を行っている。

包括的なBGCの再検討において、Rialp, Rialp & Knight（2005）は早期国際化の引き金になる最も共通した要因は、①世界の市場における新市場の状況（例、グローバルニッチ市場の出現）、②生産、輸送、通信における技術的進歩、③グローバルなネットワークや連携の重要性の増大、④それらを見出す企業と起業家の能力、であることを示唆した。また、Rialp, Rialp & Knight（2005）はBGCの早期国際化と成功に関わる重要な要素としていくつか特徴を確認した。これらには、①以前に相当な国際経験を有する創業者、経営者の存在、②創業からの経営者のグローバル・ビジョン、③外国で成功するための経営者の強い参画意思、④特に外国市場での人的ならびにビジネスでのネットワークの信頼性、⑤外国市場に関する優れた知識とそれへの関与、⑥特別な知識と能力に根差す企業内のユニークなみえない資産、⑦高価値製品

の創造とマーケティング、これには品質を強調する最先端技術を駆使した優れた製品または財を含む、⑧多くの国に広がる狭い市場セグメントを重視するグローバル・ニッチ戦略の追求、⑨強い市場志向と顧客重視、⑩状況や環境の素早い変化、特に外国市場での変化に適応する柔軟性、がある（Rialp, et al., 2005）。

　Luostarinen & Gabrielsson (2006) は、89社のフィンランド企業を調査し、BGCの戦略とプロセスが外国市場において実施された他の企業の国際化や戦略とどう違うのか検討した。著者たちはボーングローバルの国際化を3つの予備段階（R＆D、国内の段階、外国市場への参入）と、4つの主要な段階（開始、発展、成長、成熟）に分類した。彼らは、またボーングローバルの国際マーケティング戦略を上記段階を代表する30企業のケース・スタディを通して調査した。彼らはまた、成熟したボーングローバルが伝統的な国際化の段階（例、Cavusgil, 1980；Johanson & Vahlne, 1977）を素早く通過し、いくつかの段階を飛び越えていったのを発見した（Luostarinen & Gabrielsson, 2006）。また著者たちは、小規模な開放経済で創業した企業との関連で彼らの知見を投げ掛けている（Luostarinen & Gabrielsson, 2006）。

　Luostarinen & Gabrielsson (2006) は、ボーングローバルの若い創業者たちがしばしば前進主義で恐れを知らないと述べている。彼らは典型的な独立起業家であり、従業員には若くて学歴のある人々（しばしばビジネス経験の浅い個人）を雇っている。ボーングローバルの創業者たちは、技術または研究に強いバックグラウンドを持った人が多く、何人かは以前に企業規模縮小に伴うリストラにあった者もいる。内部資源に加えて、R＆D、マーケティング、生産の実施における外部パートナーとの協働はBGCにおける資源の不足を補う。いくつかの企業はコンサルタントを雇ったり、あるいは外部の供給業者に仕事を委託している。BGCはしばしばマーケティング活動を支援するためにインターネットを使っている。著者たちはまた、BGCに関するさまざまな公共政策のアイディアに焦点を当てている（Luostarinen & Gabrielsson, 2006）。最後に、伝統的な企業国際化の段階モデルはBGCの研究でも多くの

説明的な価値を持ち続けていると述べている。

　Servais, Zucchella & Palamara（2006）は、起業家精神的活動として国際調達に焦点を当て、既存企業であろうと新しいベンチャーであろうと、小規模企業の国際化プロセスにおいてそれが重要な要因であることが多いことを論証した。著者たちは、典型的には希少な財務や経営資源を特徴とするこれらの企業が、どのようにして国際的価値連鎖を成功裏に管理できるのかを調査した。彼らは国際調達活動の範囲と市場価格での調達契約のもとで締結された提携の特質を調査した。その結果は、小規模企業は国際化が遅くても早くてもグローバルな調達活動に広範囲に関わっているということであった（Servais, et al., 2006）。

　創業者の性格や創業に先立つ諸資源を含めて、企業の起源は、リスクをとることや外国市場への積極性や国際化の期間に組織の業績を決定する他の要素に関して経営者の性癖に強い影響を与えうるといえよう。研究者たちは、以前の国際経験が早期国際化に結びつくことを発見した（McDougall, et al., 2003）。国際経験をすでに持つ経営者たちは、国際ビジネス環境について、さらには外国市場で最適な活動をするにはどのように組織化すればよいのか、潜在的に多くの知識をボーングローバルにもたらすのである。

　Fan & Phan（2007）は、ボーングローバルの国際市場への参入パターンを研究し、BGCは必ずしも特殊な種類の企業ではないと述べている。しかしながら、いくつかの要素が企業の早期国際化を支えるのに影響力を持つことを明らかにした。これらには、企業の外部環境における文化的および経済的影響力だけでなく、優れた技術優位性、企業の国内市場の規模、生産能力などがある。著者たちはBGCになろうとする意思決定は、対象市場の競争レベルだけでなく、国内市場のサイズや企業の創業時の能力によっても影響を受けることを論証した（Fan & Phan, 2007）。

　Acedo & Jones（2007）は、経営者の認識パターンを国際市場への参入スピードによって4段階に区別した研究を行った。それらはリスクの認識、積極性、曖昧さへの寛容、国際化志向である。216企業からのデータを用い

て、リスクの認識が企業の急速な国際化の傾向に影響を与えることを見出した（Acedo & Jones, 2007）。しかしながら、リスクの認識の程度と認識したリスクに対する反応活動は経営者の積極的な姿勢、国際化志向、曖昧さへの寛容等の性質により影響を受ける。高度な国際化志向は国際化におけるより高度な積極性とより低いリスクの認識を育むと考えられる。著者たちは、国際的志向の経営者はより多くの情報を持っており、より積極的に行動する傾向があり、また国際化の機会に関してリスクにはあまり関心がない、と推測している。経営者の国際化志向の増大はリスクの認識を低下させるかもしれない（Acedo & Jones, 2007）。このことは相当な国際経験や語学力を持つ個人を雇ったり、国際的な事業活動にふさわしい知識を獲得するための訓練や出張やその他の機会を提供する役割の重要性を示唆している。

　Freeman & Cavusgil（2007）は、BGCの行動に関する理論的解釈を発展させた。オーストラリアの事例に基づく研究において、著者たちは、上位経営者の態度に関する志向性に焦点を当てている。彼らは、ネットワーク論と資源ベース論を国際起業家精神論と統合することを目指したのである（Freeman & Cavusgil, 2007）。それら企業社員の物の見方についての調査では、トップ経営者による加速的国際化への参画の程度に応じて4種類の状態を確認している。これらのうちで最も進歩的なのは「戦略家」の状態であった。そこでは経営者は、国際化を促進する重要な関係を開発し維持することを目的として協働的な行動スタンスを採用していた。戦略家はグローバルに主要な外国顧客やサプライヤーを探し出し、サービスを提供するために主導的な市場や地域とネットワークのリンクを継続的に構築することを求める。また、戦略家は外国において事業を行う際に、信頼、相互依存、適応性の開発を強調し、国際化を一つの革新的プロセスとしてみている（Freeman & Cavusgil, 2007）。

（4）BGCにおけるICTの役割に関する研究

　BGCの国際的成果におけるICTの役割については2、3の研究がなされ

ている。Loane（2006）は、いろいろな国出身の小規模なアントレプレナー企業の国際化でのインターネットの役割について検討した。ボーングローバルは、全社的なコミュニケーションおよびマーケティング・コミュニケーションのためインターネットを使っており、それよりも少なくなるが、販売取引、商品受注から入金管理までの一連の作業や顧客との関係管理にも使用している。調査した企業のほとんどは、ネット以外の販売を支援するのにもインターネットを使っており、その約4分の1は流通チャネルや中間業者を支援するために使っていた（Loane, 2006）。また相当な数の企業が、国内および海外のパートナー、供給業者、顧客、代理店、流通業者、研究開発パートナー、ソフトウェアー・プログラミングの開発業者などとの関係を支援するのにインターネットを利用していた。BGCは、またその企業の共同の知識になる市場情報や競合他社の情報のような知識を獲得する道具としてインターネットを利用していた（Loane, 2006）。

　Servais, Madsen & Rasmussen（2007）は、中小企業の国際化におけるe-ビジネスの役割について調査した。彼らは、インターネットが国家間の境界をますます意味のないものにし、世界中においてあらゆるタイプの企業体間で直接の交流を容易にしていることを明らかにした。著者たちは他の形態の企業と比べたボーングローバルによるインターネットの利用方法に焦点を当てた。彼らは、ボーングローバルがそれらの市場での存在を海外に伝え、外国パートナーとの関係を支援し、製品に関連したサービスを提供し、製品開発を容易にし、外国の顧客との関係を維持するためにインターネットを利用していると結論づけている。

　Zhang & Tansuhaj（2007）は、BGCに関する研究仮説の修正版を展開するために、公共のデータベースとインターネットによる調査を並行させて、経営者への綿密なインタビュー調査を実施した。彼らはそれらの企業の組織風土、IT能力、および国際的成果との関係を調査した。その論文では、効果的なITの利用がBGCの戦略を支え、形成すると主張するのに事例研究のアプローチを採用している。IT能力は、企業の業績を向上させる

のに効果的である。さらに、知見としては、市場志向性、国際的アントレプレナー志向、そして組織学習が、これらの企業のIT能力の開発を育成する重要な組織文化であることを示唆している（Zhang & Tansuhaj, 2007）。企業の資源ベース論（例、Barney, 1991；Collis, 1991；Wernerfelt, 1984）を用いて、著者たちはIT能力がBGCの重要な資源であり競争優位の源泉であると主張している（Zhang & Tansuhaj, 2007）。その能力をうまく活用すれば、卓越した国際的成果を上げることができる。しかし、経営者が他の資源や能力と併せてこのITをうまく起動させ展開することが重要である。組織風土もまた重要であり、そのためには企業は市場志向、組織学習能力、国際的アントレプレナー志向などの領域での知識を開発することに焦点を当てるべきである（Zhang & Tansuhaj, 2007）。

（5）BGCの経営戦略に関する研究

　多くの研究はBGCが実施する特殊な戦略に焦点を当ててきた。Knight, Madsen & Servais（2004）ではマーケティング関連の戦略を調査している。デンマークとアメリカにおける事例と調査ベースのデータを用いて、著者たちは、BGCの国際的成果が外国顧客に焦点を合わせることとマーケティング・コンピタンスによって向上すると主張する組織構造モデルを開発した。マーケティング・コンピタンスとは、価格設定、広告、流通を非常に効果的に行うだけでなく、製品適応、マーケティング計画化プロセス、マーケティング活動のコントロール、製品差別化をうまく扱う能力のことである（Knight, et al., 2004）。それらの企業は顧客に焦点を当てており、このことが重要なマーケティング戦略を起動させ、顧客価値を最大化するのに役立っていた。BGCは、資源が制約されていることが特徴であり、焦点戦略はそれらの企業がそれぞれの資源を最も効率よく使うのに役立つことになる。製品の品質と差別化戦略はまた重要な役割を演じていた。また、調査した企業の経営者たちは、非常に国際化志向が強かったと述べている（Knight, et al., 2004）。
　2005年に行った数百社についての実証研究では、彼らは一つの分類法を

開発し、特にBGCが従う戦略に関して、4種類の広範囲なクラスターを発見した (Knight & Cavusgil, 2005)。クラスター1のBGCは、優れた国際的成果を有するとともに強力な起業家精神と戦略に焦点を置いていた。これらの企業は特に差別化戦略と焦点戦略に優れていた (Porter, 1980)。また、クラスター2の企業は、焦点戦略、差別化戦略、さらに技術上のリーダーシップに強かった。クラスター3の主要戦略はコスト・リーダーシップであった。しかし、低コストだけで競争する企業は価格競争に陥り、利益マージンにプレッシャーをかけてしまう。そのような企業は典型的には収益性が低く、顧客をもぎとろうとする競合企業の動きに脆弱である。ほとんどのボーングローバルの競争上のポジションに関して、平均的に規模が小さく規模の優位性がほとんどないとすれば、コスト・リーダーシップ戦略に力点を置くのは賢明ではない。研究による知見に基づけば、ほとんどのBGCはコスト・リーダーシップが唯一の競争優位の源泉であるようなアプローチを避けることによってよい業績を上げているということができよう (Knight & Cavusgil, 2005)。実に、この研究においては、クラスター3とクラスター4は双方ともコスト・リーダーシップに焦点を当てており、全般的に最悪の業績になっていた。対照的に、クラスター2の企業 (焦点戦略および差別化戦略を強調していた) とクラスター1の企業 (主要戦略として別のアプローチを強調していた) は優れた国際的成果を享受していた。クラスター4の企業は、どの特定の戦略パターンも代表するものではなかった。それらの企業の大きな特徴は、顕著な戦略的コンピタンスの欠如であり、それはPorter (1980) のいう「真ん中で動きがとれない」カテゴリーを連想させる状態であり、それゆえに相当な利益を達成しそうにはなかったのである。全体を通じた研究からの知見では、BGCは明確に定義された戦略思考を必要とするということであった。一般的な戦略に関しては、焦点戦略あるいは差別化戦略が特に適しているようにみえる (Knight & Aulakh, 1998 ; Knight & Cavusgil, 2005)。

　Freeman, Edwards & Schroder (2006) では、BGCにのしかかる制約として、特に、資源の欠如、不十分な規模の経済、およびリスクへの脅威を確認

している。著者たちも、BGCが競争優位を達成するために技術を利用したり、また提携や協力的パートナーシップを開発するためネットワークづくりのコンピタンスを活用する等の、これらの制約を克服するための方法を探求している。その論文では、小さな企業が流通業者、供給業者、その他のパートナーとの提携を通じていかにして急速な成長を国際的に成し遂げているのか分析している（Freeman, et al., 2006）。また、著者たちは以下のことを強調した。つまり、ボーングローバルは、次の場合に国際ビジネスの制約条件を克服できるのである。上級経営者が国際化に対する強い参加意欲を持っている場合、有益なパートナーシップや提携を締結するための基礎を提供することになる個人的ネットワークを有する場合、競争優位を獲得することのできるユニークな技術を有する場合、供給業者や流通業者とのパートナーシップを通じて成長に参加する場合、パートナーのニーズの変化に合わせてその関係に適応させる意思がある場合、それぞれの外国市場ごとに適切な参入戦略を採用する場合、等である（Freeman, et al., 2006）。

　Laanti, Gabrielsson & Gabrielsson（2007）では、無線技術産業でのB to Bによるボーングローバルのグローバル化プロセスについて議論している。その産業は他のハイテク産業の代理変数とみることもできるからである。この文脈で著者たちは、創業者や経営者たちの役割、それらのネットワーク、財務的資源、考察対象企業の背後にあるイノベーション等を分析している。彼らはBGCの製品、市場、そして業務上の戦略について探求している。知見では、ボーングローバルが伝統的な国際化プロセスとは多くの領域でかけ離れていることが明らかになっている。それらの企業は、遠く離れた市場あるいは非常に異なった市場に対してさえ早急な国際化を目指している。それらは国際化の初期の段階で進んだ商品戦略を実施している（Laanti, et al., 2007）。また、著者たちは、製品カテゴリーの開発、業務上の戦略、グローバル市場でのプレゼンスにおけるボーングローバルの資源やケイパビリティの役割を強調している。ボーングローバルは典型的には規模が小さくて不利な立場にあるので、それらの企業は外部の国内外のネットワークから、あるいはその

企業の創業経営者の以前の経験や共有の知識を通じて必要とされる資源を獲得する場合が多い (Laanti, et al., 2007)。

Mudambi & Zahra (2007) は、海外直接投資 (FDI) のような進んだ外国市場参入形態の状況下でのボーングローバルの生き残りについて検討している。知見では、BGC の早期のあるいは急速な国際化による企業倒産確率は、伝統的な国際企業がこれまで従ってきた連続的な国際化のそれと比較して必ずしも高くはないことを明らかにしている。高い成長率によって特徴づけられる市場に参入するボーングローバルは典型的には、より遅い速度で成長する市場を標的とする企業よりも成功している。より高い技術上のコンピタンスを有するボーングローバルは外国市場で生き残り、成功する可能性がより高くなる。最後に、とはいうものの、彼らは、より規模の大きな企業の方がより小さな企業より、良い成果を上げる可能性が高い、と結論づけている。研究からの知見に基づいて、企業は創業後早い時期に外国市場に参入する前に適切で熟考された戦略や参入アプローチを策定するべきであると、著者たちは述べている。標的市場の社会的および市場的条件について知識を持つことは、選択された市場参入モードを成功裏に推進できる可能性を実質的に高めることになる。経営者たちは、事業の国際化を考えるとき、技術的コンピタンスのような企業の無形の資源を効果的に活用すべきである (Mudambi & Zahra, 2007)。

Kuivalainen, Sundqvist & Servais (2007) でも、BGC についての文献レビューを行っており、アントレプレナー志向とボーングローバル戦略の間の関係を考察している。実証研究の結果、BGC のうちで「最もボーングローバルな企業」は優れた輸出実績を上げていると述べている。その企業のボーングローバル度によって、アントレプレナー志向のさまざまな局面が企業の成功にとって特に重要であった。結論では、国際戦略の開発におけるアントレプレナー行動の役割の重要性に焦点を当てている (Kuivalainen, et al., 2007)。

Aspelund, Madsen & Moen (2007) は、1992 年から 2004 年の間におけるボーングローバルに関する文献を総合的にレビューするために、起業家精神

やマーケティングやマネジメントに関する最高峰の学術誌を調査した。彼らは、①当該企業の創業、②組織的な特性、③環境条件、④それら要因の市場戦略や企業業績への影響力、に関する知見について検証した。その結果、これらの研究では、近年のボーングローバルについての実証的な知見は、伝統的な国際化モデルを超えた見識を提供していると結論づけている。従って、さらなる理論的研究が必要とされる。例えば、ボーングローバルに関する研究は、一般的な組織論を適用することで新しい企業の国際的拡大や市場戦略を理解しようとする際に役に立つ可能性がある。多数のジャーナルにわたって論文をレビューすることで、ボーングローバルの国際化や国際的な戦略に関して以下の特性が明らかになった。それらは、①スピード、②企業間で大きく異なる異質性、③ニッチに焦点を当てた戦略の強調、④企業のネットワークやトップ経営者の経験の役割の大きさ、⑤リード市場や成長市場にターゲットを絞ること、⑥標的市場で仲介業者や他のまとめ役とのパートナーシップを重視した低度の参加による参入戦略、等である（Aspelund, et al., 2007）。この研究では、ボーングローバルの国際マーケティング戦略に関して大きな異質性が存在することが明らかになった。コモディティ製品に力を入れているボーングローバルもあったが、いくつかの企業の製品はニッチ市場向けであった。何社かは個人的ネットワークに基づいた市場を選択していたが、他社はこれとは違う基準を採用していた。いくつかのボーングローバルは数少ない市場に集中していたが、数多くの市場に拡散している企業もあった。著者たちは、戦略上のこの異質性の理由は、企業の創業プロセス、組織的要因、環境条件にみることができると述べている（Aspelund, et al., 2007）。

Michailova & Wilson（2008）は、小規模企業の国際化においては、経験学習の役割が重要であると主張している。彼らはこの経験学習が、国際化において最も重要となる際の条件を検証している。著者たちは、外国における事業のコンテクスト、内容、社会的側面が、小規模企業の国際化を支えるための経験による知識を獲得する特異な機会をどのように提供しているか理論化

するために、社会化戦術の文献の範囲内で研究の枠組みを構築した。社会化戦術は、起業家の個人的な国際的経験による知識と小規模企業の国際化との関連を調整することにあると思われる。社会化のコンテクストが（集団的、非公式的であるよりはむしろ）個人的で公式的であり、社会化の内容が（無作為で変化に富んでいるというよりはむしろ）連続的で不変的であるときに、そして社会化が（分離的で剥奪的であるよりはむしろ）連続的で授与的な社会的側面に関与するときに、国際的な経験学習の機会が最適化されうるのである。

（6）資源ベース論やケイパビリティ論で説明されるBGCの研究

最近の文献はBGCを説明するために資源ベース論（例、Barney, 1991；Collis, 1991；Wernerfelt, 1984）やダイナミック・ケイパビリティ論（例、Dosi, 1988；Nelson & Winter, 1982；Teece, Pisano & Shuen, 1997）を活用している。例えば情報と知識は創業したての企業の国際化において重要な資源である。ボーングローバル輸出業者の調査において、Yeoh（2000）は企業の情報探索の取り組みについて調査した。彼女は、若い企業が国際化を行う際にどのように情報を探索するのか予測するのに、組織特性および戦略的志向が環境特性や情報資源特性と同様に、特別に重要であることを見出した。それに続く研究（Yeoh, 2004）において、彼女は国際化に起因するところの3種類の学習を調査した。すなわち技術、市場、および社会についての学習である。知見では、供給業者や顧客との外部ネットワークが企業の国際的な業績に大きく貢献していることを明らかにした。市場学習の企業業績への影響力についての知見はまた、企業の資源ベース論の根底にある仮説を支持している。

Rialp & Rialp（2007）はBGCの国際化に関して、さまざまな企業の資源の効果、特に見えざる資源について分析した。著者たちは見えざる資源の役割を、企業が早期に国際化するかどうか、およびその活動で達成したビジネスの成果が他の非BGCの成果より優れているかどうか、の観点から調査した。彼らの研究はスペインの輸出製造企業を代表的な標本にした知見に基づいている。結果は、人的および組織的な資本資源が双方ともBGCの成功に相当

な影響を与えていることを確認した（Rialp & Rialp, 2007）。

　ダイナミック・ケイパビリティは、市場をベースにした資源、関係性の企業ネットワーク、企業自体の内部で行われる学習行動から企業が学習するルーチーン（日常活動）である。(例、Dosi, 1988；Nelson & Winter, 1982；Teece, et al., 1997)。Weerawardenaとその同僚たちは、ボーングローバルの国際化の概念的モデルを提供するためにダイナミック・ケイパビリティ論を利用している。国際化を成功させるに十分なマネジメント・ケイパビリティはしばしば創業者の事前の知識やバックグラウンドによって決定される。創業者の特性は、他の多くの企業が国内市場に焦点を当てているのに、なぜ創業まもないいくつかの企業が起業からすぐ国際化を選ぶのかという問題を説明するのに役立つ。国際化志向で、起業家精神を有する創業者により構築され育成された一連のダイナミック・ケイパビリティは、それら企業が最先端の製品を開発し、早期国際化のための道を築くことを可能にしている（Weerawardena, et al., 2007）。

　また、Weerawardena, et al. (2007) は、ボーングローバルの国際化および国際的業績において最も重要なケイパビリティには、市場に焦点を当てた学習ケイパビリティ、内部に焦点を当てた学習ケイパビリティ、ネットワーキング・ケイパビリティ、およびマーケティング・ケイパビリティがあると述べている。企業創業者の優れた資質（国際的起業家精神志向、以前の国際的経験、一般的な学習志向など）と組み合わされたこれらのケイパビリティは、ボーングローバルを、早期国際化を促進する知識集約的製品の開発に導くことになる。著者たちは、幾多の資源から企業が学習するときに最も効果的に国際化が加速することを示唆している。この学習により経営者が企業業績を向上させるのに活用できる知識が発生する。早期国際化を切望する小規模企業はダイナミック・ケイパビリティの戦略的な組み合わせを開発すべきである(Weerawardena, et al., 2007)。

　ケース・スタディ研究を用いて、Karra, Phillips & Tracey (2008) は、ボーングローバル企業の成功に特に重要と思われる3つの起業家精神志向のケイ

パビリティを提議した。国際化の機会の確認、制度的橋渡し、および文化横断的連携化の能力と選好である。「制度的距離」は企業が自分の国から受入国へ移動の際に遭遇するビジネス環境の異質性をいう。制度的橋渡しはこの距離を克服する能力を表す。例えば、国のコンテクスト間に存在するビジネス・コンセプトや機会を翻訳することや、異なった国の人々を関連づけ関係性を持たせることである。著者たちは新参の国際的起業家がどのようにして国際的成功に向けてチャンスを利用して3つの起業家精神志向のケイパビリティを開発できるのか調査を行った (Karra, et al., 2008)。

　外国市場に拡大するために内部資源を活用するように、多くのボーングローバルはさまざまな国で価値を創造する資源を取り込むために国際化を行う。相当に国際化した企業にとって、重要な優位性は資源が不均等に国々を横断して配分されるときに生じる。そのとき、国際化した企業は競争優位を創造するために選択的に内部資源を取り込み、それらを連結する。Di Gregorio, Musteen & Thomas (2008) は、個人と機会の国境横断的連結としての BGC の枠組みを提案した。多くのボーングローバルは資源と市場の国家横断的な連結を反映した機会の発生によって出現する。著者たちは、活動的な起業家たちが、見える資源と見えざる資源および機会を積極的に調べるために、またそれらを新しい革新的な方法で結びつけるために、国内の潜在顧客の探索を超えて、外国市場での機会の探索に乗り出すべきであることを強調している。

(7) 国際ビジネスのネットワーク論で説明される BGC の研究

　何人かの学者は BGC を説明するのに国際ビジネスのネットワーク論を適用した。例えば、Sharma & Blomstermo (2003) は、知識とネットワークを強調するモデルはボーングローバルの国際化に関する理論展開にとって特に適切であるとの提言をしている。著者たちはボーングローバルが最初の外国市場参入の前から国際市場に関する知識を獲得する傾向があることを示した。経営者の海外市場参入モードの選択は、典型的には既存の知識とネットワー

クの結びつきで得られた知識に基づいている（Sharma & Blomstermo, 2003）。

　Mort & Weerawardena（2006）は、オーストラリアの BGC の発展におけるネットワークの役割を調査した。研究で得られた知見は、ダイナミックなネットワーキング・ケイパビリティによってボーングローバルは国際市場への参入の意思決定に伴うリスクを最小化することができることを明らかにした。最も成功率の高いネットワーキング活動は起業家精神旺盛な機会探索行動により補完される（Mort & Weerawardena, 2006）。

　Coviello & Cox（2006）は、ボーングローバルにおいてどのようにネットワークが資源開発を促進するのか探究するためにネットワーク論と資源ベース論（例、Barney, 1991；Collis, 1991；Wernerfelt, 1984）を活用して理論構築を行った。彼らはケース・スタディのデータを活用し、組織的、人的、物的、財務的、および社会資本的なダイナミックスに関する命題、およびボーングローバル・ネットワークにつきもののこれらの資源の流れの本質に関する命題を提示した。著者たちは、企業のネットワークを通じて生み出されたいろいろなタイプの資源はボーングローバルがさまざまな国際化のステージを通過するにつれて進化していくと述べている（Coviello & Cox, 2006）。初期の段階でボーングローバルは技術的能力を含めた組織的スキルとコンピタンスを生み出すために、ネットワークを活用する。国際化がうまくいった後で、経営の焦点はさらなる成長を求めるために人的資源の開発にシフトする。それに続いて、企業は顧客と流通ベースの構築に力点をシフトする。ボーングローバルにとって、ネットワークは社会資本を生み出し、必要な資源の獲得、動員、開発をもたらす重要なものである（Coviello & Cox, 2006）。

　Coviello（2006）は、BGC の国際化と成功を支えるネットワークに関する知見を提議するためにネットワーク論と起業家精神論の文献を採用した。彼女の研究結果によれば、扉が開け放たれたネットワークのボーングローバルにとっての役割の重要性が確認された。ネットワークは、ボーングローバルに対して、市場へのアクセス、資金調達、流通チャネル、および国内外で研究開発を行う際の窓口などを提供する。Coviello（2006）は、その企業ネット

ワーク内で獲得した資源は、国際化を通じて進化するにつれてボーングローバルを支援するばかりでなく、また、国際化前の企業の最も初期の発展段階から支援することになる。その研究では、ネットワークから獲得した資源の本質は企業によって、また国際化の段階ごとに違いがあることを明らかにした (Coviello, 2006)。

Zhou, Wu & Luo (2007) は BGC における国際化と業績の間の関係に関して社会的ネットワーク論からの解釈を提供した。著者たちは国内市場に基づく社会的ネットワークは国内外での国際化と企業業績の間の関係において調停の役割を演じていると述べた。社会的関係のネットワークは、ビジネス連携の公式ネットワークが新市場で開発され、それを通じて国際化の支援が形成される基盤として役に立つ。社会的ネットワークは国際的知識の集積によって、新しい機会を確認し、さらに特別な競争優位性を開発する際の助けとなる。国際化プロセスにとって産出と投入の両方が重要であるように、ネットワーク関係の構築と維持は、そのプロセスにとって一般的に重要である。中国の中小企業の研究データを活用して、著者たちは、基本的には「関係」という意味の Guanxi について調査し、企業経営者は初期から利益を生み出す国際化を促進するための効果的な手段として社会的ネットワークを考慮すべきことを明らかにした (Zhou, et al., 2007)。

2．ボーングローバル企業を解明する理論的枠組み

(1) BGC を解明する理論と枠組み

さて、BGC を説明する際に適用されてきた特別な理論と枠組みについて考察してみよう。BGC の創業者はその企業の創設時もしくはその後まもなく国際的ビジネスの機会を追求する人である。それらの創業者は、国際的な能力を啓発し、その企業が慣性的な力のために抜け出すことができないかもしれない国内での能力の経路依存性を回避して、ベンチャー創設の時点から国際ビジネスに取り組むのである。研究者たちは、BGC の形成過程

は既存の国際ビジネスの理論では十分に説明できないと主張してきた（例、Knight & Cavusgil, 1995；McDougall, et al., 1994）。このことは部分的には、伝統的な理論では企業が創設された後長い期間を要して国際企業になると考えられてきたためである（例、Johanson & Vahlne, 1977）。

例えば、Coviello & McAuley（1999）は、海外直接投資論、国際化の「段階モデル」（例、Cavusgil, 1980；Johanson & Vahlne, 1977）、およびネットワーク論との関連で、小規模企業の国際化に関する実証研究を精査している。彼らは、それらの理論を個別に検討してみた結果、BGCを特徴づける複雑な国際化プロセスを適切に説明し得ていないことを明らかにした。彼らは、小規模企業の国際化は主要な理論的枠組みを統合することによって理解しやすくなるという結論に達した。国際化研究の上記3つの学派は、全体的・統合的なやり方で検討されるべきであろう（Coviell & McAuley, 1999）。

Coviello & McAuleyの研究（1999）に基づいて、Cavusgil & Knight（2009）は、ボーングローバル企業の理論を展開するのに役立つと思われる具体的な理論に焦点を当てている。他にもアカデミックで実践的な試みとして、いくつかの理論や枠組みはボーングローバル企業の現象を説明するのに大いに役立つ理論がある。図4-1は、BGCに関する大変有益な理論、方向性、戦略についてまとめたものである。

初めに、BGCの国際化における資源とケイパビリティの役割、および外国市場での成果について検討する。例えば、Oviatt & McDougall（1995）では、BGCは、創業時またはその近辺から国際的ビジョンを持った経営者がいる、国際ビジネス・ネットワークへのアクセスに優れている、外国での機会を追求するのに適した先駆的な技術を有している、などの特徴があることを指摘している。

先駆的な技術と卓越した無形資産は、BGCが自社の国際的なビジネス活動を支援する際に必要な特に重要な企業資源であるように思える。それゆえに、資源ベース論（Barney, 1991；Collis, 1991；Wernerfelt, 1984）は、BGCを説明するのに役立つ最も有益な理論の一つとして貢献してきた。この見解では、

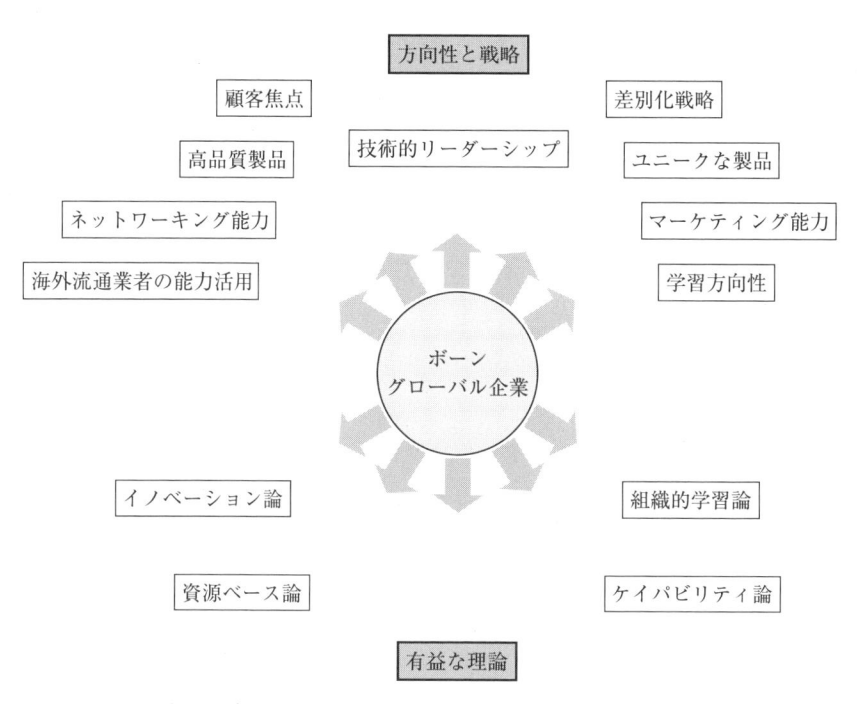

```
                    方向性と戦略
    顧客焦点                        差別化戦略
                技術的リーダーシップ
    高品質製品                        ユニークな製品
  ネットワーキング能力                  マーケティング能力
  海外流通業者の能力活用                  学習方向性

                    ボーン
                  グローバル企業

    イノベーション論                  組織的学習論

    資源ベース論                    ケイパビリティ論

                    有益な理論
```

図4-1　ボーングローバル企業に関する有益な理論、方向性、および戦略
出所）Cavusgil & Knight（2009：p.77）

　組織的資源という他社と異なる才能・資質が企業の戦略や成果の重要な決定要因になっている（Collis, 1991；Wernerfelt, 1984）。資源というのはその企業に半永久的に結びついた（有形および無形の）資産である（Wernerfelt, 1984）。資源ベース論では、価値がありユニークで模倣が困難な特定の組織的資源の所有がグローバルな競争において勝者を敗者から分けるのに役立つことを示唆している（Peng & York, 2001）。

　資源は、財務的資産、工場、土地、設備に加えて、企業の従業員に埋め込まれた技能や知識といったような人的、組織的、情報的、関係的要素によって構成される。収益性に導く資源には、商標名、社内の知識、技能者の採用、取引関係、効率的な手続きといった資産が含まれる（Hunt, 2000；Wernerfelt,

1984)。企業文化、ケイパビリティ、慣行、手続きなども組織的資源と考えられる（例、Hunt, 2000）。うまく活用すれば、そのような資源は組織的能率性や有効性を生み出すことになる。それらは一つ以上のコア能力の開発をもたらすのであり、その企業がそれに沿って独特な発展をする資産のベクトルを形成し、相当な競争優位性と優れた持続可能な成果をもたらすことになる。資源ベース論の中で検討する場合、BGCはユニークな形態の経営上の資源や無形資源を用いることによって、また主要な戦略的資産を現地市場のニーズに合わせることによって、外国の競争市場において生き残り、成長していくとみられているのである。

　資源ベース論は2つの重要な仮説に依存している。①所与の産業内の企業はそれらが管理する資源に関しては異質性を有しており、②資源は完全には企業を横断して移動しないので、その異質性は長期にわたって継続する傾向がある (Barney, 1991；Collis, 1991；Hunt, 2000；Mahoney, 1995)。今日、多くの若い企業は国際ビジネスの概念化と実施に役立つ性質や能力を構成する特別な資源を保有している。ほとんどのそのような企業は、大規模な多国籍企業に比べると十分な財務的・人的資源に欠けるが、それらは国際的な成功を容易にする他のおそらくはより基本的な一群の資源を保有している。例えば、多くのBGCは、国際ビジネスの成功に適した企業文化、最新のICTを活用する技術、革新的な若い企業に特徴的な弾力性と起業家的推進力を有している。

　競争的優位性を確保するためには、企業の資源は相対的に希少であるか特色のあるものである必要がある (Barney, 1991；Collis, 1991；Hunt, 2000；Mahoney, 1995)。希少性と特色性は、いくつかの方法で達成することができる。例えば、その企業は個々の経営者が持つあるいはその企業内に埋め込まれている特別な知識の性質と程度において、相対的にユニークであるかもしれない。因果関係の曖昧さと社会的複雑性がライバルになると思われる企業に対して、不完全な模倣しか許さないような特別な知識とケイパビリティを保有させることになる。競合企業はその企業が所有している可視的で有形の資源はうまく真似ることができるかもしれない（例えば、工場、設備、原材料など）が、特別

な製品あるいはマーケティング・モードを生み出す特異な知識集約的志向性、慣行、工程などを模倣することはほとんど不可能である。そのような資源についての競争上の模倣は同一で時間のかかるプロセスからなる不可逆的な投資、あるいはその企業自体が経験によって獲得した知識を通じてのみ可能である (Collis, 1991)。ライバル企業の経営者は、対象企業の特殊な環境、社会的構造、ある活動を解釈するのに必要なその企業内の因果関係等について通常は知識を持ち合わせていない (Mahoney, 1995)。組織的資源がライバル企業のそれよりよくない場合、それらの資源の優れた利用法を通じてコア能力が高められる (Hunt, 2000)。資源ベース論は、余剰の暗黙知はまさに獲得することが難しいから、それが外国市場での競争優位性をその企業に提供することができることを示唆している (Liesch & Knight, 1999)。

　BGC は若いので、不動産、工場、施設、その他の物的資産を十分に保有しないばかりか、財務的・人的資源も十分に保有していない傾向がある。旧来の企業が典型的に国際ビジネスで成功するために自らを駆り立てるのに依存してきたのは実にこれらの有形資源であった。さらに、BGC は別の不利益も経験している。国際ビジネスに対するこれらの企業の若さ、経験不足、新しさは国際化を支援するのに必要な資源を獲得しようとする経営者の能力を制限することになりうる。潜在的なステークホルダーにとっては、若くて実績のない企業への投資は気が進まないものである。さらに限られた有形資源は、多くの小規模企業にとって国際化の挑戦を乗り越えて、外国市場で業務を行うことを不可能にする場合が多い。BGC は、典型的には参入障壁を克服するために苦闘し、外国の中間業者との繋がりを構築し、充実したマーケティング・プログラムを実施し、潜在顧客から受け入れられなければならない。これらの不利益になるもののどれをとっても、BGC には失敗のリスクを高めるものになりうる。これらの不利益になるものが一緒になるとリスクを拡大する傾向がある。

　しかし、BGC は、組織文化や組織的能力、個々の従業員が持つ知識、国際的成功を容易にする主要なチャネル・メンバーとの関係といった一連の無形

資源やケイパビリティを活用することが多い。例えば、Knight & Cavusgil (2004) は、特別な一連の志向性や戦略を確保し、適用することによって BGC が成功することを明らかにしている。これらの無形資産やケイパビリティはその企業で働く経営者たちが持つノウハウ、技能、経験等によって代表されるものである。BGC は、頻繁に、グローバルな機会についての優れた暗黙知と競合企業が対抗できないやり方でそのような知識を活用するケイパビリティを保有しているようにみえる。

国際ビジネスの研究者たちは企業が海外で優れた業績を上げるために海外直接投資を行うことや外国資産を獲得する傾向があることを長期にわたって強調してきた。しかし、BGC は通常十分な資源を所有しないのに成功している。その多くは必要な資源にアクセスするのにネットワークや他者との関係を活用する「仮想企業」なのである（例、Coviello & Munro, 1995）。実質的な財務や有形の資源を賦与されている競合企業と BGC が区別されるのは、それらの価値を創造する能力の中核に BGC の起業家的活動が存在することである。ボーングローバル現象は、どのようにして社歴の浅い企業自身が所有あるいは管理する資源よりもむしろ、「起業家的活動」によって国際化しているのかを明らかにしている（例、Knight & Cavusgil, 2004）。BGC の成功の鍵は、企業の管理下にある莫大な量や質の資源ではなくて、十分な「機知に富むこと」にある。このように、ボーングローバル現象は国際ビジネスにおける伝統的な海外直接投資志向の考え方に挑戦するものである。

資源ベース論と密接な関係にあるのが企業のケイパビリティ論である（例、Eisenhardt & Martin, 2000；Nelson & Winter, 1982）。ダイナミック・ケイパビリティ論は特定の組織の目標や目的を達成する企業の能力を説明するのに（資源とは対照的に）ケイパビリティの役割を強調する。ダイナミック・ケイパビリティは組織的資源を統合し、再配置し、獲得し、そして更新するその企業の能力のことである。ダイナミック・ケイパビリティはその企業が事業を選択した市場で優れた成果が達成できる方向へ向けて組織的資源、業務上の慣行、および能力を動員するために活用される（例、Eisenhardt & Martin, 2000；

Nelsom & Winter, 1982)。優れたダイナミック・ケイパビリティの開発は、知識創造、知識統合、知識配置に役立つ当該企業内部の知識ベースのプロセスに依存している (Helfat & Raubitschek, 2000；Zollo & Winter, 2002)。BGC の起業家精神を持った経営者はその企業の製品に新しい販路を切り開くようなやり方で、発明、イノベーション、あるいは技術を活用して、生産パターンを革新あるいは改革する機能を果たしている。適正なケイパビリティを持つことで事業を行う際の方法の開発あるいは改善を生み出すのに役立っている (Dosi, 1988；Nelson & Winter, 1982)。

ダイナミック・ケイパビリティ論では、企業の所有する資源が制限されているにもかかわらず国際化する能力があるのはその企業が内部に持つケイパビリティと関係があることを示唆している (McDougall, et al., 1994；Zahra, Ireland, & Hitt, 2000)。ダイナミック・ケイパビリティは、市場が出現あるいは革新されるとき企業が新しい資源配置を成し遂げるのに役立つ (Eisenhardt & Martin, 2000)。新しい製品、サービス、生産方法などが導入されることに加えて、特別な組織ケイパビリティを所有することは、新しい市場を開拓したり、適切にそれらの市場に貢献できるようその企業のオペレーションを革新するのを支援することになる (例、Nelson & Winter, 1982)。国際化あるいは海外市場への新規参入は、革新的な行為である (Simmonds & Smith, 1968)。従って、革新的なケイパビリティは、その企業が海外に向けて拡大するとき成果が上がるように経営者が新しい戦略や戦術を工夫する際に役立つことになる (例、Weerawardena, et al., 2007)。

ダイナミック・ケイパビリティは単にそれ独自で生じるものではなく、企業の戦略的リーダーの意図的な選択と行動により意識的、体系的に開発されるものである (Lado, Boyd & Wright, 1992；Teece, et al., 1997)。ダイナミック・ケイパビリティ論では、競争戦略の開発を目指す企業の内部での起業家志向の経営活動の役割を重視している(例、 Weerawardena, et al., 2007)。ダイナミック・ケイパビリティにより経営者は組織的スキル、資源、機能的な能力を適切に採択し、統合し、調整し直すことができる。「ダイナミック」という言

葉は進化するビジネス環境の中で調和が達成できるように企業の能力を更新する経営者の能力を意味している(Teece, et al., 1997)。この意味で、ダイナミック・ケイパビリティはボーングローバルにとって特に重要であるかもしれない。なぜなら、それらの企業は主にさまざまな環境によって特徴づけられる外国市場の複雑でダイナミックな領域において活動しているからである。

Weerawardena, et al. (2007) は、BGC が国際化と国際業務において発揮する、市場に焦点を当てた学習ケイパビリティ、内部に焦点を当てた学習ケイパビリティ、そしてネットワーキング・ケイパビリティの役割に注目する。この視点は他の有用な観点である「組織学習理論」と関連するものである。組織学習は企業の知識ベースの中に新知識を取り入れる際のプロセスと関係している（例、Liesch & Knight, 1999）。国際的機会の追求には国内市場ではほとんど存在しないさまざまな状況や現象について学習することが必要である。競争優位性は外国にある多様な状況に企業がさらされることによって獲得される知識から生じる。例えば、重要な技術的学習は国際化を通じて起こりうるのである（Zahra, et al., 2000）。結果として生じる優位性は知識集約型の分野に特に関連しがちである。このように、国際的拡大は組織学習を推進し、競争優位性を生じさせる技能や能力の開発を促進することができる（Autio, et al., 2000 ; Cohen & Levinthal, 1990）。

外国市場の複雑性が所与であれば、国際化企業は新しい国際志向の実践を植えつけるために、典型的には国内業務活動に根差した組織実践を見直すか捨て去らなければならない。既存の実践を捨て去ることは企業が年月を経るにつれてより困難になる。その理由は、新しい実践に導く新知識は既存の心的態度や業務活動と衝突する傾向があるからである（Autio, et al., 2000 ; Barkema & Vermeulen, 1998）。

組織学習理論は、捨てるべき組織的ルーティンがほとんどないか、全くない状況の中で新しい組織的知識の開発が最もうまく行われることを示唆している（Autio, et al., 2000 ; Cohen & Levinthal, 1990 ; Nonaka, 1994）。従って、ボーングローバルのようなまだ確立していない企業は、国際ビジネスに関して必要

な知識をうまく獲得するかもしれないし、また新しい国際活動を効率的、効果的に展開できるかもしれない。

多くの BGC の組織文化は、地理的にも心理的にも遠い市場において業務活動を行う際それに順応する。組織学習理論は企業の国際的拡大の時期が早ければ早いほど、国際ビジネスに必要な知識をより多く獲得するかもしれないことを示唆している。創業後まもない、機敏な企業の方が国際ビジネス活動で効率的、効果的に成長していく。国際的拡大は競争優位の獲得を支援する企業のスキルや能力の開発を容易にする組織学習を促進する。早期国際化は、国際市場およびそこで成功する方法についての知識を獲得することによって優位性を得ることになる。早期国際化は、企業が外国で事業を行うときにさらされるさまざまな環境や競争状況のために、企業の業績を向上させる数多くの学習機会を提供することができる (Autio, et al., 2000 ; Cohen & Levinthal, 1990)。さらに、多様な外国の仲介業者との接触や関係の進展も学習を促進させる。国際環境の多様性は多くの市場と文化的な見方を反映した新しいさまざまなアイディアとの遭遇をもたらし、また BGC が急速に国際的な学習カーブを上っていくのに役立つ。

関連した意味で、BGC の主要な優位性は、長期間確立した地位にある企業が長期にわたって保有している「管理の遺産」という特質を典型的に有していないことである。歴史の古い企業においては長期にわたって確立された組織構造やプロセスは戦略的選択を抑制しがちである。管理の遺産は可能な戦略や戦術の選択において経営上の思考を抑制する (例、Collis, 1991 ; Liesch & Knight, 1999)。管理の遺産の観点は、長い間、経営者はビジネスを行うのに自分自身の好みのやり方でしか開発してこなかったことを示唆している。国際化は、さまざまな状況において、多様で幅広い複雑な挑戦に企業をさらすことになる。いくつかの企業は数少ない「長年温めてきた問題解決法」に依存することで結果として生じる複雑性を減少させている。もし、あなたの道具箱に少しの道具しかなければ、新しい挑戦が必要になったときうまく対応することは難しい。棚から道具をいっぱい取り出してすぐに使う方

法を自分自身で制限している企業は、その業務活動において潜在的に豊かな革新の源泉を奪っていることになる。一方、最高に洗練された企業は、多様な外国環境において成功するための最も適切なビジネスモデルや市場での処方箋を発見するためにいろいろな実験を行っている。

　長期間確立された地位にある企業の文化や物的遺産は、戦略的意思決定の文脈を構成する組織文化を生じさせる。経営者がたとえ変化する環境条件に適応しようと試みても、システム、手順、プロセスは長い期間にわたって比較的変化しない。この慣性は望ましい戦略的変化のスピードと方向性と同様に弾力性をも制限してしまう。組織に埋め込まれた過去の実践や傾向や戦略はそれら自身の慣性を発展させる (Collis, 1991)。巨大な長い歴史を持つ多国籍企業の管理の遺産は、組織的有効性を最適化できないかもしれない国際活動にその企業を導く可能性がある。進路を変更するのにかなりの燃料と時間を食う巨大客船のように、巨大多国籍企業は比較的新しい国際ビジネスの機会を追求するのに手間がかかるのである。

　これに対して、より新しいビジネスは管理の遺産の慣性から解き放たれている。長い歴史を持つ国内の企業と比較して、ボーングローバルは国際化プロセスにおいて克服すべきインフラや心理的障壁が少ない。それらには戦略的なイニシャティブを抑制する経営的または物的インフラはほとんど埋め込まれていない。国際的活動において歴史が浅い企業は高度の弾力性と機敏性を有しており、そのことは進化する外国市場においては特に重要な資質である。国際的文化が早期に埋め込まれる場合、経営者は国際的に洗練され、また組織は全体として国際的な機会を追求し収得することに巧みになる傾向がある (Knight & Cavusgil, 2004)。国際化が競争優位性をもたらす場合、BGC は、長い歴史を持つ企業の典型的な硬直性が欠如しているお陰で、十分に、素早くそのような優位性を確立できることが多い。

　組織学習理論は、イノベーションの理論と関連している (例、Dosi, 1988；Teece, 1987)。こうした観点からみると、イノベーションは企業が直面する課題に対して斬新な解決策を探求することであり、それには新たな製品や市場

を創造したり、競合他社に追随するよりはむしろ先導したり、リスクをとる性癖などが含まれる（例、Miller & Friesen, 1984）。既述のように、国際化とは革新的な行動である（Simmonds & Smith, 1968）。国際化の説明に関して最も受け入れられているものの一つに、「イノベーション・モデル」が存在する（例、Cavusgil, 1980）。財務的資源や人的資源の制約にもかかわらず、早期の国際化がBGCの主要な特徴であるので、イノベーション理論は有効な理論的枠組みである。

イノベーションは、企業が外部環境の状況変化に対応するのに役立つ（例、Hunt, 2000）のであり、競争の熾烈な国際市場において、企業の業績向上を支援するものである（例、Zahra, et al., 2000）。イノベーションは、高度な技術的能力をベースにしたものであり、特に海外でみられるようなダイナミックな環境における重要な起業家精神プロセスにみられる。Simon（1996）は、国際市場で成功するために優れたイノベーションやそうした能力を活用している500社の「隠れたチャンピオン」企業を発見している。ボーングローバルは「革新的な能力」によって特徴づけられるように思われる（Knight & Cavusgil, 2004）。イノベーション理論は起業家精神的な志向や起業家精神の概念と密接に関係している。起業家精神的な志向の役割は、BGCの研究において多大な信頼を獲得し、新たな研究の流れとしての国際的起業家精神を生じさせている。

（2）BGCにおける方向性および戦略

前項において強調したように、BGCについての数多くの研究は、その資源や組織的ケイパビリティの役割に重点を置いていた。本項ではこれらのうちでも最も顕著なものについて検討する。学習志向は、外国市場についての情報を収集し、解釈し、普及させることやそれらの市場に存在する機会に機敏に対応することを含んでいる。多くのボーングローバルは「内部に焦点を当てた学習ケイパビリティ」を活用している。すなわち、それらは企業内で発生した情報の取得、普及および活用を含んでいる。それは社内で発生し

た情報を、経営者が国際的な目標を達成するのに利用できる知識に転換させる能力のことである（Weerawardena, et al., 2007）。このような学習はイノベーションを発生させるのであり、企業が市場や他の外部環境において変化する状況に対応することを可能にする（Dosi, 1988；McEvily & Chakravarthy, 2002；Nelson & Winter, 1982）。内部に焦点を当てた学習には技術的な学習も含まれており、新たな市場に適応するのがうまい企業の特徴である（Autio, et al., 2000；Liesch & Knight, 1999）。企業は、外部環境への挑戦に対処することのできる知識を開発するために、内部での学習を活用するのである（Autio, et al., 2000；McEvily & Chakravarthy, 2002）。

　「市場に焦点を当てた学習ケイパビリティ」にはその企業の市場からの情報の取得、普及が含まれている（Weerawardena, et al., 2007）。それは標的市場で獲得した新たな情報を使って企業の知識ベースを継続的に更新することや、経営者が目標を達成できるように知識としてその獲得した情報を組み立てる能力を含んでいる。市場や顧客への近接性が早期国際化を導く（Knight, 2001）のであり、従ってボーングローバルは付加価値活動の最適化に向けて市場情報を取得し、普及させ、統合するためにそれらの市場に焦点を当てることが多い。

　市場に焦点を当てた学習ケイパビリティは、BGCと関係のあるもう一方の特性においても密接に関連している。その特性とは市場や顧客に焦点を当てることが多い傾向である。これら多くの企業は、標的市場のニーズに適応するために特殊な資源で構成される複雑なシステムを開発しており、その結果製品の売上高や顧客満足の向上がもたらされている。顧客に焦点を当てる方法にはいろいろある。例えば、企業は特定の買い手グループのニーズにきっちり合った製品を製造したり採用することにより、また特殊な製品を通じて標的市場のニーズに取り組むために細心の注意を払うことにより、また厳しい要望を理解し対応することのできる熟練のセールスマンや他のエージェントを活用することにより、そして一般的には買い手との強力な関係を開発することにより、顧客に焦点を当てることに熟達するかもしれない。顧

客ニーズへの対応において、企業の焦点の置き方は、「幅」よりも「深さ」に焦点を当てることである。例えば、500社の「隠れたチャンピオン」の調査で、Simon（1996）は、小規模な国際企業は調査においてグローバルな顧客ベースのニーズに応えるのに高度の焦点化、専門化、集中化を行っていたことを明らかにした。

　マーケティングは、標的市場と企業との相互作用を通じて形成されるパイプであり、標的市場は企業の存在にとって大変重要なものである。大ざっぱにいえば、多くのボーングローバルは優れたマーケティング・ケイパビリティを有しており（Knight & Cavusgil, 2004；Weerawardena, et al., 2007）、それは効果的なマーケティング戦略を策定するためのその企業のケイパビリティである。優れたマーケティング・ケイパビリティは、経営者が財の流れを国際市場に位置するバイヤーに向けるための製品の開発や改善、製品・市場のコミュニケーション、価格設定、流通といった伝統的なマーケティング機能を実施する際のスキルを重視している。例えば、Simon（1996）の「隠れたチャンピオン」では強力なマーケティング志向を明らかにしている。それらの企業は差別化された製品やサービスを開発し発表する際自社のスキルを使って買い手のニーズに焦点を当てるスペシャリスト戦略により国際市場を標的にしている。優れたマーケティング・ケイパビリティは国際市場を効果的な標的とする場合に重要であり、主としてニッチ市場に製品を位置づけることが多い（Madsen & Servais, 1997）。

　企業はさまざまな手法で業績を向上させるのにマーケティングを活用する。企業は製品やサービスを最高の品質と成果で提供することによって「製品（商品）コンセプト」を強調することができる。企業は売り手と買い手の目標ができるだけ一致するように努力するであろう。これらの目標がうまく一致する場合、代替的な供給源を探すようになる買い手にとって相対的な取引コストはより高くなる。もしくはその企業は相対的にユニークで特徴のある製品を開発し、製品の差別化を図るかもしれない。このアプローチは優れた製品をつくることによって、あるいはその企業の製品を競合企業のそれと差別

化する活動を企てることによって実現することができる。優れた品質や差別化された製品を提供するための重要な戦術的要素を巧妙に扱う手法と同様に、マーケティング計画やコントロール、製品開発や製品適応は重要な局面であることが多い。

　これに関連して、ほとんどのボーングローバルは独自の製品を提供するために「差別化戦略」を採用している（Porter, 1980）。これらの企業は特定の顧客のユニークなニーズに合致させることによって、顧客への忠誠心を促進させる。差別化戦略を達成するには2つの方法がある。すなわちそれは①製品のイノベーションと、②集中的マーケティング・マネジメントである（Miller, 1988）。後者については相当な広告宣伝あるいはマーケット・パワーを必要とするので、典型的な新興企業は持ち合わせていない。従って、ほとんどのBGCは、しばしば新しい技術の活用により、製品イノベーションを通じて差別化を行っている。個人の持つ知識は新たな技術開発の基礎を提供する。それゆえ、ボーングローバルの新しい技術は、競合企業との製品の差別化を行うために、さらに標的市場とする多数の国々の現地企業が保有する現地の優位性を克服するために、活用できる重要な資源となるであろう（Oviatt & McDougall, 1994）。

　差別化戦略に沿う形で、典型的なボーングローバルは相対的にユニークな製品の開発とマーケティングに力を入れている（例、Knight & Cavusgil, 2004）。このアプローチは特に、大規模なライバル企業と互角に勝負することができないより小規模な企業にとって重要である。ボーングローバルは、大企業が関心を持つには小さすぎるかもしれない狭いニッチ市場に参入することが多い。マーケティングの研究者たちは、ユニークな商品を提供すると固有の価値が創出されると長い間認識してきた（例、Phillips, et al., 1983 ; Smith, 1956）。このアプローチは典型的に革新的な特徴を持つ製品や優れた顧客サービスもしくは特許を持つノウハウなどと関係があり、それらすべてはその企業を競合企業から区別する要素である（Miller & Friesen, 1984 ; Porter, 1980）。先験的で価値のあるユニークな製品を持つことは保有資源が限られている企業に

とって市場参入が容易であり、特に相対的に特殊な資源を有する傾向にあるボーングローバルにとっては適切であろう。その製品がユニークであるという点で、「独占的優位性」(Hymer, 1976) の形態を授与されている大企業の競争力ある活動に対して緩衝装置がつくられるのであり、従ってそれは企業の業績目標を達成するのに役立つことになる。

　差別化戦略を適用し、相対的にユニークな製品を提供する過程において、ボーングローバルは、それらの産業もしくは製品のカテゴリーの内で保有する最先端の技術的優位性に基づき強力な革新的ケイパビリティを活用することが多い。このような位置づけは、グローバル市場を求める際に大きな優位性を提供することになる。従って、技術的リーダーシップとは、その産業において他の企業と比較してもその企業の技術的能力の方が優れたものであることをいう (Knight & Cavusgil, 2004)。多くのグローバル企業が、より効果的で効率的な生産工程を促進させたり、優れた製品をつくったり既存の製品を改善するために追求するのは実にこのタイプの戦略である。例えば、その企業は、コスト効率が高い小規模な製造を容易にするために、マイクロプロセッサーのコントロールに基づいた先端的な生産技術を応用するかもしれない。コンピュータ支援のデザインや特殊なソフトウェアにより、ボーングローバルは、大規模な研究開発投資を必要とすることなく、多様な試作製品を生産することができるようになる。情報ベースの技術は、経営者が買い手をグローバルな狭いニッチ市場に細分化したり、世界中の特殊なニーズに効率的に対応することができるようにする。ICT は、技術リーダーがサプライチェーンや流通チャネルとより効率的に技術的な相互作用を行うのを支援する。Rennie (1993) の調査では、ボーングローバルの最も重要な競争手段として技術を挙げている。

　技術的リーダーシップに関連して、多くのボーングローバルは高品質の製品を生産する傾向がある。優れた製品の品質に注力することは、製品特性や性能に関して顧客の期待に合致するかそれを上回る製品を創造し市場に出す努力に反映される。他のすべての条件が等しいとすれば、顧客は優れた

品質の製品を好むし、多くの顧客はそれらに対してより高い価格を支払う用意がある。グローバル市場の環境において生産者と買い手は外国籍の企業に対してより高い品質基準を設置することが多い。そうした比較から生ずる新しい気づきが企業に対する改善の圧力となる。多くのボーングローバルは競合企業の製品との違いを差別化するために優れた品質を重視する。品質は国内（例、Aaker & Jacobson, 1994 ; Mohr-Jackson, 1998）および外国市場（例、Szymanski, Bharadwaj & Varadarajan, 1993）における業績の改善に結びつくようになった。ある程度、優れた品質は、価値や市場シェアや利益が高くなると、収益性が向上し、それが維持されるので、手直しやサービスコストを減少させる。例えば、オーストラリアのBGCは競争優位性を国際的に達成するために一番重要な方法の一つとして、品質の高い製品の供給を考えている (McKinsey & Co., 1993)。

　品質と技術の卓越性を高めることはボーングローバルが世界中のニッチ市場に訴求する製品を開発するのを支援することになる。Rennie (1993) はオーストラリアのボーングローバルが独自の技術と高品質の製品を活用して成功しているのを発見した。グローバルな技術的リーダーシップ、ユニークな製品のポジショニング、品質重視を組み合わせた役割は、次のことを意味している。すなわち、知識開発、R & D、革新性および製品ベースの差別化と関連した上流の組織活動は、ボーングローバルが国際的に成功するためのポジショニングにおいて重要な役割を演じるということである。国際マーケティングを成功させるための数多くの方法があるが、優れたユニークな製品を開発する優れた能力がBGCにとって特に重要であるようにみえる。

　国際化企業は適切な市場参入形態を選択しなければならない。小規模企業が限定的な資源しか持たないことを考慮すると、海外直接投資のようなコストがかかる外国市場への参入形態をとることはできないかもしれない。その結果、伝統的な多国籍企業と比較して、新興の資源不足の企業は最初の参入形態として輸出を好む傾向がある。輸出は外国市場における取引に対して相当の柔軟性を提供する。柔軟性は、進化しつつある外国市場では重要な事項

であるが、アプローチを素早くコスト効率よく変更する能力を意味している。従って、ボーングローバルは典型的に彼らの主要な国際化形態として輸出を採用し、さらに多くの企業は外国の流通業者の能力を活用する才覚を発揮する。外国流通業者の能力の活用は外国流通業者がボーングローバルのために注力する成果が最大になることを目的とした取り組みを意味する。

　国際マーケティングの環境は独特の問題、不確実性、そしてリスクを含んでおり、それらの多くは現地の市場知識や外国仲介業のマーケティング・スキルの活用により克服できるものである（例、Freeman, et al., 2006）。流通パートナーたちは下流のプロモーション、価格づけ、顧客関係活動を実施する。国際市場においては、強力な流通が、多分、企業の下流のプロモーション、価格づけ、顧客関係活動を実施するための最も重要な手段である。ボーングローバルの外国流通業者との関係は重要な資源である。なぜなら、それは所与の顧客基盤へ市場製品を効果的かつ効率的に供給するその企業の能力に貢献するからである。

　産業のネットワークは、顧客が消費する製品やサービスへと資源を転換する際に重要な役割を演ずる多数の相互に関連し合う企業や個人によって特徴づけられる。幾人かの研究者は、初期国際化を促進し外国市場で成功を収めるために、ボーングローバルは典型的にネットワーキング・ケイパビリティを活用していることに注目している（例、Bell, 1995；Coviello & Munro, 1995；Rasmussen, et al., 2001）。資源に限界があるため、ボーングローバルは、それらがビジネスを行っている市場において大規模なライバル企業の競争的活動や他の予期せぬ出来事に対して比較的に弱みを持っている。国際的成果を達成するために、それらはしばしば補完的な資源を持つパートナーとの協働を求めることになる（Oviatt & McDougall, 1994；Rasmussen, et al., 2001）。ネットワーク関係は、国際市場につきもののリスクと不確実性の軽減に貢献する情報の獲得と同様に、機会の発見と主要資源の蓄積にも役に立ちうる（例、Selnes & Sallis, 2003；Nerkar & Paruchuri, 2005）。ネットワーク関係は小規模企業が「資源の貧しさ」に打ち勝つのを支援する（Rasmussen, et al., 2001）。多くの

ボーングローバルは外国参入の成功の確率を増大させるためにパートナーの資源を活用する。また、提携型ベンチャーは資本の注入を行うことができる。例えば、上海に基盤を置く Tri Star International はアメリカ企業の Adams Pressed Metals（トラクターや他の土地造成車両の部品を生産する小規模製造業者）から過半数の株式を取得した。協力関係によって、Adams は必要な資本を獲得し、Tri Star はアメリカ市場への参入の仕方とマーケティング・ノウハウを獲得することができた。

（3）伝統的国際化理論への挑戦

ボーングローバルの出現は部分的にはグローバル・スタートアップ企業の普及により、また部分的には定着していた国際化理論への挑戦により国際ビジネスの分野にある程度の緊張をもたらしてきた。よく知られた2つの研究学派、ウプサラ・モデル（Johanson & Vahlne, 1977）およびイノベーション・モデル（Bilkey & Tesar, 1977；Cavusgil, 1980；Reid, 1981）において、彼らは、国際化は一連の段階を経て進展する漸進的なプロセスであるという。ウプサラ・モデルは外国市場に関する経験的知識の獲得と徐々にそれへの参画の程度を拡大することによる、漸進的な国際化を主張する。この観点によれば、企業は文化的に同じ市場をターゲットとするし、十分な関係する知識が蓄積されるまでは付加的な資源をつぎ込むことはないであろう。そのような学習には時間がかかるので、国際化はゆっくりとしたプロセスで進むと思われている。次に、知識が獲得されると、資源への関わりは、十分な戦略的意図がない場合でも、ほとんど絶え間なく増加するといわれている（Johanson & Vahlne, 1977）。

ウプサラ・モデルと同様に、イノベーション・モデルも、国際化を関連の知識や経験を徐々に獲得しながら漸進的に進展するものとして描いている（Bilkey & Tesar, 1977；Cavusgil, 1980；Reid, 1981）。この緩慢さは関連の知識や市場情報を素早く獲得することができない経営者の無能ぶりを反映している（Cavusgil, 1980）。ウプサラ・モデルとイノベーション・モデルの両方において、

国際化は一連の漸進的段階として発生することを暗示している。両者の研究は行動的に志向されており、国際化の遅くて漸進的な性質は次の2つの要素に起因していると考えられる。①企業による市場知識の欠如、特に経験的知識に関して、②一連の国際化を意思決定する際の不確実性である。

いくつかの研究では、新しいベンチャーはウプサラ・モデルによって解説されている遅いプロセスとは一致しないやり方で、創業後急速に国際化することができることを示唆している（例、Bell, 1995；Knight & Cavusgil, 1996；Madsen & Servais, 1997）。Oviatt & McDougall (1994) は、BGCはしばしば設立当初から国際化ビジョンを持ち、強力なネットワークを通じて市場に革新的製品やサービスを提供し、国際的成長に焦点を置いた厳格に管理された組織であることを明らかにしている。彼らは伝統的な国際化の理論ではBGCの出現を説明できないことを示唆した最初の人たちであった。Bell (1995) は、伝統的国際化理論ではボーングローバルの早期国際化の拡大を説明できないと結論づけ、小規模企業の頻繁な非線形型の外国への展開をよりうまく説明するためにネットワーク・アプローチを用いることを呼びかけたのである。Knight & Cavusgil (1996) もまた伝統的国際化理論はBGCを適切に説明できないと主張した。

多くの企業にとって国際化の最初の段階は次のいくつかの国際的拡大形態のうちの一つになるかもしれない（例、Nordstrom, 1991）。例えば、最初の海外売上は合弁事業または国際ネットワーク関連を通じて発生するかもしれない。企業は、最初に輸出業者になるのではなく、海外での技術供与、製造、または直接に組立方式を実行するかもしれない（Knight & Cavusgil, 2004；Nordstrom, 1991；Reid, 1981）。多くの企業は海外で直接投資を急速に展開している。中でもボーングローバルは外国市場での拡大を非常に素早く行うことができることを示している。

ウプサラ・モデルが確立した連鎖モデルでは国際化は国際化に関係ない状態から輸出へ、さらに現地生産へと体系的に進展すると考えられているが、実際には、ボーングローバルはさまざまな参入オプションを選択し、場合に

よってはそれらを同時的に採用することになるかもしれない。例えば、国際化モードにはアウトソーシング、インターネットを通じた直接販売、さらには複雑な国際合弁事業が含まれるかもしれない。

　グローバル化と多くの貿易ブロック圏の創造により国内、地域、グローバル市場の境界は明確でなくなった。ウプサラ研究は国際市場への参入を推進する主要要因として国際起業家精神のような企業生成に関わる要素の役割を捉えていない（例、Oviatt & McDougall, 2005）。

　また、伝統的な理論では国際化はしばしば計画化されたものではないことを示唆している。しかしながら、経営の優れた企業は外国市場における多様な状況や不測の出来事を考慮に入れた注意深い戦略計画を採用している。経営者たちは国際的拡大において次第に計画策定を強調している。彼らはそれに関わる要素として、企業の資源、製品タイプ、製品ライフ・サイクル、外国での機会の性質、さらには国内外での需要のバランスのとり方などを取り上げている。企業内外の多くの変数に直面してなされた各意思決定は、国際化プロセスを促進するに当たり異なった意味合いをもたらすことになる。国際化が進展するにつれて、企業は、しばしばいくつかの特徴のあるプロジェクトを同時的に横断して、それぞれの事業において進展しつつある状況に適応する。特に、海外への拡大モードは、一度始まれば、おしまいでもなければ、不可逆的なものでもない。

　他の要素も早期国際化企業の増加傾向を暗示している。広範囲な国際的活動で特徴のあるオランダ、シンガポール、アラブ首長国連邦のような国々においては、「国際化の文化」が出現しており、その中では国際ビジネスに関する専門知識がより広範囲に広がっている。技術はボーングローバルの出現において主要な役割を演じてきた。インターネットのような技術は地球を横断して何百万人、何千万人もの人々を結びつけている。1990年代のドット・コムブームは光ファイバーの遠隔通信に巨大な投資をもたらした。今日、広範囲なさまざまな製品やサービスがオンライン市場で取引されている。声、データ、イメージの送信は基本的には無料である。インターネットとe-メー

ルの広範囲な有用性は企業の国際化に費用効果をもたらした。検索エンジン、データベース、参照ガイド、さらに数えきれないほどの政府および民間のサポートシステムは、経営者が国際化に成功するための知識や技能を最大限に身につけるのを支援している（Cavusgil, 2002；Friedman, 2005；Wymbs, 2000）。

インターネットは、それがなければ国際化の資源が不足していた企業にグローバルなマーケットプレイスを開設させた。ウエッブ上に所在を決めることにより、小規模企業でさえも多国籍企業となる最初のステップを踏み出すことになる。情報の入手可能性と品質の改善、より能率的なデータの伝送、主要市場の統合、さまざまな技術に対する迅速な改善と投資の増大、それらすべてが、迅速に国際化を実施して、多くの国を同時的に標的にする能力を増大する上でのポイントとなる（Cavusgil, 2002；Friedman, 2005）。多数のボーングローバルの出現は、特に国際ビジネスにおける伝統的な理論や枠組みに照らしてみると、重要な傾向を示している。

付記： 本章第1節は、Cavusgil & Knight（2009）の翻訳書（中村久人監訳、村瀬慶紀・萩原道雄訳〔2013〕『ボーングローバル企業論―新タイプの国際中小・ベンチャー企業の出現―』八千代出版）の第3章からの全面的な引用であり、第2節は同翻訳書第4章からの全面的な引用であることをお断りする。

◆参考文献
巻末の参考文献を参照

第 5 章

ボーングローバル企業の概念と新しい国際化アプローチ

　本章では、最近、北欧諸国やアメリカのシリコンバレーなど世界各国で数多くみられるようになったBGCの概念についてさらに考察したい。BGCは、ベンチャー・ビジネスとして創業期またはその後まもなく国際化プロセスが始まるので、これまでそのような零細・中小企業の国際化・グローバル化は企業の国際化プロセス論において対象外であったといえる。伝統的な企業の国際化プロセスでは、国内で長い期間事業活動を継続した後、メーカーであれば輸出や技術供与の期間を経た後、直接投資によって現地生産やR＆Dを展開するというのがオーソドックスな事業展開のプロセスであった。これまで創業と同時にあるいは遅くとも2、3年以内に海外事業を展開するようなベンチャー・ビジネスや中小企業の国際化は例外であり、一般的な企業国際化プロセスあるいは海外市場参入の時間軸としては考察の域を超えるものであった。

　BGCの国際化アプローチについては、すでに第4章の文献レビューにおいて7つのアプローチを紹介したが、本章ではこのうちICTの役割と関連するネットワーク・アプローチ、さらには再度資源アプローチを取り上げた後、国際的起業家精神（志向）アプローチおよびメタナショナル経営論の観点から、BGCの概念について再度本格的な解明を行いたい。本章では「ボーングローバル現象」が生じている理由として、1つには国際ICTの発展に伴うインターネットの普及がベンチャー・ビジネスをグローバル化させる一大要因であると考察するので、ネットワーク・アプローチについて検討する。第2に、BGCがいきなり輸出、技術供与、現地生産やR＆Dといった国際

的事業活動を開始できるのは、伝統的な国際化プロセスでは蓄積できなかった持続可能な競争優位性としての何らかのコンピタンスが資源ベースとして構築されるためではないかと考えるので、再度資源ベース論を拠り所に検証してみたい。さらには、第4章では取り上げなかったが、近年のBGCの出現には起業家精神を有する国際的なアントレプレナーに負うところが大きいと思われるので国際的起業家精神アプローチからの観点についても検討したい。さらには、企業規模は違ってもBGCとの共通点が多いメタナショナル企業経営の観点をBGC解明の糸口としたい。

1. ボーングローバル企業の概念

企業の国際化プロセスについては、これまで長期間の国内事業の後、国際貿易（輸出）や技術供与の段階を経て、最後に海外直接投資（現地生産や現地でのR＆D）に向かうという漸進的・連続的・段階的な国際化の展開プロセスが伝統的な国際化プロセス論（ウプサラ・モデル〔Johanson & Vahlne, 1990〕やルートの国際市場参入戦略〔Root, 1982〕など）として支配的であった。

しかし、1990年代初頭より漸進的・連続的・段階的な国際化プロセスによらない企業の国際化活動を対象とした研究が出現するようになった。すなわち、起業時からすぐさま海外市場に参入したり、あるいは同時に多数の諸外国に参入したり、以前経験もないのに合弁会社を形成するなどの国際的な活動を展開する多くの企業の例が報告されるようになった。

そのような企業は、国際ニュー・ベンチャー（International New Venture）（Oviatt & McDougall, 1994；Sasi & Arenius, 2007, 2008）、ハイテク・スタートアップ（High Technology Start-Ups）（Jolly, et al., 1992）、さらにはボーン・グローバルズ（Born Globals）（McKinsey & Co., 1993；Knight & Cavusgil, 1996；Madsen & Servais, 1997；Rasmussen & Madsen, 2002；Autio, et al., 2002；Sharma & Blomstermo, 2003）、ボーングローバル・カンパニー（Born Global Company）（Lummaa, 2002）あるいはボーングローバル・ファーム（Born Global Firm）（Almor & Hashai, 2002；

Holtbrügge & Enßlinger, 2005) などさまざまな名称で呼ばれているが、これまでみてきたように本章ではボーングローバル企業 (BGC) の名称に従うことにする。

こうした新しい形の企業の国際化が出現している理由として、市場の状況がよりグローバル化してきたこと、輸送やコミュニケーションの技術に関する新しい展開がみられること、国際的な経験を積んだ人が増加してきたことなどが考えられる (Rasmussen & Madsen, 2002)。何人かの論者 (Knight & Cavusgil, 1996 ; Oviatt & McDougall, 1994) は、これらの現象を実証的に検討することによって伝統的理論に代わって新しい理論を要求する挑戦状を突きつけているが、他方では、そのような企業があからさまに異なった行動パターンをとっているとしても、より基本的なプロセスに関しては他の企業と必ずしも違っていないと主張する論者もいる (Madsen & Servais, 1997 ; Knudsen, et al., 2002)。

BGC の概念は、既述のように 90 年代初頭にオーストラリアのマッキンゼー社の報告書の中で使われ、その後例えばインターナショナル・ニュー・ベンチャーズ (McDougall, et al., 1994) のような他の類似概念とともに利用され議論されてきた。

著者は今やこれまでの複数の研究を評価し、それらが企業の国際化プロセスに関してどのような新しい洞察をもたらしているのか議論すべき時期が到来したと考える。

理論的かつ実証的に、BGC の概念が新しい瓶に古いワインを入れただけなのか、これまでみたことのない真に新しい形態の国際的企業の出現なのか議論する必要がある。ある特定の国際化度が高い企業グループを分離してそれらに BGC の名称を与えるとき、これらの企業の行動を残りの企業と比較してより理解がしやすくなるであろうか。換言すれば、BGC (および他の類似企業) は他の形態の国際的企業と本当に違いがあるのであろうか。もしあるなら、それらは他の国際志向の企業とどのように異なっているのであろうか。これらの質問に答えるためには BGC や他の類似企業とその他の形態の国際企業の研究について今一度歴史的に振り返ることが必要である。

BGC の概念は経営コンサルタントのマッキンゼー社がオーストラリア製造業協議会に提出した報告書の中で使われたものである（McKinsey & Co., 1993；Rennie, 1993）。さらに、Cavusgil は BGC についての学術論文の中で、オーストラリアでは実質的に国の輸出資本に貢献している新しい種類の輸出企業が出現しており、その出現は、「スモール・イズ・ビューティフル」および「漸進的な国際化の時代は終わった」という2つの基本的な現象を反映していると述べている（Cavusgil, 1994）。

　上記の報告書はオーストラリアの中小規模メーカーの中の新興輸出企業の分析である。これらの新しい形態の輸出企業の特徴は輸出や外国市場を必要悪とみているのではなく、世界を一つの大きな市場とみていることである。その報告書で分析対象になった輸出企業の約4分の1をボーン・グローバルズと呼んでいる。典型的に、この形態の企業は創業後2年以内に輸出を開始している。それらの企業はみな若い企業であるが同国の輸出総額の約20%を担っていた。オーストラリアのそれらの BGC のいくつかはハイテク企業であるが、ほとんどは既存の技術を利用していた。また BGC は同国の他の産業より高い成長率を有しており、母国市場での売上高に比べて輸出が大きな比重を占めていた。この BGC 現象の一つの大きな特徴は、国際化に対する経営者の関与度合いの高さである。また、もう一つの特徴は、カスタマイズされた製品の開発ではなく、例えばグローバルなニッチ市場において生産とマーケティングを標準化する企業の能力である。

　上記報告書から漸進的な国際化の時代は終わったと解釈した Cavusgil は、今日では零細企業でさえ輸出市場の情報にアクセスでき、創業時からすぐ輸出を開始できるようになったと述べている。

　次に、BGC の類似概念についてもみてみよう。BGC 概念が導入される以前から急速な国際化を伴う企業についての議論は行われていた。それらは企業国際化の「段階モデル」を出発点とする研究が多かった。これらの議論では企業が古典的な段階モデルでの段階を飛び越える状態を表すのに「蛙跳び」という言葉が使われた（Hedlund & Kverneland, 1985）。問題はこのことが BGC

のすべての企業に当てはまるのか、それともハイテク企業にだけいえることなのかである。

　1980年代においても少数ではあるが、創業からすぐに国際化を志向する企業があることを示す実証研究がある。Ganitsky(1989)はそれらの企業を「養子縁組した輸出企業」という名称に対抗して「生れながらの輸出企業 (innate exporters)」と呼んだ。これらの企業は明らかに経営においてより弾力的であり、国際化の展望の程度がより大きいものであった。他方、それらは経験や資源の不足のために成長が制限されることが多かった。こうしたテーマを扱った初期の論文として、ハイテク企業のいくつかの事例を取り上げた研究もある (Jolly, et al., 1992)。それらの企業はハイテク・スタートアップと呼ばれ、極端な例かもしれないが、その事例研究から何らかの一般化が引き出せるのかどうか検討が必要である。これらの事例企業にみられる特徴は複数国出身者が創設者であること、国際的なニッチ市場に向けた戦略に従っていることである。これらの企業はハイテク製品を生産しているため創業時からすぐ国際企業になる必要があるのかもしれない。

　1990年代半ばまでは早急な国際化を伴う企業の研究は、ハイテク企業についてのいくつかの事例研究や既述のようなオーストラリアでの大規模な調査などが特徴的であった。より綿密で実証的でかつ理論的な研究は、特にそれらの企業の性質と類型に関しては、不十分であった。この流れを変えたのはこの形態の企業を「国際ニュー・ベンチャー (INV)」と呼んだMcDougall & Oviattの研究であった (McDougall, et al., 1994 ; Oviatt & McDougall, 1994, 1995, 1997)。彼らはINVを、創業時からすぐに複数国の資源（原材料、ヒト、資金、時間など）を使って複数国でその製品を販売することにより強力な競争優位を求める企業と定義している。彼らの論文展開の目的は、起業家精神についての既存の理論と多数の事例研究を組み合わせて国際ニュー・ベンチャーの理論を構築することであった。彼らはその定義をより具体的に提示するために、補完的な定義によってではなく、いくつかのバリューチェーン活動と関与する国の数との関係で企業の類型を創り上げている（図5-1参照）。

	国を横断する調整活動の回数 少	新しい国際市場の創造者	
バリューチェーン活動の調整		輸出／輸入スタートアップ Ⅰ	多国籍貿易業者 Ⅱ
		地理的に絞ったスタートアップ Ⅲ	グローバル・スタートアップ Ⅳ
	国を横断する調整活動の回数 多	少　関与国の数　多	

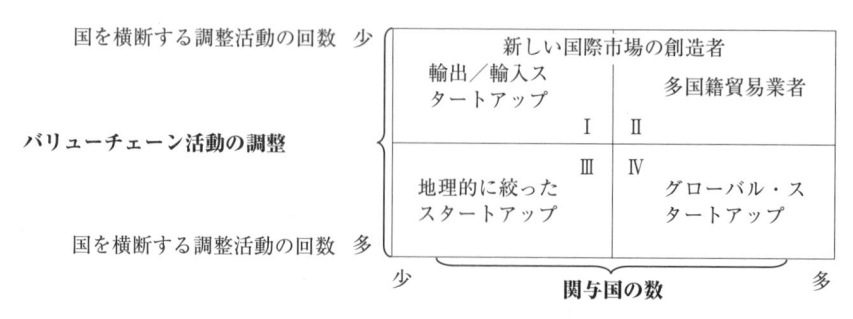

図 5-1　国際ニュー・ベンチャーの類型
出所）Oviatt & McDougall（1994：p. 59）

　図 5-1 の国際ニュー・ベンチャーの類型によって、これまで研究されてきたそれぞれの企業形態の違いを正確に区別することが可能である。まず、輸出入とも行っている伝統的な企業形態である「新しい国際市場の創造者」（ⅠおよびⅡ）が存在する。それら企業の最も重要な競争優位はロジスティックスについての知識である。それらは新しい市場を作り出すために生産コストと市場価格における諸国間の不均衡を利用する。それらは多数の国においてビジネス・コンタクトの大きなネットワークを通じて事業を行うことが多い。
　次の企業形態は、「地理的に絞ったスタートアップ」であり、世界の中で比較的狭い範囲に市場を絞って非常に特殊な顧客のニーズを満たすことで競争優位を獲得する企業である。これらの企業の競争優位は、典型的に技術発展、知識、生産等に関して多数のバリューチェーンを調整することから生じてくる。この調整はしばしば社会的に複雑であり、関与する知識が暗黙知的であるため真似るのが難しいものである。さらにそのネットワークと関係は外部に対して閉鎖的であり、従って知識は保護されている。
　最後の「グローバル・スタートアップ」が最も過激な新しい国際的企業である。これらの企業は国や地域を横断してほとんどの企業活動の調整を行う。それらは単にグローバル市場での可能性に反応するだけでなく、非常に積極的に資源や市場に対してグローバル規模でアクセスを行う。
　以上、図 5-1 によって、Oviatt と McDougall は、BGC あるいは国際

ニュー・ベンチャーの意味・内容についてより明確な姿を示すことに成功している。

1990年代における新生企業の急速な国際化現象についての研究の一例として、Bell（1995）がある。これは理論的には段階モデルから出発してフィンランド、アイルランド、ノールウェーの小規模コンピュータ・ソフトウェア企業を研究している。結果は、そのうち30%から50%の企業が伝統的なモデルが示した段階を踏襲していなかった。その理由として、その企業が海外の顧客に従う必要があったこと、非常に特別なニッチあるいはセクターで仕事を行っていること、ソフトウェアの主要な市場がドイツ、イギリス、アメリカであること、などであった。調査対象になったほとんどの企業は、海外ではエージェントを通じて仕事をしており、他の市場参入モードで進出する意図を持っていなかった。

ボーングローバルという言葉は、Knight & Cavusgil（1996）の中で、初めて学問的な刊行物として詳細に検討されている。彼らは、BGCを、①創業から3年以内に外国市場で最初の製品を販売し、②母国市場の外で売上高の少なくとも25%を挙げている企業、と定義している。また、この論文では、BGCの存在理由についての議論が理論的に行われている点で興味深い。

しかしながら、現時点ではBGCについての統一された絶対的な定義は存在しない。任意の基準に基づいてそれぞれの研究者や機関が独自に設定しているのが現実である。特に異なる点は創業から国際化が開始されるまでのタイムラグ（期間）である。マッキンゼー社では創業から2年以内に国際化に着手した企業をBGCとしている（McKinsey & Co., 1993）。他に創業から国際化までの期間を6年（Zahra, Ireland & Hitt, 2000）、7年（Jolly, Alahuhta & Jeannet, 1992）、あるいは8年（McDougall, Shane & Oviatt, 1994）と設定しており、基準は相対的なもので絶対的なものではない。しかし、国によって、また業界によってベンチャーを創業し国際化に乗り出すまでの期間の長短は異なると思われる。例えば、同じ知識産業でもアメリカのシリコンバレーで起業するのと日本で起業するのとでは、アメリカで起業する方が時間がかからないとい

えるであろう。

　また、他の研究者は「輸出比率」、すなわち総売上高に対する輸出額の割合を基準としている。Knight & Cavusgil (1996) は輸出比率25％を基準として用いているが、75％という厳しい基準を設定している研究もある (McKinsey & Co., 1993)。換言すれば、タイムラグと輸出比率の双方を基準とした例では、「BGCは創業から3年以内に海外市場に進出し、最低25％の輸出比率を有する企業」(Knight & Cavusgil, 1996；Madsen, Rasmussen & Servais, 2000) あるいは「2年以内に海外進出し、75％の輸出比率を有する企業」と定義するものもある (McKinsey & Co., 1993)。

　さらに、ボーングローバルの定義に関する体系的な研究は、既述のMadsen & Servais が行っている。この研究では、増加しつつあるBGCの発展の背後にある趨勢についても検討している。特に、議論では創業者（および経営者）に焦点を当てている。理論的には、Johanson & Mattsson (1988) によるモデルに従って、BGCは「後発のスターター」または「特に国際的な企業」に該当するものが多いと述べている（表5-1参照）。彼らは段階モデルへの挑戦者とは一線を画し、段階モデルの背後にある理論が小規模企業の国際化を理解するのにも依然として利用可能であると主張している。

　また、国際市場への展開に際して重要なことは、海外の新市場に関するその企業にとっての不確実性である。この不確実性は輸出市場に関するその創業者や経営者の知識によって減じることができ、それによって企業は遠くの市場に蛙跳びすることができるのである。従って、蛙跳びのプロセスでは漸進的に進出する必要はない。伝統的な輸出企業とBGCとの違いはその創業者の経歴と市場の状況の違いからくるものである。特に、その企業の創

表5-1　国際化の状況

	市場の国際化度が低い	市場の国際化度が高い
企業の国際化度が低い	先発のスターター	後発のスターター
企業の国際化度が高い	孤立した国際化企業	特に国際的な企業

出所) Johanson & Mattsson (1988)

業者や経営者のこれまでの業界での経験、個人的関係、知識といったものがBGCの存在にとって重要になる。別の言い方をすれば、その企業の創業者がこれまで関わってきたネットワークに注目する必要がある。また、その時間軸は創業時点を遡って拡張してみるべきであろう（Madsen & Servais, 1997）。

2. ネットワーク・アプローチからみたBGC

　現代の企業は激しい環境変化やグローバル化にさらされており、ネットワーク組織という形態や仕組みはそうした状況に適合しやすいものである。特に、BGCがネットワークを利用すれば、大企業と似たような、グローバルな開発能力を持ったり、グローバルな生産・販売システムをつくったりすることが可能になってきた。BGCが、他の企業と連携して、製品開発を行ったり、インターネットを通じてそれを世界のパートナー企業に生産してもらったり、販売してもらったりすること、またそれらを効率的に管理することも可能である。

　既存の伝統的な大規模企業を改革するには、多くのしがらみや古い行動パターン、思考方法が残っており、改革に費やすエネルギーは膨大になってしまう。このことが、イノベーション競争において、ベンチャー企業や中小企業であるBGCにつけ入る隙を可能にさせることになる。

　ネットワーク組織は、大規模な縦型の官僚制組織とは異なり、柔軟で変革がしやすい組織形態である。さらに、ネットワーク組織の特徴としては、①階層がフラットで緩やかな水平的結合（ルース・カップリング）をしている、②従来の部門や組織の壁を越えて自律的な協働を行う、③組織の内外の人材、経営資源、情報などの利用が可能である、④市場や外部環境を基準にした意思決定を行う、⑤自己組織的な柔軟な変化（ゆらぎ）を行う、等が挙げられる（若林、2009）。

　BGCは、小規模なので一社単独では生き残りや成長が難しく、他の企業とのネットワークの形成が有益である。例えば、バイオ・テクノロジー分野

などの全く新しい事業や技術を開発しようとする BGC は、他の同様のベンチャー企業や中小企業、大企業、研究所、大学などとの連携を積極的に行いながら事業活動を行っている。そのような組織間のネットワークの形成は、必要な資源や情報、技術、人材、取引の獲得に重要な役割を果たしている。

また、今日ではベンチャー企業や中小企業である BGC が成功する領域が広がっている。バイオ・テクノロジー分野や ICT 分野などのハイテク関連企業だけでなく、例えばファッション産業などでもネットワークを利用して大規模企業の牙城に付け入ることが可能になっている。不足していて少量しか散在しない経営資源はネットワークを用いて動員する場合が多く、ネットワーク型の組織づくりが優位となる。

企業の国際化プロセスを考察するとき、次の理由からネットワーク・アプローチをとるのが有益である。ウプサラ・モデルもネットワーク・アプローチを考慮すべきであること、参加、知識、進行中の活動といった概念は企業内部だけでなく他の企業との協力関係のもとで学習する必要がある。このことは各企業が別々に分析することはできないのであって、その企業の現状と変化の側面は組織間関係の中で理解されなければならない。さらに、そのネットワークは一国内に限定されるのではなく、国境を越えて拡張されることになる。ネットワークの国際的拡張、調整、統合には国家間や製品間で違いがみられる。従って、実際のネットワークの国際化の程度は特定の企業の国際化プロセスに重大な影響を及ぼすことになる。そのようなプロセスは産業ネットワーク内でのその企業のポジションだけでなくその産業で確立されたネットワークに依存しながら、はるかに個別的なものになる。

国際化によって企業は次の3つの方法で他の諸国とのネットワークによりビジネス関係を展開していく。1つ目はその企業にとっては新しい国のネットワークで関係を樹立することによって、2つ目はその企業にはなじみのネットワークで関係を展開することによって、3つ目は他のネットワーク間の掛け橋としてその企業の既存の関係を用いて外国のネットワークと結合・統合することによって、それぞれ展開していく。Johanson & Mattsson（1988）

によれば、その会社の発展はあるネットワークでのその位置づけに大きく依存しており、さらに発展するためにはそのマーケット資産（位置づけ）を利用する。企業と市場の双方の国際化の特徴は、このプロセスに影響を与える。その企業のマーケット資産はそれが非常に国際的である場合、そうでない場合と比較して異なった構造を有することになろう。さらに、あるネットワークでの他の企業のマーケット資産はその市場の国際化度によって異なった構造を持つかもしれない。国際化度は一般的にその産業内での国境を越えた関係の範囲、強度、および統合の程度によって規定されている（中村、2010b）。

　これらの前提に基づいて、表5-1を展開したJohanson & Mattsson（1988）は、次のようなモデルを提示している。以下、BGCがこのネットワークモデルにいかにそしてなぜ適しているのか説明する。

　先発企業（early starter）の国際化プロセスを描くには、段階モデルが最も有効であることは疑いない。ネットワークは、地方であれ全国的であれ、国境を跨ぐ関係を持つものは非常に少ない。それは顧客の選好や行動が国境を越えると全く違っており、また商慣習においても然りである。国際化を望む企業にとっては、知覚される不確実性の程度は高いが市場特殊的な知識の程度は低い。誰も真の国際的経験を有していないので市場についての知識を「買う」ことは困難である。それゆえ、経験的学習が重要になり、従ってゆっくりとした漸進的な国際化パターンが一般的であり、恐らく経済的にも妥当である。

　これに対して、後発企業（late starter）では状況は大変異なっている。国境を越えるネットワークはすでに十分確立されている。そのようなネットワーク内にポジションを持つことは市場において活動するためのある種の前提条件である。恐らくすべてのサプライヤーが参入し強力なプレーヤーになることを望んでいるリード市場において最強になるためには尚更である。国際化度の高い市場では、企業は全国ネットでのポジションを通じて外国市場に「引きずり込まれる」ことが多い。例えば、Andersen, et al.（1995）では、サブコントラクターの国際化プロセスにおいて次のような例を紹介している。

サブコントラクターは国内の顧客に従ったり外国のシステムサプライヤーと協力したりするために従来からのやり方ではない方法で国際化していくことが多い。BGC の国際化パターンに非常に似ているもう一つの例は、多国籍企業のサプライ・チェーンでの統合を通じて国際化を図っているサブコントラクターにみられる。どの場合も、個々の企業の国際化プロセスは孤立した状態ではない。企業が活動している全体の価値システム（あるいはネットワーク）を理解することが必要である。

Johanson & Mattsson (1988) では、企業国際化プロセスは国際化された市場状況の中でさらに速くなり、とりわけ国境を越えた調整や統合の必要性が高まると述べている。さらに戦略的提携や合弁事業の増加によって、企業は補完的なスキルや資源を持つパートナーを求めるようになっている。換言すれば、企業の国際化プロセスは国際市場において以前よりはるかに個別的で状況特殊的になっていくであろう。

明らかに、「後発企業」と「特に国際的な企業」はBGCの状況に非常によく似ている。従って、国際化プロセスに対するネットワーク・アプローチはBGCを分析する際に大変役立つアプローチになりうる。さらに、ネットワーク・アプローチでは企業の現在の活動や決定は、当該企業の過去の経験や活動に大きく依存していることを強調している。従って、BGCもその社歴によって規定されているといえるかもしれない。

国際化に関するネットワーク・アプローチによれば、ネットワークは信頼とコミットメントの程度を増加させながらゆっくりと創造されるものである。国際化プロセスにおいては非常に重要な3つの事項がある。まず、企業はネットワークの単なる傍観者ではなくそれに参加しインサイダーになる必要があること。第2に、資源はこれらの関係に投資されるのであり、海外市場への参入は一つの投資プロセスであり、継続的な資源共有のプロセスである。第3に、ネットワークでの存在は戦略的に重要であり、ビジネス・チャンスはメンバーになることから発生する。

BGC のネットワークはこれまで国際化のネットワーク・アプローチで想

定されてきたものよりオープンで弾力的なものである。そして BGC の急速な国際化を可能にする要素として次の 5 つのネットワークに関連した特徴を挙げることができる。

第 1 に、BGC は元もと国際化するのにそれらが持つ社会的な関係を利用しているということ。それらは BGC の創業者の特殊な個人的関係であり、彼らの国際企業での学習あるいは仕事の中で作り上げられたものである。調査によれば外国市場でのチャンスの意識は社会的な絆を通じて獲得されるものである (Crick & Jones, 2000)。社会資本理論によれば必要な資源へのアクセスを可能にし、新規性や異質性の不利を軽減するのは社会的諸関係であると述べている。

第 2 に、BGC は国際化のためにまずは既存の繋がりやネットワークを利用するということ。国際化におけるネットワーク・アプローチの出発点は、国内にせよ海外にせよ市場で地位を確立するには、既存の関係を壊したり新しい関係を加えることにより、市場において地位を確立している。調査によれば、いくつかの BGC は以前に国際的なビジネスの経験を持つ起業家により創業されており、彼らはその経験を生かして創業後に国際的な顧客やコンタクト先のネットワークを開発している (Crick & Jones, 2000)。

第 3 に、新しい繋がりやネットワークを構築するとき BGC は既存の繋がりに大きく依存するということ。既存の繋がりを利用することによって魅力のある交流パートナーを見つけるための企業の探索費用を軽減する。また、BGC は既存の繋がりを構築することにより、それらの魅力を増大させ新しい関係をより速く築くことができる。このことは社会関係的にもいえることであり、以前の繋がりが将来の繋がりを決定するという意味において、その「経路依存性」(path dependency) について議論されてきた (Gulati, 1995 ; Walker, et al., 1997)。

第 4 に、ネットワークを構築するとき、BGC は国内市場ではなく国際的な繋がりやネットワークに焦点を当てるということ。Larson & Starr (1993) では、起業家がどのようにしてある関係を選択し、他の関係を切り落として

いくか解明している。そこでは起業家は資源を評価し獲得するのに日和見的に行動することが示されている。彼らは自分たちの個人的な一次元の関係をビジネス・ネットワークの中の多次元の関係に発展させている。

　第5に、国際化におけるネットワーク論では、BGCの国際的な繋がりはまだ日が浅くネットワークを通じた取引に投資する資源も十分でないので基本的に脆弱である (Sharma & Blomstermo, 2003)。BGCは新しい繋がりの構築よりむしろ既存の繋がりに依存しているので、それらの国際的な繋がりは信頼とコミットメントによって特徴づけられる。強力なネットワークでの繋がりは収用などのリスクを軽減し情報や資源配分を増加させる傾向がある (Sasi & Arenius, 2007)。

　ネットワーク・アプローチは知識の蓄積と利用に関して企業間の重要性を強調する。また、研究者たちはネットワークの繋がりが企業の学習や国際化行動に与える影響を強調している。さらに、企業ネットワークの繋がりは企業特殊的であり、模倣するのが難しく、次の3つの局面に関わることになる。すなわち、①その企業に入手可能な情報、②それを手に入れるタイミング、③自社の紹介状の働き、である。まず、ネットワークは企業にとって市場で起こっていることについての情報の源である。同じ情報がその市場のすべての企業に利用可能なわけではない。2つ目に繋がりは特定の情報がある特定の企業に到達するタイミングに影響を及ぼす。最後に、ネットワークの中で中心に位置する企業ほど、より多くの、よりよい知識をそれらの競争相手に比べて早期に受け取るのである。このことは企業の国際化プロセスに影響を与えることになろう。

　その繋がりは強い場合も弱い場合もあるだろう。繋がりの強さは、時間量、感情的強度、親密さ、相互依存のサービスなどの結合物として規定されよう。繋がりは時間量、感情的強度、親密さ、相互依存性が低いほど弱くなる。ここで注目すべきは、数多くの弱い繋がりを持つ企業は強い繋がりを有する企業よりも優位性を享受できる場合があることである (Sharma & Blomstermo, 2003)。

まず、数多くの弱い繋がりを維持する企業の方が多くの強い繋がりを有する企業よりコストの面で有利な立場にある。強力な繋がりは企業間のタイトな統合が必要であり、維持するコストが高くつく。第2に、弱い繋がりは強い繋がりより新鮮な知識を供給する。弱い繋がりで結びついている企業の知識は強い繋がりのそれよりも類似点が少ない。強い繋がりの中にいる企業はお互いに類似の知識ベースを採用し開発することになる。第3に、弱い繋がりは企業間が分離している（de-coupling）ことを意味しており、このことは企業の適応行動に対する制限が少ないことになる。弱い繋がりの中にいる企業は新しい知識を探索し、より大きな自治を享受し、適応するのに有利な地位にある。強力な繋がりは企業の知識ベースの適応的対応を制限することになるかもしれない。従って、多数の弱い繋がりを持っている企業は数少ない顧客のニーズに対してカスタマイズ度の高い製品やサービスを開発するかもしれない。製品やサービスが標準化され、アフターサービスの必要性が少なくなるにつれて少数の顧客についての専門的な知識が必要になる。

　組織のネットワーク分析は、組織間関係に対する新たな見方や発見を提供している。まず、企業間ネットワークにおける「中心性の概念」に基づき、取引ネットワークや企業間ネットワークの中心にいる企業は大きな競争優位や権力を持つと考えられている。次に、凝集的なネットワークは、信頼関係が発達しやすく、技術や情報の共有、そして組織活動の改善には効果的であるとされている。これらは「強い紐帯の強み」である。

　他方、「近年有力になっているのは、ネットワークの中で、分断されているグループや組織をうまく媒介するブローカー的な立場に立つ個人や組織は、イノベーションや競争において有利であるとする知見である。そうした立場にある企業は、他の企業では手に入らない新規で異質な情報や資源を幅広く獲得しやすいので、画期的なイノベーションを行ったり、新たなビジネスモデルのシーズを得やすかったりする」（若林、2009）。いわゆる「弱い紐帯の強み」である。

　弱い紐帯の強みについては、Granovetter（1974, 1985, 1992）が、転職の際

には普段は薄い付き合いである弱い紐帯からもたらされる情報が実際には効果的であることを明らかにしている。彼は薄くて間接的なネットワークからもたらされる採用情報が、よい仕事であったり、よい条件であったりする場合があり、実際の求職者と採用者のマッチングに効果的であることを見出している。

Burt (1992, 2004) は、Granovetter の「弱い紐帯の強み」をさらに発展させて、比較的接点のない下位ネットワーク同士を仲介するブローカー的立場が競争的優位性を得ることができるとし、これを「構造的空隙 (structural holes)」と呼んでいる。彼はそうした立場にいる管理者が、そうでない管理者よりビジネス上有利な情報を得られるので、権力を獲得しやすくなり、昇進するケースが多いことを調査分析により明らかにしている。

弱い紐帯の強みや構造的空隙の例は、人的資源管理 (HRM) 分野が分析対象になっているが、これらの原理は BGC がなぜ伝統的な大規模企業との競争に伍していけるのかを説明しうる根拠として考察に値するものと考える。

3. 資源ベース論からみた BGC

BGC は限られた資源と少ない経営上の経験しか持たないのに、大規模多国籍企業に伍してグローバル規模でオペレーションを行い、市場での競争に勝ち残っているのは一体なぜであろうか。この問題に答えるためには、企業の持続的競争優位性の源泉を明らかにしてきた資源ベース論 (resource based view) を用いて分析することが有益であると考える。

国際ビジネスの理論分野でも、進出先国での立地特殊的優位性を利用してその企業の資源やケイパビリティを活用する方法を示すだけでなく (Trevino & Gross, 2002)、所有特殊的優位性を提供する資源やケイパビリティの性質を特定することによって資源ベース論が拡大的に利用されてきた (Peng, 2001)。

資源ベース論の学者たちは、企業の競争優位性は産業特性の違いによるよ

りも企業の特殊的資源やその応用から生じる異質性によって最もうまく説明が可能であると主張する。

　資源ベース論の特徴は、基本的に持続的競争優位性が企業の内部資源に根差しているとみていることである。そして持続的競争優位性の獲得には、経営資源の異質性と非移動性に注目する。具体的な資源特性として、①（その資源が）価値を有すること、②希少性があること、③模倣が不完全（困難）であること、④価値、希少性、模倣困難性を活用できる組織になっていること、を挙げている。①はそれを使って企業環境におけるチャンスをものにし脅威を無効にするという意味で価値があること、②は現在の企業間競争および潜在的競争において希少性があること、③は競合企業が模倣しようとしても完全にはできないこと、④は自社が保有する以上の資源を活用できるように組織化されていなければならないということである。

　企業の組織を構成する主要な要素として、公式の命令・報告系統、マネジメント・コントロール・システム、報酬体系などがある。これらの要素は単独では競争優位性を生み出す力が限定されているが、他の経営資源やケイパビリティと組み合わされたとき競争優位に繋がる力を発揮するのである。

　さらに、③については模倣困難性の内容として、次の4つを挙げている。①代替が利かないこと（非代替可能性）、②因果関係が曖昧であること、③社会的複雑性があること、④特許を保有すること、である（Barney, 1991, 2002）。①は類似の資源や他の資源では代替できないこと。②はアクションとその結果の関係が曖昧であること。つまり、企業の所有資源とその持続的競争優位性の関係が曖昧であるため、結局、模倣が困難となる。③は外部の企業がその資源を体系的に管理したりそれに影響を及ぼすことができない資源であり、例えば、企業内管理者の人的関係によって競争優位が生み出されている場合などである。④の特許は、模倣する際のコストが非常に大きくなると考えられるからである。

　従って、持続的競争優位性を構築する重要な鍵の一つは、競合企業からの模倣困難性であることがわかる。そしてこの理論では、経営資源の中でも目

にみえない技術、スキル、マネジメント・ノウハウなどの暗黙知をベースとした無形の資源を重視している。

しかしながら、資源の特性や条件は持続的競争優位性を生み出すための必要条件ではあるが十分条件ではあり得ない。持続的競争優位性を構築するには、資源特性を活用する能力（コンピタンス／ケイパビリティ）が重要である。ケイパビリティは望まれる結果に向けてリソースを配置する企業のキャパシティあるいは資源間の相互作用を通じて時間をかけて開発される企業特殊的能力と定義される（高井、2007）。

同じく資源ベース論に立ち、コア・コンピタンス概念を提唱する Hamel と Prahalad は、資源と市場との連動性を重視している。そして、コア・コンピタンスを獲得するための条件として、①顧客の市場価値に貢献、②競合他社の模倣困難性、③他の事業で利用可能、④他社より早い製品開発、を挙げている。彼らは、企業が持続的競争優位性を構築するためには、複数のイノベーションを連続的に組み合わせ、起こしていく組織能力の構築を重視する。

さて、問題はこうした資源ベース論が、大規模多国籍企業に比べて資源の限られている BGC に対して国際市場で生き残り成功するための理論的根拠を提供することができるのかということである。

資源といっても Barney（1991）によれば、企業が管理する、すべての資産、ケイパビリティ、組織プロセス、企業属性、情報に関する知識、などあらゆるものが網羅されている。さらに、市場ベース論の文献では、資源についてのさまざまな分類がみられる。まず、有形および無形の資産の区別、さらにこの２つの資源についてそれぞれ物的、組織的、社会的、人的、技術的、財務的、に分類されている。さらに、人的資源については、BGC にとって特別重要であるといわれているが、知識、ケイパビリティ、態度、個人的性格などに区分することが適当と思われる（Holtbrügge & Enßlinger, 2005）。

上記の緻密な資源の分類に従えば、BGC の急速な国際化の起動力と成功要因は、市場の状態と企業の有する資源が BGC の経営手段によってコント

ロールされるときに実現されることになる。市場の状態とは、国家特殊的要因（母国の特性：市場規模、競争の強度、および進出先国の特性：市場規模、市場の成長、顧客、市場リスク）と産業特殊的要因（知識の強度、技術の強度、製品ライフ・サイクルの期間、産業のグローバルな性質）に分類される。

　他方、企業の資源とは、組織の資源（企業の創業からの年数と規模など）、社会的資源（公式・非公式ネットワーク内の統合、母国政府の支援やコンサルティング）、人的資源（知識：国際的経験、ケイパビリティ：外国語の能力、態度：国際的なビジョン、ジオセントリックな経営視野、個人的性格：年齢、家族のバックグラウンド）、物的資源（優れた製品：品質、価格、デザイン、イメージ）、技術的資源（R＆D強度、イノベーション率）、財務的資源（借入資本へのアクセス、パートナーを組み入れる能力）などである。

　デンマークの知識・技術集約型産業（エレクトロニクス、工学、化学、薬学、メカニカル・エンジニアリング、バイオ・テクノロジー、テレコミュニケーション、マルチメディア、ソフトウェア、インターネットなど）に属するBGCを調査したHoltbrügge & Enßlinger（2005）によれば、市場の状態と企業が有する資源との関係でBGCの出現可能性について次のような仮説が設定され検証されている。

A：　母国市場での市場規模と競争の程度が小さければ小さいほど、BGCの出現可能性は高い。

B：　市場のチャンス（市場規模、市場の成長、顧客の重要性）が大きければ大きいほど、BGCの出現可能性は高い。

C：　知覚された市場リスクの程度が低ければ低いほど、BGCの出現可能性は高い。

D：　知識や技術の強度、産業のグローバルな性質が高ければ高いほど、BGCの出現可能性は高い。

E：　企業の規模が小さければ小さいほど、また創業からの年数が短かければ短かいほど、BGCの出現可能性は高い。

F：　企業やその創業者が公式および非公式のネットワークにうまく統合

されていればいるほど、BGCの出現可能性は高い。
G： 企業の創業者あるいはトップ・マネジメントチームの国際性（国際的経験、外国語の能力、家族のバックグラウンド、年齢）が高ければ高いほど、BGCの出現可能性は高い。
H： 製品の独占的優位性が高ければ高いほど、BGCの出現可能性は高い。
I： 企業のR＆D強度やイノベーション率が高ければ高いほど、BGCの出現可能性は高い。
J： 企業の財務的資源や借入資本へのアクセスがよければよいほど、BGCの出現可能性は高い。

特に、仮説Eについて付言すれば、先行研究では資源の中でも主に組織の資源（企業の創業からの年数や規模）が国際化の決定に影響を及ぼすとされてきた。企業の創業からの年数が長ければ国際化のスピード面で負の影響を受けるのであり、若い企業の方が古い企業より外国市場に速く参入できるというものである（McNaughton, 2000；Johanson, 2004）。その一つの理由は、資源ベース論の中核概念である経路依存性に求められる。若い企業は自由度の高い意思決定と行動ができるのであり、古い企業のように過去のしがらみに拘束されたり、急速な国際化の邪魔になるものがないのである。企業規模についても同様で、規模が大きいと弾力性や国際化のスピードに負の影響がでる（Stray, Brigewater & Murray, 2001）。

さらに、BGCの国際化の成功度に関して次のような仮説を設定し検証している。
A： 市場のチャンス（市場規模、市場の成長、顧客の重要性）が好ましければ好ましいほど、BGCの国際化の成功度は高くなる。
B： 進出先国での市場リスクが低ければ低いほど、また立地優位性が高ければ高いほど、BGCの国際化の成功度は高くなる。
C： BGCの年季が入りより規模が大きくなればなるほど、その国際化の成功度は高くなる。
D： BGCが公式および非公式ネットワークにうまく統合されればされ

るほど、その国際化の成功度は高くなる。
E：　BGCの創業者あるいはトップ・マネジメントチームの産業知識や国際性の程度が高ければ高いほど、その国際化の成功度は高くなる。

4．国際的起業家精神アプローチからみた BGC

　BGCは、「創業時から複数の国で資源を利用して製品を販売することにより相当な競争優位性を発揮しようとする企業」とも定義される（Oviatt & McDougall, 1994）。BGCの際立った特徴は、経営者がグローバルな世界に焦点を当てており、国際的活動にある種の資源を投入していることからもわかるように、それら企業の誕生のいきさつが国際的であるということである。ここでわれわれはその企業の規模ではなくそれが外国市場で事業を行う速さ（早期国際化）に注目する。母国で長年にわたって事業を行い、ついに国際貿易を行うようになり、さらに外国企業に対して技術供与や戦略的提携あるいは買収を行い、さらには合弁会社や完全所有子会社の設立などに進んでいく伝統的な国際化プロセスと比較して、BGCは創業時またはその後まもなく世界に対して「ボーダーレス」の考えを持って事業を開始し、海外に進出するために必要な戦略を展開することになる。注目すべきは、BGCの国際化現象のスピードの速さと創業時から国際ビジネスで優れた成果を上げるために採用されるアプローチにある（Cavusgil & Knight, 2009）。
　さて、これまで実務的に国際ビジネスと国内ビジネスは対極に位置し、国際ビジネスの領域は伝統的な大規模多国籍企業の「専売特許」であり、国内ビジネスのみがベンチャー・ビジネスに与えられた活動領域であった。しかし、近年国際的経験が豊富で起業家精神の旺盛な起業家がベンチャー・ビジネスや中小企業を起業・経営し、国際ビジネス活動に参画する機会が増えることにより、国際ビジネスとベンチャー・ビジネスを区分する境界線が払拭されたといっても過言ではない。これは国際ビジネスにおける画期的な出来事と考えられる。さらに、学問分野においても国際的起業家精神の研究

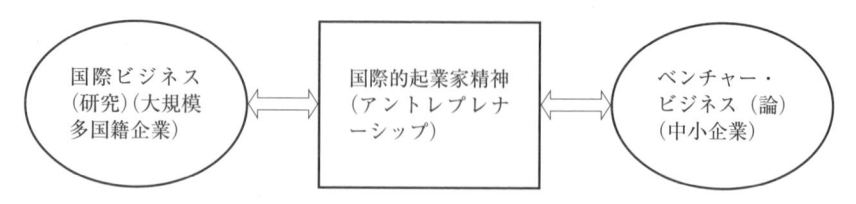

```
┌─────────┐       ┌─────────┐       ┌─────────┐
│ 国際ビジネス │       │ 国際的起業家 │       │ ベンチャー・ │
│ (研究)(大規模│ ◄───► │ 精神(アントレ│ ◄───► │ ビジネス (論)│
│ 多国籍企業)│       │ プレナーシップ)│       │ (中小企業) │
└─────────┘       └─────────┘       └─────────┘
```

図5-2　国際的起業家精神が国際ビジネスとベンチャー・ビジネスの仲介役
出所）著者作成

がベンチャー・ビジネス論と国際ビジネス研究を結びつけたのである（中村、2010a）（図5-2参照）。

McDougall & Oviatt (1997) は、国際的起業家精神を定義して、当初は「国境を越えるビジネス組織において価値創造や成長を目指す新しい革新的な活動」と述べていたが、その後、「国境を越える革新的行動、積極的行動、リスクを恐れない行動の組み合わせであり、組織内で価値の創造を目指す行動」と定義し直している（McDougall & Oviatt, 2000）。

さらに、2005年に彼らは再度定義を、「将来の財やサービスを創造するための、国境を越えた機会の発見、獲得、評価、活用」と再定義している。この定義は企業が入手可能な機会を強調したものといえよう。

また、他の学者たちは、「競争優位性の追求において、企業の国内市場の外に存在する機会を創造的に発見し利用するプロセス」と定義している（Zahra & George, 2002）。

このように、依然として国際的起業家精神の定義についての合意は難しさを残している。それは起業家精神の領域が他のイノベーション、変革的マネジメント、さらには戦略的マネジメントといった領域と重複するためである。

また、アメリカ経営学会の起業家精神部会によれば、「国際的起業家精神 (international entrepreneurship)」という言葉の意味・内容は、1990年代中葉でも進展しつつあったが、それが意味する領域は広がっており、最近ではその定義の国際的という部分に次第に深い考察が加えられてきている。この分野の研究では、国境を越える企業レベルでのビジネス活動が中心であり、ビジ

ネスと国際環境の関係に焦点を当てている。また、この研究には複数国における国内ビジネス活動との比較は含まれるが、非営利組織や政府組織の国際活動は含まれていない (McDougall & Oviatt, 2000)。

　BGC が出現した背景をみると、今日のグローバル化の進行、情報通信技術 (ICT) の進展 (特にインターネットの急速な発展)、国際ネットワークの発展などの要因が大きく関わっている。しかし、これらの要因に勝るとも劣らないほどに重要な要因として、豊富な国際的経験と知識を持ち起業家精神の旺盛な多数の起業家 (アントレプレナー) の出現を挙げることができよう。デンマークの BGC を調査した Holtbrügge & Enßlinger (2005) は、「企業の創業者あるいはトップ・マネジメントチームの国際性 (国際的経験、外国語の能力、家族のバックグラウンド、年齢) が高ければ高いほど、BGC の出現可能性が高い」と報告している。こうした国際的起業家精神を有する起業家によって既述のように大規模多国籍企業だけでなくベンチャー・ビジネスや中小企業としての BGC にも国際ビジネスへの道が開かれたのである。

　学問分野でも国際的起業家精神の出現は起業家精神と国際ビジネス研究の間の垣根を取り去ったのである。このことはさらに国際的起業家精神の研究がベンチャー・ビジネス論と国際ビジネス研究を結びつける結果となったのである。

　このように国際的起業家精神は一連の多方面にわたる研究を出現させたのである。Zahra & George (2002) は、国際的起業家精神の研究を2つの主要な流れに区分している。一つは、起業家に率いられた若いベンチャーが演じる国際的に増大しつつある役割の研究であり、もう一つはすでに名声が確立している企業の国際的な起業家活動の研究である。前者の流れは BGC の起業家活動を強調するものであり、後者は、十分に確立されている企業の国際活動における起業家志向を解明するものである。後者には国際市場における「国際イントラプレナーシップ (international intrapreneurship)」あるいは「コーポレート・アントレプレナーシップ (corporate entrepreneurship)」といった名称が与えられている。伝統的な大規模多国籍企業においても積極的に国際的

な機会を追求するための適切な組織文化、組織的態度および戦略を創造することによって国際的起業家精神を発揮することができよう。

　しかし、これまでBGCに焦点を当てた国際的起業家精神の検討は多くはなかった。これまでの研究では、一貫してそのような企業を規定する要因として規模や社歴を強調することはなかったといえよう。国際的な起業家行動は社歴の浅い企業にも古い企業にも起こり、小規模企業にも大規模企業にも同じように起こりうるものとして扱われてきた。既述のように大規模な名声が確立された企業で起こる起業家行動は「コーポレート・アントレプレナーシップ」といわれることが多かった。国際的な起業家行動は個人だけでなく、グループ、組織の各レベルでも生じうるものである（McDougall & Oviatt, 2000）。

　Jones & Coviello（2005）では、起業家精神と国際ビジネス双方の領域の文献の共通点についての深い理解に基づいて、国際的起業家精神の方向性を統合するための議論が展開されている。BGCの早急な国際化についての研究は起業家精神の分野から導入された概念やアイディアによって大いに裨益されるものがある。Jones & Coviello（2005）は、起業家精神と国際化を行動プロセスとみており、2つの主要なプロセス局面（時間と行動）と4つの重要な構成要素（起業家、当該企業、外的環境、および組織の成果）からなる起業家精神に関する国際化の一般モデルを開発している。現代の国際化は時間との関係で成果と出来事によって明らかにされる起業レベルの起業家精神に富んだ行動として認識されている。実に時間はBGCの研究において重要な局面といえるのである。

　国際的起業家精神のパラダイムの中で、BGCの早急な国際化と優れた業績をもたらす特性について研究がなされてきた。そのうち最も顕著な特性の一つは、BGCが国際活動において強力な起業家志向を示す傾向があるということである。特に、それらの企業は海外で比較的攻めの姿勢をとる経営者を有しており、国際的な機会の積極的な探査・追求を支援する組織文化を有する傾向がある。

こうした傾向は、その企業が競争的・戦略的な目標を達成するのに、革新的、積極的でリスクを恐れない行動をとることに反映されている。革新的側面では、当該企業が直面する課題に創造的・革新的解決法を通じて探求することになる。積極的側面は、企業目標の追求のために競争企業に対して攻めの姿勢をとることに関係している。BGC は海外市場において、ほとんど創業時点から率先して新しい機会の追求を行うので、文字通り積極的である。例えば、それは市場参入においても慣例にとらわれない方法で行うことを意味する。起業家志向のリスクを恐れない側面には、失敗すれば多大な出費となるが、大きなチャンスも得られるプロジェクトの計画や実行を含んでいる。未知の領域の事業には大きなリスクが伴うものだが、それは BGC の特徴の一つでもある。

　起業家志向は潜在的にはどんな企業にも適用可能であり、戦略的革新に役立つところの基本的姿勢である。起業家精神と戦略的活動の間、さらには起業家精神と企業業績の間にはともに正の相関関係があるという研究もある (Davis, et al., 1991；Covin & Slevin, 1991)。革新的、積極的でリスクを恐れない姿勢は、比較的資源が限られている BGC にとって必要なものである。

　複雑で急速に変化しているビジネス環境にあっては経営者が起業家志向を持つことで周到な戦略策定による対応が初めて可能になるだろう。起業家精神と企業の積極的な戦略的活動の間、および起業家精神と企業の業績の間には正の相関関係があるとの知見もある (Davis, et al., 1991)。大変な環境激変の時代には、経験豊富な経営者であれば高度なレベルの起業家精神を当該企業の製品—市場活動に投入することに賛成するであろうし、その戦略を革新し更新することによって新たな環境の変化に対応することを求めるであろう。例えば、環境が一層不確実になるにつれて、多くの企業はより市場志向になる。より競争が厳しい環境になれば、多くの経営者は競合企業の活動を出し抜いたり、機敏に反応することに神経を集中するようになる。

　企業が戦略を実行可能にするためには秩序と多様性の双方を必要とする。組織構造と計画設定は秩序を提供するが、必要な多様性を提供するのは起業

家精神に富んだ活動である。起業家精神に富んだ企業経営ではそうでない企業に比べて、業績の維持や改善のために戦略や戦術的作戦行動を策定し実施する傾向が強い。起業家志向を持つ企業では、既存のビジネスの拡大や社内開発を通じた多様化が、それを通じて積極的な機会の追求や問題解決を図る手段になる。起業家精神に富んだ活動は企業能力の限界を乗り越えて競合企業に打ち勝つ手段を提供することになる。起業家は継続的に新しい機会や問題を探索し、それらを扱う改善プロジェクトを率先して実施する。

中小企業（SME）の国際的起業家志向の概念モデルを構築した Knight（2001）によれば、国際的起業家志向は、戦略レベルで国際化のための準備、戦略的コンピタンス、および技術買収の3要素と結びついており、国際化のための周到な準備と技術買収が戦略的コンピタンスを強化し、結果として国際化のための周到な準備と戦略的コンピタンスの2要素により国際的成果が実現されることを明らかにしている（図5-3参照）。

国際化の途上にある企業にとって、起業家志向は国際的な機会を追求する

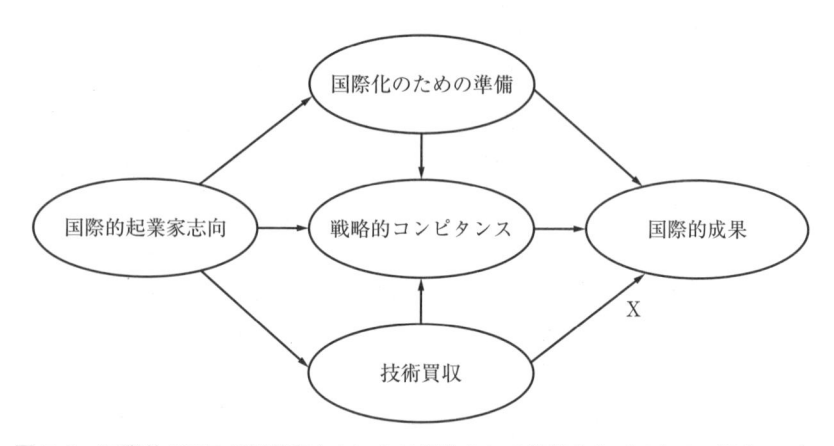

図5-3　国際的 SME が起業家志向により期待される業績を上げるための概念モデル
注）　統計分析の結果では、構成要素間の関係は、技術買収と国際的成果間では有意な関係なし、戦略的コンピタンスと国際的成果間では 0.5% 水準で有意、その他の関係は全て 1% 水準で有意であった。
出所）Knight（2001：p. 164）

のに強力な経営ビジョンや積極的姿勢を持つことを意味する。若い企業には普通失敗を受け入れる余地があり、攻めの姿勢は特に新市場で生き残り成功するには重要である。若い企業は普通外国市場では知られていない。それらは「新参者の不利」を経験し、それゆえ顧客、仲介業者、競合企業に対して正当性を確保する手段を講じる必要がある。起業家精神に富んだ姿勢は当該企業が海外での業績を向上させる戦略的イニシャティブを形成し実現するのに役立つことになる。

　起業家的志向はユニークな起業家能力や展望を有するので、当該企業を国際市場において躍進させることを可能にする。いくつかの新興企業では、この起業家志向が強力なマーケティング・スキルである他の資源やケイパビリティと一緒になるとき、外国市場で機会を発見しそれを活用することが可能になる。リスクを恐れない志向性は好ましくない業績に繋がる場合もあるが、チャレンジングな外国の環境下で起業家志向を持つことは国際的な成功率を高める重要な戦略的イニシャティブの実現に繋がる傾向がある。従って、国際的な起業家志向はボーングローバルの重要な国際戦略の開発や策定に大いに役立つことになる。

　Madsen & Servais (1997) は、ヨーロッパの BGC を調査し、それらの創業者が強力な起業家的センスを有する傾向があったと結論づけている。そのような志向性は、特に資源の貧しい国際化の途上にある企業には有益である。なぜなら、グローバルな拡大には大きな不確実性と困難がつきものであり、リスクの高い潜在的に費用のかかる環境下でパイオニア的努力を払うことが必要になるからである。国際的起業家志向は BGC には特に重要であるといえよう。それは国際的成功をもたらす卓越した先端技術によってつくられる高品質の製品が開発されるよう国際的起業家志向が企業を駆り立て、国際的な成功に導くからである。国際的起業家志向は恐らくどの企業にも便益をもたらすことになろうが、国際的な市場探求、革新性、積極性、そしてリスクを恐れない姿勢、といった特性が組織文化と結びついている状態が、BGC に顕著な特徴であるといえよう。

5. メタナショナル経営論の観点からみた BGC

　メタナショナル経営は、既述のようにトランスナショナル経営よりも 21 世紀の知識経済時代にフィットとした注目に値するグローバル経営のモデルである。Doz, et al.（2001）によって提唱されるこの革新的なモデルの特徴は、本国に立脚した競争優位性にだけ依存するのではなく、それを超越してグローバル規模で優位性を獲得しようとする経営である。換言すれば、「メタナショナル経営においては、世界に拡散する新しい技術、能力、市場ニーズなどに関する知識をいち早く感知・獲得し、それらを自社で革新的な製品・サービス・生産プロセスを創造するために移転し、さらに日常業務に活用して価値創造を行い、競争優位を創造する経営である」（桑名、2008）。

　これまでの伝統的な多国籍企業あるいはグローバル企業では、基本的に本国で培った競争優位性をベースにして、それに依存しながら海外市場を開拓し、グローバルなビジネスを展開してきた。しかし、今日では国の競争優位や国内のイノベーション・クラスターの競争優位が長期にわたって安定的に存続するとは限らない。これまで産業のある分野で競争優位を有していた国や地域が急速に衰えて、他国にその競争優位を引き渡してしまう場合も決して珍しくなくなっている。例えば、自動車産業におけるGM、フォード、クライスラーといった旧ビッグ3から日本の新ビッグ3（トヨタ、ホンダ、日産）へ、電子産業でのシャープ、パナソニック、NEC、三菱電機、富士通等から韓国のサムソン、LGへ、造船業におけるIHIや日立造船等日本企業から韓国や中国の企業へといった流れをみれば一目瞭然である。

　また、「ナレッジ・ベースが急速にグローバル規模で分散化し、これまでの常識では考えられないような国（地域）で新たなイノベーションの芽が生まれる可能性がある。従来の固定概念にとらわれてイノベーションの拠点をこれまでの強みをベースに配置するというアプローチは、潜在的チャンスを見逃してしまうことになる」（浅川、2003）。

そのためにメタナショナル企業では、「自国至上主義、自前主義、先進国至上主義から脱却し、世界に分散しているさまざまな知識を感知、確保し、それを移動・融合し、変換、活用していくことが必要になる」(竹之内、2008)。

このことは逆説的ではあるが、仮に「間違った場所に生まれてしまった」企業、競争劣位にある企業でも、国際ビジネスのやり方次第ではグローバル企業へと発展する可能性があるということである (Doz, et al., 2001)。今日のグローバルな知識経済においては、自国の劣位を克服することが可能であり、むしろ場合によっては自国あるいは自社が強い場合よりも、謙虚に他国あるいは他社から学ぶことによって、より強力なパワーを備えることさえ可能である (Doz, et al., 2001)。

さて、本節でメタナショナル経営論の観点から BGC について検討する一つの理由は、メタナショナル経営論の BGC への適用可能性が存在すると考えるからである。双方の経営は規模の大小はあるものの、以下に示す通り多くの点で類似性を有しており、BGC はメタナショナル経営から本書の目的でもある早期国際化と持続的競争優位性の源泉の解明に関して多くを学びうると思われるからである。以下、それぞれの経営の特徴について類似点と相違点を比較してみよう (表5-2参照)。

まず、類似点として挙げられるのは、①どちらの企業経営も今日のグローバル知識経済の時代に出現し、成長している、②産業や技術の特徴として、ICT、半導体、バイオ・テクノロジー、ナノ・テクノロジー等をはじめとして知識集約的産業に属するものが多い、③どちらも当初は十分な経営資源を持たない段階から出発する、④どちらも本国に立脚した競争優位性を持たないので、世界に散在するさまざまな知識を感知、確保し、それを自社に移動・融合させ、変換・活用して、売上や利益の拡大を図る、⑤どちらも「自国至上主義」「自前主義」「先進国至上主義」の先入観から脱却している、⑥国内市場の小さな企業、「間違った場所に生まれてしまった企業」、競争劣位にある企業でも、国際ビジネスのやり方次第では大規模なグローバル企業へと成長する可能性がある、⑦ BGC は世界中の連携企業から学び差別化

表 5-2 BGC 経営とメタナショナル経営の特徴に関する比較分析

	比較事項	BGC 経営	メタナショナル経営
類似点	外部環境	今日のグローバル知識経済下で誕生し成長	今日のグローバル知識経済下で誕生し成長
	産業・技術の特徴	ICT、携帯電話、バイオ・テクノロジー、ナノ・テクノロジー、医薬等	半導体、マイクロエレクトロニクス、ICT、FED 等
	経営資源	当初は大規模企業に比べて非常に制限されている	当初の段階はかなり制限されている
	競争優位性	大企業に比べて競争優位を持つもの（製品、技術）が少ない。イノベーション能力により躍進	当初本国に立脚した競争優位がほとんどない。イノベーション能力により躍進
	経営志向	起業家による旺盛な国際的起業家精神	自前主義、自国至上主義、先進国至上主義からの脱却
	所在国（地域）	国内市場が小さな企業でもやり方次第でグローバル企業に	「間違った国」に生まれてもやり方次第でグローバル企業に
	競争戦略	差別化によるグローバル・ニッチ戦略	海外市場に参入する競争から世界に拡散している知識から学ぶ競争
	国際化の発展段階	従来の漸進的・連続的・段階的国際化プロセスではなく、「蛙跳び」。急速	国際化プロセスの途中の段階を飛び越す場合もある。急速
相違点	企業規模	ベンチャー・ビジネス、中小企業	主として大企業
	国内市場の規模	一般的に小さい	規模はいろいろ
	経営主体	国際的な起業家中心	国際的な経営者チーム中心

出所）著者作成

によるグローバル・ニッチ戦略をとるが、メタナショナル企業も世界中に拡散している知識から学ぶ、⑧国際化の発展段階が、双方ともに速くて途中の段階を飛び越す場合もある、などである。

　相違点については、まず企業規模に関して BGC はベンチャー・ビジネスあるいは中小企業なので、BGC の方がメタナショナル企業より小さいことである。国内市場の規模についても、一般的に BGC の方が小さいといえよう。国内市場の規模が小さいので海外市場進出の動機が働くのである。最後に経営主体については、BGC の場合は豊富な国際的経験と知識を有する起業家であるが、メタナショナル経営の場合は複数のそのような経営者たちに

よって組織されたチームである。

　以上のように、BGC経営とメタナショナル経営はそれらの内・外環境、経営資源、競争戦略等において類似性が高く、BGC誕生の背景としては「メタナショナル現象」が大きく与かっているといえるのである。従って、BGCはメタナショナル経営の利点を積極的に活用すれば、たとえそれが資源不足であっても、「間違った場所に生まれてきた」場合であっても発展の可能性は高くなるといえるであろう。ある意味ではBGCの将来像はメタナショナル企業であるといえるかもしれない。

◆参考文献
巻末の参考文献を参照

第 6 章

ボーングローバル企業の早期国際化と持続的競争優位性

　本章では最初に BGC の出現を容易にする最大の要因と思われる「グローバル化の進展」と「技術の進展」について検討する。その上で、BGC がなぜ急速な国際化（早期国際化）が可能なのか、また BGC が希少な資源しか持たないのにグローバル市場で伝統的大規模企業に伍していけるのは、どのような持続的競争優位性を有しているためなのかという課題を明らかにする。この課題はすでに第 4 章および第 5 章でも部分的には取り上げたが、本書の中心課題でもあるので本章で一層掘り下げた考察を行いたい。

1. BGC の出現を容易にする現代的諸要因

　BGC は、企業の外部環境における特定の促進要因から生じるものである。ボーングローバル現象は新たなグローバル市場の所産であるといえよう。これらの歴史が浅く起業家的な企業は、世界中の事業機会に対応している。ボーングローバルを起業しやすくする重要な要素には、まず、グローバル化があり、それは同質化された世界中の需要を誘発させるものである。加えて、現代の情報技術や通信および輸送における魅力的なコスト経済のすべてが重要な役割を果たしている。同時にボーングローバルを生起させるための手段として、限られた規模の中で効率的で経済的な生産を可能にする製造技術の進展がある。それではこれらの傾向について詳細を検討していくことにしよう。

（1） グローバル化の進展

　はじめに、BGC の出現を促進する最も重要な要因は、グローバル化である。グローバル化の主な推進力、局面および結果については表 6-1 で明らかにされている（Cavusgil & Knight, 2009）。グローバル化を取り巻くいくつかの要因として、①世界中で貿易や投資への障壁が減少してきたこと、②中国、インド、ロシア、東欧が市場経済へ移行したこと、③消費者のライフスタイルや嗜好が世界中で同質化し始めてきたこと、④企業の生産およびマーケティング活動がグローバル化してきたこと、が挙げられる。1960 年における国境を越えた貿易額は、年間わずか約 1000 億ドルであった。それが今日では世界経済の中で年間総額 10 兆ドルを越す相当な額にのぼっている。

表 6-1　ボーングローバル企業に対するグローバル化の推進力、局面および結果

グローバル化の推進力
- 貿易と投資に対する障壁の世界的削減
- 中国、インド、ロシアにおける市場経済への移行と自由貿易の採用
- 世界中の国々の工業化、経済発展、および近代化
- 世界の金融市場の成長と統合化
- 技術の進歩

↓

グローバル化の局面
- 国家経済の統合と相互依存
- NAFTA 地域や EU のような地域経済統合ブロックの出現
- グローバル投資と資金の流れの増大
- 買い手のライフスタイルと選好の世界的な収斂

↓

BGC に関するグローバル化の結果
- 世界中に数えきれないほどの新しいビジネス機会
- 外国競合企業からの新リスクと激しい競争
- 世界中の供給業者から仕入れる買い手の需要の増大
- 積極的な国際化に着手する必要性のさらなる増大
- 企業の価値連鎖の国際化

出所）Cavusgil & Knight（2009：p. 21）

加えて、これらの動向からマネジャー（経営者）は、世界を「統合された市場」としてみることができるようになった。国家経済の統合と相互依存による拡大は、世界中の購買者、生産者、供給業者の相互依存の拡大によって促進され引き起こされてきた。このような動向は、国際的に相当な事業活動を担う企業を刺激している。例えば、ネオゲン（Neogen）は食品の安全性テストの診断キットを生産するボーングローバルである。グローバル化のもと、Neogen 製品の優秀さの噂が広まり、同社は世界中の農家、獣医、政府機関を顧客として獲得することができたのである。

　BGC の台頭に関するグローバル化の重大な影響を理解するためには、いくつかの歴史的背景について検討することが有益である。1930 年代と 1940 年代初頭は国際貿易と投資に関する厳しい規制により特徴づけられる。第 2 次世界大戦後の時代において、工業国はこれらの障壁を削減し世界の交易を振興することを求めた。WTO（世界貿易機関）の前身である GATT（関税および貿易に関する一般協定）は世界中の貿易障壁を削減することに素晴らしい効果を上げた。こうした環境の中で、日本、ヨーロッパ、アメリカから多国籍企業が出現し世界貿易を加速させた。ユニリーバ（Unilever）、フィリップス（Philips）、ロイヤル・ダッチシェル（Royal Dutch-Shell）、ブリティッシュ・ペトローレアム（British Petroleum）、バイエル（Bayer）のようなヨーロッパの企業はビジネスを行う外国の国々で独立した子会社を設立することによりそれらのビジネスを組織化した。多くの企業は国際的に認知されるブランド名を開発した。例えば、ネスレ（Nestlé）、クラフト（Kraft）、ジョンディーア（John Deere）、ソニー（Sony）、ケロッグ（Kellogg）、ロッキード（Lockheed）、キャタピラー（Caterpillar）、フォルクスワーゲン（Volkswagen）、コカコーラ（Coca-Cola）、東芝（Toshiba）、リーバイス（Levi's）などの企業である。IBM、ボーイング（Boeing）、テキサス・インストゥルメント（Texas Instruments）、ゼロックス（Xerox）、マクドネル・ダグラス（McDonnell Douglas）のようなアメリカ多国籍企業も世界中に展開していった。

　1960 年代初頭、多国籍企業の成長と貿易の自由化は国際貿易と投資の巨

大な増加をもたらした。多国籍企業はコスト優位をもたらす各国に工場を立地することによってコスト優位性を求め始めた。貿易障壁の削減と為替の自由化は国境を越えた資本の自由な流れを促進し、世界の金融市場の統合へと導いた（Emmerij, 1992）。一方、世界中で、消費者の好みとライフスタイルの収斂化が始まった。原材料、部品、コンポーネントはますます標準化された。こうしてデザインや組立方法が非常に似通ったものになった。東京、ニューヨーク、パリの消費者たちは同じような生活用品、衣類、車そして電子機器を欲しがり始めた。映画やテレビが共通のライフスタイルを強調することにより、消費者の選好の同質化に貢献した。嗜好とグローバルな生産基盤が収斂することで、世界中の買い手に標準化された製品とサービスの販売が促進された。

　1980年代初頭までには、貿易と投資の成長のペースが加速した。この時代の主要な傾向にはパーソナル・コンピュータの商業化、通信と製造技術の進歩、旧ソ連邦の崩壊、続いて起きた中東欧の市場自由化、そして中国を含む東南アジアの産業化と近代化の努力が含まれる。グローバル競争の進展は多くの企業に業務の合理化と製造コストの削減を強いた。企業は、労働力やその他の投入資源のコストおよび品質において、国の違いによる優位性を獲得するために、外国の地にこれらの活動を移転することにより、調達と製造における経済性を追求した。これらの動向の結果として、1980年代は、特に資本・技術集約分野における海外直接投資（FDI）の顕著な増加が特徴づけられた時代といえよう。

　各国政府の貿易と投資の障壁の削減傾向がより多数の企業の国際化を促進した。例えば、1980年代以降、多くの国が自動車部品や工業機械や電子部品そして他の多くの製品の輸入関税をゼロにする政策をとり、財やサービスのより自由な国際貿易を後押しした。EU（ヨーロッパ連合）、NAFTA（北米自由貿易協定）地域のような地域経済統合圏を通して、さらなる貿易と投資の障壁の撤廃傾向が1990年代初頭に起きた。EUは域内で自由貿易を行うことに加えて、調和のとれた通貨政策を実現させ、共通のビジネス規制を採用

した。

　グローバル化は企業に国境を越えたビジネス活動と国際的拡大を積極的に追求するよう強制するとともにそれらを促進する。国際化を図ることは以前より容易になった。2、30年前までは国際ビジネスは大規模な多国籍企業のものだった。しかし、グローバル化は、調整されたグローバル市場の出現に沿って、どのような規模の企業でも国際ビジネスへの参加が許される安定した競技の場を創り上げた。国境を越えるビジネスは、かつては、主に製造業の場であったが、今は、銀行、輸送、エンジニアリング、デザイン、広告、小売のようなサービス業分野でも国際化しつつある。

　ここではグローバル化のBGCへの影響に注目する。グローバル化は新企業に対してたくさんの国際的な機会を創造しつつある。グローバル化の力は、企業に国境を越えたビジネス活動と国際的拡大を強制するし、促進もする。グローバル化は、製品開発と流通に対する国際連携を推し進めると同様に、数多くの企業に、国際投資、生産、供給、およびマーケティングを振興してきた。歴史の浅い企業は、より大規模な多国籍企業によるアウトソーシングの増加から、またそのような企業に対する専門供給業者としてグローバル市場を求める可能性から、便益を受けてきた。

　さらに、世界市場を一つのマーケットとするグローバル経済の発展は、世界中の優良企業を求めて徘徊する機関投資家を中心としたグローバルマネーの出現と発言権を向上させた。アメリカのシリコンバレーにあるハイテク・スタートアップ企業を研究した米倉誠一郎は、「機関投資家を中心とした株主からの強い圧力下で選択と集中を余儀なくされた大企業は、皮肉にも優良企業であればあるほど成長分野への多角化がしにくくなった」(米倉、2006)と述べている。このことは当然ながら、ハイテク・スタートアップ企業やBGCに市場につけ入る隙を拡大することになる。

（2）技術の進展

　第2に、ここ数十年における重要な動向として、情報、通信、製造、輸

送における技術の進展がみられる。これらの進展は、創業からの年数、規模、資源ベースにかかわらず、企業が世界中で事業を国際化し組織化するのを可能にさせている。技術の進展のお陰でボーングローバルや国際的な中小企業は、世界を巨大な統合された市場としてみる能力を獲得するようになった。

情報や通信技術の進展は、特に注目すべきである。ここ数十年でコンピュータの処理にかかる費用は年間で最大30％下がり、その後も下がり続けている。企業は生産管理や販売活動をより効率的なものにするために、情報技術を価値連鎖に統合している。無線電話、衛星、ワイヤレス技術、そしてインターネットの進展は、数え切れないほどの企業の国際化を実行可能なものにしてきたのである（表6-2参照）。

1990年代までは、外国のサプライヤーや流通業者や顧客との通信連絡は費用や時間がかかり、典型的には旧式のテレックスや郵便サービスによって行われていた。80年にニューヨークとロンドン間の電話料金は3分間で6ドルであった。今日では、スカイプのようなインターネットベースのシステムを使えば、基本的に無料である。スキャナーやFAXの機器によって文書を送れば実質的には無料で世界中に送信できる。銀行取引もインターネット経由で行えば、実質的に無料でできる。イントラネット、エクストラネット、さらにe-メールは世界中の何百万人、何千万人もの人々と接続している。インターネット革命は光ファイバーによる遠隔通信への巨額な投資を引き起こした。音声やデータやイメージを送信するのは基本的に無料であり、例えば、ベルリン、ボストン、バンガロールの住人を一瞬にして隣人にしてしまう。

通信技術は、国家を分離している地理的距離と文化的距離を大幅に縮減させた。企業は、グローバルな価値連鎖においてコストを最小化し、業務効率を最大化するために通信技術を活用する。地理的な距離については、地理的に遠方の子会社やパートナーはイントラネットを経由して接続され、世界中の企業のユニットを越えてデータや情報や経験を瞬時に共有することができる。常にサプライヤー（供給業者）とディストリビューター（流通業者）をリ

表 6-2　事例：BGC の国際的成功における e-ビジネスの役割

　情報技術とインターネットは、調達や顧客関係管理のような活動に関して e-ビジネスの能力を統合すると同時に、e-コマースをオンライン上で行うことを BGC に可能にさせ、国際ビジネスを変質させつつある。e-ビジネスは距離や時間の壁を打ち破ることを助長することにより、企業の国際化の努力を推進する。e-ビジネスは最も経歴が浅くて経験の少ない企業にすら外国への拡大を容易にさせ、ボーングローバルに対しても活躍の場を平等に提供する。BGC はグローバルな販売、調達、顧客サービスに関してウエッブの最も頻繁なユーザーの一員である。
　e-ビジネスは BGC に少なくとも 3 種類の便益を提供する。
　第 1 には、それは生産、マーケティング、流通をオンラインによる統合と調整によって国際価値連鎖活動における生産性を増大させ、コストを削減する。
　第 2 に、e-ビジネスは、顧客重視の視点を強化し、マーケティング能力を高め、起業家精神を発揮することにより、顧客に対する価値を創造し、新しい販売機会を発掘する。主要な便益は国際的スケールでマーケティング戦略を展開し、顧客視点の業務を世界中で統合する能力である。ネットワーク上の相互接続性は新しいそして既存の国際市場にサービスを行う新しいアイディアやベストプラクティスの共有を促進する。
　第 3 に、e-ビジネスは、国内外での企業の業務活動の中で情報と知識の流れを改善する。インターネットはボーングローバルに情報を素早く処理できるように、そして顧客、供給業者、パートナーとはより効果的に相互交流ができるようにする。経営者は企業の国際活動において、戦略や戦術の変更を即座に行うことができる。
　ボーングローバルは、市場環境において、変化が生ずるや否やほとんどリアルタイムにその変化に対応できる。例えば、企業はその国際サプライチェーンにおいてコストの極小化および業務効果の最大化のために e-ビジネスを利用して解決を図るかもしれない。多くのボーングローバルはインターネットを使って供給業者や流通業者との日常業務での連絡を維持している。e-ビジネスの技術はボーングローバルが製品ライフ・サイクルだけでなく、在庫品や製品仕様書や購買発注を管理するのに役立つ。e-調達システムは、企業が、取引処理に関するコストを節約し、サイクルタイムを削減し、供給業者との関係を活用するのに役立つ。
　顧客関係管理は買い手が地場の売り手を好むことが多い外国市場においては、特に重要である。インターネットをベースとしたシステムは、リアルタイムの情報を提供し、短長期市場のニーズの移り変わりを予測し、アフターサービスの有効性を増大させる。e-コマースは、企業がグローバル市場において競争優位や業績目標を達成するための手段を強化することになる。

出所）Cavusgil & Knight（2009：pp. 25-26）

ンクさせることは、在庫管理、製品規格、受注を管理する効率性を大幅に増大させる。

　海外事業を行うには金のかかる出張もしくは海外支店を設けることがかつては必要であったが、今日の技術では最小規模の企業でさえ、自社のホームオフィスの中で遠方との取引ができる。e-メールやグローバルに通用する携帯電話が、モバイルコンピューティングやモバイル通信を促進させ、立派な海外支店を設立しなくても企業はどこからでも競争に加わることができる。そのようなシステムは、BGCに大きな競争優位を与えることになり、企業にとっては世界中の上流および下流のチャネル・メンバーとビジネス取引を効率的に行うことが可能である。

　ICTもまたマーケティング活動をオンライン上で統合したり調整したりすることを促進させる。技術はマネジャーがオンライン上で市場や顧客や競争業者、国の経済情勢等を検索するためのデータに際限なくアクセスすることを可能にする。最終消費者に対する直販は大変容易になっている。製品やサービスが広範囲に――銀行ローンから植木鉢まで――オンライン上で取引されている。小規模で弾力性のある企業は、しばしば変化があるとほとんどリアルタイムで市況に対応することができる。多くの企業がインターネットで素晴らしいホームページを立ち上げることによって、「多国籍企業」になっている。表6-2の事例では国際ビジネスでインターネットやe-ビジネスによって成功したボーングローバルのいろいろな手法について説明している。

　重要な進展はまた製造技術においても生じている。技術開発は、小規模企業がかねてよりコスト優位を有している海外の競合企業とより効果的に競争を行うことを可能にする。生産技術の進展は、マイクロプロセッサ（超小型演算装置）をベースにしており、多くの産業において低コストで小規模な生産を可能にしている。革新的な開発は小規模で低コストな生産を可能にする。技術は、企業が国際市場に合わせて製品を効率的に改作したり、国際的なニッチ市場を標的として小ロットで製品を生産することを可能にしている。マーケッターは狭いグローバルニッチにおいて顧客をセグメントしたり、世

界中の買い手の特化されたニーズを効率的に満たしている。e-調達システムは、取引処理にかかる費用を節約し、サイクルタイムを削減し、供給業者との関係をうまく活用している。

輸送においては、技術的な進展により、ジェット機や巨大な海上貨物船やコンテナ輸送が登場し、それらには軽量でかさばらないハイテクの複合材料やこれまでより小さな部品が用いられるようになった。貨物費用が低下することにより、小規模企業は国際貿易においてさらに優位になっていく。DHL や FedEx のような高速輸送企業は、国際輸送コストを大幅に削減するために進歩した輸送技術や通信技術を活用している。費用効果の高い輸送車や電子追跡、コンテナ輸送やその他の効率的なシステムは当たり前になっている。技術的な進展により、輸送スケジュールや到着時刻に対する信頼性が飛躍的に増大した。マネジャーは今日、輸送コストや価格を今までに例のないほど正確に算出することができる。

(3) BGC に対するグローバル化と技術の進展

グローバル化と技術の進展の2つの傾向は、国際化を図る小規模な企業に対して今日多くのインセンティブを創造してきた。グローバル化と技術の進展は、ボーングローバルがグローバルにR＆D、調達、生産、マーケティング活動に従事するのを支援している。グローバル化と技術の進展は「距離の終焉」(The death of distance, 1995)を引き起こした。国を引き離していた地理的、文化的距離は縮小しつつある。この意味で、グローバル化はあらゆるタイプの企業に対して世界を管理可能なグローバル市場に創り変えつつある。歴史の浅い企業は新しい優位性に挑戦しそれを引き出すべく対応しつつある。多くの製品に対する好みが市場を横断して収斂するので、これらの企業は自社の製品を世界中に販売することが可能である。これらの企業はまた世界中に存在する供給業者から原料、部品、コンポーネント、サービス等を調達することでグローバル化から便益を享受する。

多くのボーングローバルは国内のさまざまな力（例えば、成長の追求、顧客、

または地理的多様性を通じた国内市場への依存度の極小化）の結果として国際化を積極的に追求している。多くの産業において競争が激化しているので、企業は戦略的活動として先取り的に国際化を行う。それらの企業は外国市場での機会を確認すること、外国企業と連携関係を締結すること、競争優位性を強化する組織能力を構築することに向けてこれまで以上に積極的な姿勢を示している。

　現代の技術、生活水準の改善、そして現代の法律や金融手段の採用によって、対象市場としての新興市場の魅力は増大し、世界中に製品やサービスを拡大するのを容易にしている。世界の金融市場と銀行業務の現代化は、国際商業銀行のネットワークを通じて資金が容易に買い手と売り手の間に移転することにより国境を越えた取引を増加させている。例えば、外国の顧客は、最先端の銀行ネットワークを活用する企業へ容易に資金を振り替えている。金融のグローバル化は企業が、世界中で、供給業者に支払いを行い、顧客から売上を回収することを可能にしている。

　グローバル化と技術の進展の組み合わせは、国際貿易の熾烈な競争環境において成功することができる卓越した起業家精神を持つ企業の出現をもたらした。グローバル化と技術の進展から利益を得ている企業として、例えば、ジオ・サーチ（Geo Search）がある。この日本の企業は、最先端の技術を使った機器を開発し、技術者が地面から空洞を探知し、安全な道路や空港、そして地下の公共配管を建設するのに役立っている（Rahman, 1999）。この技術を活用して、ジオ・サーチは世界初の地雷探知機を設計した。さらに、この企業は、クウェート、カンボジア、アフガニスタン、そしてレバノンのような国々に数百万の地雷が埋設されているために、直ちに国際市場を持つことになった。ジオ・サーチは非政府組織（NGOs）とともに世界中の地雷探索に従事している。地雷の除去は危険である。特に金属探知機に反応しないプラスチック地雷は危険である。ジオ・サーチの電磁式レーダーは地下に埋められた地雷と他の対象物とを区別することが可能である。

　1980年代以降、創設時またはその後まもなく国際化を図った企業が世界

中で出現してきている。ほとんどの小規模企業の特徴は資源が乏しいにもかかわらず、ボーングローバルの経営者は企業の創業時あるいはその後まもなく世界を自社の市場と考える傾向を持っている。経営者は企業を立ち上げてから数年以内に数多くの国々をターゲットとして製品やサービスを提供する。広範囲なBGCの出現は、いかなる企業でも、規模、創業からの年数あるいは保有資源とは関係なく、国際ビジネスに積極的に参加しうることを示している点で刺激的である。

このように世界の技術環境とそれに付随するマーケットは大きな変化を来たしている。90年代のインターネットを中心としたIT革命あるいはヒトゲノム解読に誘発されたバイオ・テクノロジーの進展、さらに、IT技術に支えられた多様なニッチ市場やグローバルマーケットの出現は、大企業よりも機動性の高い小さなスタートアップ企業やBGCに成長の可能性を拡大したのである（米倉、2006）。

さらに、技術が複合化しライフスタイルも短縮化するハイテク分野で、企業が多様な試行錯誤を繰り返したり、すべての経営資源を一つの開発に集中することが、リスクの面からいっても経営資源の面からいっても困難になったのである。米倉（2006）は、「多様な技術機会あるいは市場機会に多様な形で挑戦するにはむしろ挑戦することを厭わない小規模なスタートアップ企業の方がサンクコストが低く機動性が高くなった」と述べている。こうして、20世紀後半の技術と市場の変化が、小規模なスタートアップ企業やBGCにイノベーションの担い手としての役割を果たさせるようになったのである。

2．BGCの早期国際化

BGCの早期国際化は、この分野の多くの研究者が指摘するBGCの一大特徴である。今日においてはBGCの出現を容易にする現代的要因（背景）があることは事実である。それらには、グローバル化や技術（特に、ICT、バイオ・テクノロジー、電子、輸送など）の進展、さらには　世界市場経済の統合、ナ

レッジエコノミーの発展、インターネットの登場、途上国の市場化、途上国の技術力向上、ベンチャービジネスにおける希少な経営資源の有効活用や国際的起業家精神（志向）の台頭などが挙げられる。

　しかし、これらの諸要因はBGCの出現に大きな影響を与えていることは事実としても、伝統的な大規模多国籍企業の国際的事業活動にも同様に影響を与えていることも事実であろう。それでは、真にBGCの早期国際化に影響を与えている要因とは何であろうか。

　それについてはすでに第4章の文献レビューで数人の学者の見解を検討したのである。例えば、研究者たちは、ある産業のグローバルな統合水準と競合企業の国際化の程度が、新たな企業の海外進出の早さに影響を及ぼす要因であると主張している（McDougall, Oviatt & Shrader, 2003）。また、Bell, et al.（2003）は、伝統的多国籍企業とは別のタイプの企業における多様な国際化の「経路」が認められる統合モデルを提示した。このモデルは早期の国際化を促進させる企業内外の諸要因（最先端の知識など）の役割に焦点を合わせている。著者たちはまたBGCを育成し、支援する公共政策の役割についても検討している。

　McNaughton（2003）では、中小企業の輸出業者を調査した結果、企業は独占所有権のある知識集約的な製品を所有していればいるほど、また強力なグローバル志向産業に属していればいるほど、また小さな国内市場しか持たない国で創業すればするほど、多数の海外市場をターゲットにする傾向があることを示唆している。

　ニュージーランドにおける社歴の浅い企業の国際化について調査したChetty & Campbell-Hunt（2004）は、伝統的な企業の国際化の経路との違いは、主にそれらの企業が実施する戦略とそれらが以前から有している動機づけやケイパビリティによるものであると述べている。また、彼らによれば、BGCは国際市場に参入し活動することに非常に積極的であり、そうした経験を積むことを求めており、スタート時点での失敗には比較的寛容であることを明らかにしている。また、問題が生じた場合は、積極的に解決策を講じる姿勢

を有していることを突き止めたのである。そうした積極的な姿勢は、早期の国際化で生じる不確実性や混乱に対して効果的な対応を引き出すことになるという。

Fernhaber, McDougall & Oviatt (2007) によれば、急速な成長を遂げている産業で事業活動を行っている若い企業の方が、新興産業や成熟産業で活動しているベンチャー企業よりも、国際化の速度が速くなる傾向があることを明らかにしている。彼らは、またある産業の知識集約度が高ければ高いほど、その産業内で事業活動を行う新企業の国際化の度合いは高まると述べている。また、国際化もしくはグローバル化の進んでいる産業で事業を開始する企業は、創業時もしくはその後まもなく海外事業に乗り出す傾向があるとしている。彼らは、また外部から（例えば、VCから）資源が得られるほど、新しい企業が早期に国際化できる可能性が高まる傾向があると述べている。

また、Mathews & Zander (2007) では、国際的起業家精神（起業家的ダイナミックス）とBGCの早期国際化の特徴を理解するには、起業家精神と国際的志向を併せて検討することが重要であると述べている。

Zhou (2007) も、BGCの早期国際化に取り組んでおり、組織的な知識の役割を強調している。早期に国際化する企業では、革新的で積極的な起業家精神を追求する傾向があると述べている。これに対して、伝統的で大規模な国際企業では、海外市場に関する知識はそこでの漸進的経験の蓄積から生じているとしている。また、Zhou (2007) は、中国の若い企業を調査して、「積極性」、「革新性」、「リスクテイキング」の3つの局面から起業家精神的な特徴について分析している。このうちで影響力が一番強いのは「積極性」で、次に「革新性」であり、「リスクテイキング」は一番小さいことを明らかにしている。Zhou (2007) は、調査の結論として、早期の国際化について調査する際には起業家精神とそれを補完する局面はそれぞれ別に取り扱うべきであることが判明したと述べている。

Kudina, Yip & Barkema (2008) も、イギリスのBGCについて研究しており、早期国際化の主要な理由はUKの国内市場規模が日本やアメリカのような大

きな市場に比べて狭いためであると結論づけている。こうした国内市場規模が小さいことからくる不利益性がイギリスのハイテク企業を早期国際化に向かわせていると分析している。さらに、彼は重要な BGC の早期国際化の推進要因として、国際的な顧客ニーズの共通性やそれら企業の、グローバルなネットワークによる連携やコミュニケーション技術の進展を強調している。

3. BGC の持続的競争優位性

BGC においてもマーケティング、テクノロジー等を通じた競争力の創成や経営力の向上の本質は、一時的な競争優位性の創成を目的としているのではなく、「持続的競争優位性」をいかにして構築するかの問題として捉えることが必要である。その源泉は当該企業内のケイパビリティあるいはコンピタンスである。さらに、それらを引き出し統括するためには、リーダーとしての経営トップがリーダーシップを発揮することが重要となる。彼らによって創造されるのがマネジリアル・ケイパビリティである。

(1) 外部環境重視の戦略論から内部環境重視の戦略論へ

これまでの戦略論の流れは外部環境論重視から内部環境重視へ、つまり資源ベース論への移行である。外部環境重視の理論では大きく新古典派経済学（Chamberlin, 1933；Friedman, 1953 等）と産業組織論（Bain, 1956；Hill, 1988；Porter, 1980, 1985 等）の２つの流れに大別できる。新古典派経済学では企業が長期にわたって生き残るための要素として経済的効率を論理の基礎に置いている。また、産業組織論では、競争優位性は産業集中度やコスト構造のような産業の特性によって決定されると考える。ポーターによれば、競争優位性はその企業が属する産業特性における５つの競争要因（競争企業間の敵対関係の強さ、買い手の交渉力、売り手の交渉力、新規参入者の脅威、代替品の脅威）を注意深く分析し、その産業特性に適合（fit）した戦略を選択・実行することで生み出される。さらに、この競争優位性は、規模の経済、範囲の経済、経験効果、

買い手のスイッチング・コストなどで参入障壁を構築し、獲得した収益を参入障壁に再投資することで維持できると考える。

しかし、このような競争戦略論は、規制緩和の今の時代に適合しないし、どちらかといえば独占企業や寡占企業の戦略としては実施可能であってもBGCや中小企業には実行不可能な戦略といえよう。そこで重視されるのが内部環境重視の資源ベース論である。

新古典派経済学も産業組織論もともに、持続的競争優位性を積極的に企業内部から構築することについてほとんど触れていない。これらの理論は、競争優位性を産業や市場に任せることによって、経営者の意欲、組織ルーティン、組織の名声、組織文化といったものから引き出されるユニークな企業のコンピタンスを見落としている。準レント[1]を生み出すユニークな企業のコンピタンスをどのようにすれば競合企業の模倣から守れるのかという問題もほとんど検討されていない。

これに対して、資源ベース論の特徴は、基本的に持続的競争優位性を企業の内部資源に根差しているとみていることである。そして持続的競争優位性の獲得では、経営資源の異質性と非移動性に注目する。既述のように具体的な資源特性としては、①（その資源が）経済的価値を有すること（value）、②希少性があること（rarity）、③模倣が困難であること（inimitability）、④以上の経営資源を活用できる組織になっていること（organization）の4つがある（バーニー、2002；Barney, 1991）。Barneyはこの4つの要素の頭文字をとってVRIOフレームワークといっている。①はそれを使って企業環境におけるチャンスをものにし、脅威を無効にするという意味での経済価値である。バーニー（2002）は、「企業の経営資源やケイパビリティに経済価値があると認められるのは、その企業がそれらを保有していなかった場合と比較して、企業の正味コストが減少するか、企業の売上高が増大するか、そのどちらかの場合である」、と述べている。しかし、経済的価値が多くの企業によって保有されている場合、もはやどの企業にとっても競争優位の源泉となるとは考えられない。

②は現在の企業間競争および潜在的競争において希少性があることである。経済的価値がありかつ希少性があれば少なくとも一時的な競争優位の源泉とはなりうる。③は他社による模倣が不完全にしかできないことである。例えば、シャープでは液晶パネルの製造装置をブラックボックス化して外部に漏洩しないようにしている。特に、生産の歩留まりに関わる重要な装置では、同社の技術者が設計したものを4つの部分に分解して、液晶装置ではない分野の装置メーカーにばらばらに発注している（後藤、2005）。競合企業が成功している企業の価値ある経営資源を模倣するとき、コストの不利を被る場合がある。そのとき成功したこの革新的企業は、持続的競争優位―他社による戦略の模倣を通じて失われることのない競争優位―を手に入れることになる（バーニー、2002）。④は経済価値、希少性があり、模倣困難である経営資源を活用するための組織ができているかということである。

　さらに、③の模倣困難性が維持できる理由として、競争優位性を有する企業の、①独自の歴史的条件（unique historical conditions）、②因果関係不明性（causal ambiguity）、③社会的複雑性（social complexity）、④特許（patents）、を挙げている。

　①は競合企業がそれを模倣しようとすればこの経営資源を有する企業が辿ってきた過去の歴史をもう一度再生しなければならないというものである。この種の経営資源を「時間圧縮の不経済」（time compression diseconomies）と呼ぶ研究者もいる（Dierickx & Cool, 1989）。さらに、経路依存性（path dependency）の概念によって説明する研究者もいる。企業が現時点で競争優位を獲得できるのは、それ以前の段階で獲得したり開発したりした経営資源のお陰であるということである（Arthur, 1989；Alley, 1997）。②はアクションとその結果の関係が曖昧であること。つまり、企業の所有資源とその持続的競争優位性の関係が曖昧であるため、結局、模倣が困難となる。③は外部の企業がその資源を体系的に管理したり、それに影響を及ぼすことができない資源であり、例えば、企業内管理者の人間関係によって競争優位性が生み出されている場合などである。④の特許は、ある場合は競合企業に資源の内容

を知らせることにもなるが、製薬会社の特許などは模倣阻止に役立つものである。

(2) 資源ベース論の持続的競争優位性

従って、持続的競争優位性を構築する重要な鍵の一つは、競合企業からの模倣困難性であることがわかる。そして資源ベース論では、経営資源の中でも目にみえない技術、スキル、マネジメント・ノウハウなどの暗黙知をベースとした無形の資源を重視している。しかし、資源の特性や条件は持続的競争優位性を生み出すための必要条件ではあるが十分条件ではあり得ない。

企業が所有する経営資源にはリソースとケイパビリティがある。リソースには、パテント、ライセンス等の取引可能なノウハウと、工場、機械設備等の財務的・実物的資産がある（Amit & Shoemaker, 1993）。持続的競争優位性を構築するには、これらのリソースを活用する能力（コンピタンスまたはケイパビリティ）が重要になる。ケイパビリティとは、「望まれる結果に向けてリソースを配置する企業のキャパシティあるいは資源間の相互作用を通じて時間をかけて開発される企業特殊的能力」と定義される[2]。

従って、持続的競争優位性は、リソースよりもむしろケイパビリティによってもたらされる場合が多い。リソースとケイパビリティが競争優位性を創り出すためには、顧客、ライバル企業などの戦略的産業要因と企業の有する戦略的資産との適合が必要である。

しかしながら、持続的競争優位性は、企業の内部および外部（ポジショニングの優位）両面の要因から生じることになるとする Amit & Shoemaker（1993）の研究もある。資源ベース論に立ちながらも産業組織論も統合した理論というべきであろう。

また、同じく資源ベース論に立ち、コア・コンピタンス概念を提唱する Hamel & Prahalad（1994）は、資源と市場との連動性を重視している。彼らによれば、コア・コンピタンスは、無数の製品ラインの基底にある個々の技術や生産スキルの組み合わせによって生み出されるとしている。例えば、こ

れまでのソニーのコア・コンピタンスは小型化の技術であり、ウォークマンから始まり、ビデオカメラ、ノート型パソコンへと続く流れである。そして、コア・コンピタンスを獲得するための条件として、①顧客の市場価値への貢献、②競合他社の模倣困難性、③他の事業でも利用可能なこと、④他社より早い製品開発、を挙げている。

これより先に、Reed & DeFillippi（1990）は、競争優位性との関係で「際立ったコンピタンス（distinctive competence）」の概念を提示している。この概念では、持続的競争優位性を獲得するためには、暗黙性、複雑性、特異性の特徴を持ち、行動とその結果について因果関係が曖昧な組織コンピタンスに再投資することを推奨している。暗黙性からなる暗黙知は体系化できない非明示的で複製できない情報やコンピタンスである。複雑性はスキルと他の知識ベースのコンピタンスとの関係の範囲に関わるものである。特異性は、資源とスキルがその企業にとってユニークであり（例えば、多大のコストなしには容易に他の用途に転換できない）、それによって特定の顧客に向けて有利な販路を開くことのできる程度と関係している。従って、この概念は企業特殊的コンピタンスを持続的競争優位性の源泉とみる一つの根拠を提供している。

また、彼らの他にも競争優位性に関する概念を提唱する多くの学者がいる。例えば、Stalk, et al.（1992）はコア・コンピタンスより広い概念として「ビジネスプロセス」の概念を、Normann & Ramirez（1993）は家具のイケアを例としてバリュー・チェーンよりも自社のステークホルダーとともにネットワークを組みながら、全体として新しい価値を創造していく「バリュー・コンスタレーション」の概念をそれぞれ提示している。

以上から、企業が持続的競争優位性を構築するためには、複数のイノベーションを連続的に組み合わせ、そのようなイノベーションを継続的に起こしていく組織能力を構築する必要がある。つまり、ラディカル・イノベーション、市場創造イノベーション、インクリメンタル・イノベーションなどの複数のイノベーションを連続的に組み合わせる組織能力を構築することで持続的競争優位を構築できることになる。

（3）コンピタンスをベースとした戦略策定

　企業が内部に保有するリソースやケイパビリティ（あるいはコンピタンス）を利用して、競合企業に勝つためには、ただ単に資源ベース論が明らかにしたいくつかの資源特性を所有しているだけでは機能しない。企業はその内部の資源特性を開拓して外部環境の機会に結びつけて競争優位性を獲得するための戦略を策定し、実施する必要がある。つまり、自社の資源やコンピタンスを戦略の実行段階に落とし込むことが重要である。Grant（1991）は、図6-1に示すように、「戦略策定のための5段階アプローチ」を提示している。具体的には、①当該企業の資源ベースの分析、②当該企業のケイパビリティの評価、③当該企業の資源とケイパビリティから派生する収益性についての潜在性の評価、④戦略の選択、⑤当該企業に蓄積された資源とケイパビリティを拡張し、向上させること、である。

　Grantは、自社の資源とケイパビリティが長期戦略の基盤となるためには、それらが当該企業の戦略に基本的な方向づけを提供すること、それらが当該企業の主要な収入源であることの2つが前提条件であるといっている。

　彼の戦略策定のための5段階アプローチは、資源をベースとした戦略の策定、実行のプロセスを明示した点でこれまでの資源ベース論よりも大きな実践的かつ理論的貢献をしたといえよう。しかしながら、コンピタンスの種類にはどのようなものがあり、それがどのような要因によって構成されているのかといったことに関しては触れられていない（高井、2007）。

（4）持続可能な競争優位性獲得のためのコンピタンス・ベースのモデル

　これまでみてきたように、経営、マーケティング、テクノロジー等を通じた競争力の創成や経営力の向上の本質は、一時的な競争優位性の創成ではなく、持続的な競争優位性をいかにして構築するかである。そして持続的競争優位性の源泉となるのはその企業が有するコンピタンスあるいはケイパビリティであることが明らかとなった。本項では、企業内でどのような種類のコンピタンスが存在し、それらがどのような形で結びつき、最終的に企業とし

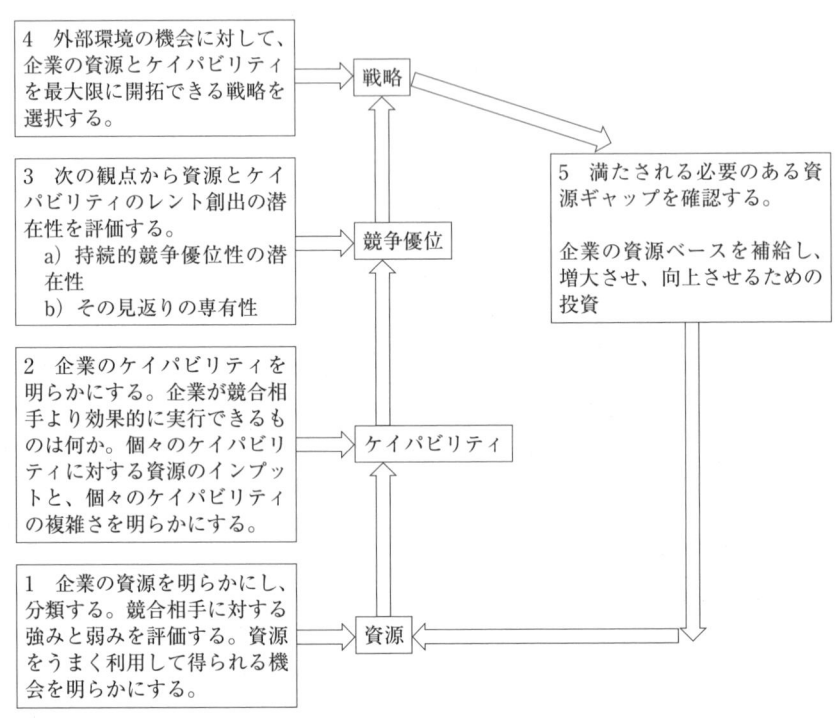

```
┌─────────────────┐
│ 4 外部環境の機会に対して、│──→ ┌────┐
│ 企業の資源とケイパビリティ│    │戦略│
│ を最大限に開拓できる戦略を│    └────┘
│ 選択する。      │       ↑
└─────────────────┘       │         ┌──────────────────┐
┌─────────────────┐       │         │ 5 満たされる必要のある資│
│ 3 次の観点から資源とケイ │         │ 源ギャップを確認する。 │
│ パビリティのレント創出の潜│    ┌──────┐ │                  │
│ 在性を評価する。  │──→ │競争優位│ │ 企業の資源ベースを補給し、│
│  a）持続的競争優位性の潜 │    └──────┘ │ 増大させ、向上させるための│
│     在性        │       ↑         │ 投資              │
│  b）その見返りの専有性  │       │         └──────────────────┘
└─────────────────┘       │                  │
┌─────────────────┐       │                  │
│ 2 企業のケイパビリティを │       │                  │
│ 明らかにする。企業が競合相│       │                  │
│ 手より効果的に実行できるも│    ┌────────┐         │
│ のは何か。個々のケイパビリ│──→ │ケイパビリティ│         │
│ ティに対する資源のインプッ│    └────────┘         │
│ トと、個々のケイパビリティ│       ↑                  │
│ の複雑さを明らかにする。 │       │                  │
└─────────────────┘       │                  │
┌─────────────────┐       │                  │
│ 1 企業の資源を明らかにし、│       │                  │
│ 分類する。競合相手に対する│    ┌────┐                │
│ 強みと弱みを評価する。資源│──→ │資源│←───────────────┘
│ をうまく利用して得られる機│    └────┘
│ 会を明らかにする。 │
└─────────────────┘
```

図6-1　戦略策定のための5段階アプローチ

出所）Grant（1991：p. 115）

てのコンピタンスに高められるのかについて、Lado, et al.（1992）の所論に依拠しつつ考察してみたい。．

　図6-2はLado, et al.によるコンピタンスの4つの源泉を統合的にリンクしたシステムモデルである。「マネジリアル・コンピタンスと戦略フォーカス」は当該企業に持続的競争優位性を生み出すようなやり方で他の3つのコンピタンスを統合的に結びつける役割を担っている。

　当モデルでは、トップによる戦略的リーダーシップが組織戦略や業績に大きな影響を与え、そのようなリーダーシップが企業特殊的コンピタンスを用いてユニークさを打ち出せる限り持続的競争優位性の源泉となることを示している。

```
          ┌─────────────────────┐
          │ マネジリアル・コンピタンス │
          │    と戦略フォーカス     │
          └─────────────────────┘
           ↓        ↓         ↓
   ┌─────────────┐      ┌─────────────┐
─→ │ リソース・ベースの │ ←→ │ アウトプット・ベースの │ ←─
環境│  コンピタンス   │    │  コンピタンス    │ 環境
   └─────────────┘      └─────────────┘
           ↓        ↓         ↓
          ┌─────────────────────┐
          │ トランスフォーメーション・ │
          │   ベースのコンピタンス   │
          └─────────────────────┘
```

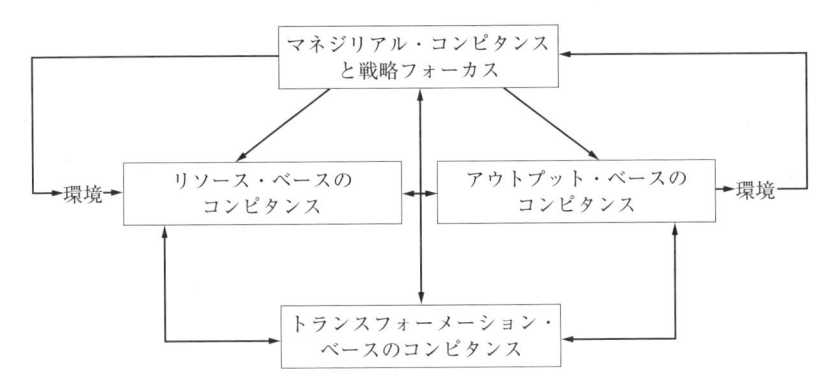

図 6-2　接続可能な競争優位性獲得のためのコンピタンス・ベースのモデル
出所）Lado, et al.（1992）

「マネジリアル・コンピタンスと戦略フォーカス」はモデル中の他の 3 つのコンピタンスを創造するのに中心的な位置を占めている。換言すれば、既述の「組織の際立ったコンピタンス」は経営トップの決定と行動により生み出される。従って、マネジリアル・コンピタンスは他の 3 つのコンピタンス間の相互依存関係に影響を及ぼしていると考えられる。

図 6-2 において「リソース・ベースのコンピタンス」は、ある企業が存続期間において競合企業に勝ることを可能にさせる、有形・無形の中核となる人的・非人的資産である。この種のコンピタンスが持続的優位性の源泉になるためには、既述の資源特性を持つことが必要となる。特に、無形のコンピタンスは、競合企業に対して模倣の困難性を高めることになる。このコンピタンスは、図 6-2 に示すように環境を通じて蓄積されると同時にリーダーによる「マネジリアル・コンピタンスと戦略フォーカス」によって調整・コントロールされる。

「トランスフォーメーション・ベースのコンピタンス」はインプットをアウトプットに転換するのに必要なコンピタンスであり、イノベーションと組織文化が重要な要素となる。イノベーション（技術、マーケティング、経営などの）は競合企業より早くその組織に新製品や生産プロセスを生み出す能力を

提供する。組織文化は組織学習や適応の能力を高めるかもしれない。このコンピタンスは「マネジリアル・コンピタンスと戦略フォーカス」と相互依存を行うと同時に「リソース・ベースのコンピタンス」および「アウトプット・ベースのコンピタンス」とも相互依存している。

「アウトプット・ベースのコンピタンス」とは、顧客に「有形の」物的アウトプットを提供するだけでなく、製品やサービスに対する評判、ブランド名、ディーラーネットワークといった「無形の」アウトプットも届けることに関係したコンピタンスである。「リソース・ベースのコンピタンス」および「トランスフォーメーション・ベースのコンピタンス」と相互依存すると同時にリーダーによる「マネジリアル・コンピタンスと戦略フォーカス」により調整・コントロールされている。さらに、環境を通じて「マネジリアル・コンピタンスと戦略フォーカス」にフィードバックされている。

このようにリーダーによる「マネジリアル・コンピタンスと戦略フォーカス」は、それ以外の3つのコンピタンスを創成するのに中心的な役割と位置を占めている。つまり、「組織の際立ったコンピタンス」は経営トップの決定と行動によって生み出される。マネジリアル・コンピタンスは、情報収集、問題の枠組みづくり、結論への到達、経験学習などを通じて生み出される。

以上4つのコンピタンスが相互にうまく連動することで持続的競争優位性が生み出されることになる。中核的位置を占めるのは「マネジリアル・コンピタンスと戦略フォーカス」である。これがユニークな資源を獲得するための鍵である。この能力の開発と活用に大きな責任を有するのが、企業のトップである。資源ベース論で取り上げた独自性の強い、差別化された資源をより実行レベルに落とし込むには、その資源を活用できる組織になっていなければ持続的競争優位性は構築できない。従って、図6-2では「マネジリアル・コンピタンスと戦略フォーカス」においてリーダーシップをとるトップ経営者の能力の大きさが重要な鍵となるであろう。

以上によって、コンピタンスやケイパビリティが複数の能力で構成されることは明らかになったが、それらがどのような関係性を持つときに持続的競

争優位性に繋がるのかといった疑問に対しては必ずしも明確になっていない。Black & Boal (1994) によれば、経営資源間におけるダイナミックな関係性を認識する必要があり、それらの関係性として、①一つの資源レベルの変化が他の経営資源のレベルの変化に相殺される補充的関係性、②ある経営資源の存在が他の経営資源の能力を高める関係性、③ある経営資源の存在が他の経営資源のインパクトを抑制する抑制的関係性、の3種類を提示している（高井、2007）。

（5）システムとしてのコア・コンピタンス

最近の資源ベース論は、初期の資源そのものの研究から資源の活用方法による競争優位性の構築へと移行しつつある。換言すれば、その流れは資源ベースの静態的アプローチから動態的アプローチへの転換である。この転換を契機として、経営資源とケイパビリティの概念を明確に区別する方向に動き始めている。Grant (1991) によれば、経営資源とはインプットであり、ケイパビリティとは資源を組み合わせてあるタスクや行動を行うキャパシティであると述べている。例として、FedEx の競争の強みとしてのケイパビリティは、飛行機、配送車、追跡装置、自動荷分け装置など複数の物的な経営資源を連動することによって生み出されているという。他社からみて同社の個々の業務の模倣はできてもシステム全体の模倣は極めて困難である。

競合企業にとってシステム全体の模倣が困難なのは、機能間のフィットを創り出すためのその企業独自の業務のやり方や組織文化といった目にみえないノウハウは模倣できないからである（高井、2007）。これは既述のように、持続的競争優位性獲得のための資源特性の一つである因果関係の曖昧性に符合する。つまり、所有資源とその持続的競争優位性の関係が曖昧であるため、結局、模倣が困難となる例である。技術や製品といったハードの物的資源だけでなく、企業独自のマネジメント・ノウハウやマーケティング・プロセス（例えば、4Ps 設定の意思決定プロセス）などの目にみえないソフトの経営資源との連動がシステム的に構築されている場合、より強力な持続的競争優位性を

獲得することが可能になるといえよう。

さらに、この例としてアメリカの航空業界で持続的競争優位性を有するサウスウェスト航空を挙げることができる。同社の強みは単に中西部の地域に限定した運航と低料金というサービスだけではない。競合他社が目にみえるこの点だけを模倣しても、同社に定着している組織文化としての業務の仕方やマネジメント・ノウハウはコード化できない暗黙知的知識であり模倣が困難である。

前項でみたように一つの企業あるいは事業部門には、複数のコンピタンスが蓄積されており、相互に依存関係を有している。従って、これら複数のコンピタンスをシステムとして構築することができればそれだけ強固な持続的競争優位性を獲得できるといえよう。

ただ、このような複数のコンピタンスをシステムとして構築してしまうと、それを変革したり中止しようとするとき、かえってその存在が革新のための大きな障害にもなりうることに注意が必要である。

(6) 知識に注目した資源ベース論

資源ベース論の中でも、特に知識を重視したのが知識ベース論である。今日では知識ベース論が、資源ベース論のエッセンスであるといっても過言ではない (Conner & Prahalad, 1996)。知識ベース論では、組織の中に分散され、しばしば暗黙知化された知識をいかに見出し、それを最もうまく使用することが競争優位性を創り出すと説明されている (高井、2007)。また、知識をいかに統合するかが企業の重要な組織能力になり、それが競争優位性を構築することに繋がる。

一方、知識は企業に持続的競争優位性をもたらすものではあるが、その有効期間は確実に短縮傾向にある。企業は知識を特許出願などで守ろうとするのであるが、それはある意味で競合他社に技術を公開して教えることにもなりかねない。例えば、日本の特許庁特許電子図書館における特許・実用新案の公開広報へのアクセスでは、上位10位ぐらいまでに日本の企業はなく韓

国、台湾、中国の企業であるという。特許出願などしない方がいいことになる。しかし、特許を出願していなければ、他社が同じ技術を偶然開発し特許出願した場合、逆に自社が特許侵害になってしまう。そこで、かつてシャープが考えたのは、漏洩しては困る重要な技術のすべてを公正証書にして公証役場に供託しておく方法である。こうしておけば技術が外部に漏れず、万一類似の技術が出願された際は、供託した書類の封を切って対抗することができるというわけである（後藤、2005）。

そのような例はあっても、今日、特許知識の価値は、陳腐化や模倣によって急激にその価値を減ずる傾向にある。従って、持続的競争優位性の鍵は、もはや特許知識それ自体ではなく、新しい知識を生み出す技術能力にあるといえる。このことは技術集約的な産業においてさえ当てはまることである。また、企業はいったん成功した知識に安穏とすることができないばかりでなく、もし次の時代の競争優位性構築の足かせになると判断された場合は、それを捨て去ることも必要である。つまり、知識をベースに競争優位性を生み出すためには、新しい知識を継続的に探求し、創造していかなければならない。このように持続的競争優位性を獲得するためには知識を創り出す柔軟性が重要となる。

ところで、日本企業の欧米企業に対する競争優位性の一つは、部門間での情報の共有化である。知識を組織全体で効率的に活用したり、統合する仕組みが意図的に組み込まれている。例として、①製品開発におけるオーバーラッピング・アプローチ、②人事での戦略的ローテーション、③プロダクト・マネジャー制度などを挙げることができよう（高井、2007）。

◆注
1) 準レント（quasi-rent）とは、経営資源を最もうまく利用したときの価値と、2番目に利用したときの価値の差である。具体的には、リソースを他社よりもうまく利用することによって得られるレントであり、事業特殊的スキルや企業特殊的スキルである（高井、2007；Castanias & Helfat, 1991）。
2) 既存の研究では、コンピタンスとはどちらかといえばスタティックな概念で

あり、ケイパビリティはよりダイナミックな概念と捉えられている。つまり、コンピタンスは単に独自性のあるリソースを意味し、ケイパビリティはそのコンピタンスを活用することで競争優位性に繋がる概念として認識されている（高井、2007）。

付記： 本章第1節は、Cavusgil & Knight（2009）の翻訳書（中村久人監訳、村瀬慶紀・萩原道雄訳〔2013〕『ボーングローバル企業論―新タイプの国際中小・ベンチャー企業の出現―』八千代出版）第2章からの全面的な引用であり、本章第2節の多くの部分は同翻訳書第3章（2）からの引用であることをお断りする。

◆参考文献
巻末の参考文献を参照

第 7 章

ボーングローバル企業とその類似企業の比較
―ボーン・アゲイン・グローバル企業と
ハイテク・スタートアップ―

　本章の目的は、BGC と類似の企業であるボーン・アゲイン・グローバル企業やハイテク・スタートアップと比較して、BGC の特徴をより明確にすることである。ボーン・アゲイン・グローバル企業という名称は、わが国ではまだなじみが薄いが、これは BGC とは違ってこれまで長期間にわたり国内で事業活動を行ってきた企業が突然ある時点から、それも急速な国際化プロセスを展開するベンチャー・ビジネスまたは中小企業のことをいう。BGC が生まれながらのグローバル企業ならば、ボーン・アゲイン・グローバル企業はいわば「生まれ変わったグローバル企業」といえるであろう。次に、やはり BGC と類似概念であるハイテク・スタートアップの特徴、BGC との違いや関係についても明らかにしたい。

1．BGC とボーン・アゲイン・グローバル企業

（1）BGC とボーン・アゲイン・グローバル企業
　本節では、創業後すぐに急速な国際化を行う BGC と国際化以前に長期にわたって国内企業として存在するボーン・アゲイン・グローバル企業の2つの国際化パターンを確認し比較したい。両パターンとも急速で集中的な国際化の特徴を共有しているが、前者はニュー・ベンチャーとして創業時近くから外国市場に参入するが、後者は企業のライフサイクルの後期になって市場に参入する企業である。

最近の国際化のパターンについての文献は、ボーングローバル現象に焦点を当てており、またBGCを「国際ニュー・ベンチャー（INV）」や「早期の国際化企業」と呼び、その国際化の道程を伝統的で漸進的・段階的・連続的な国際化モデルと対比している。しかしながら、Bell, et al. (2003) のような研究者たちは、原型的なBGCや漸進的な国際化企業には多数の道程や変形があることを指摘している。特殊な例として、Bell, et al. (2001) は「ボーン・アゲイン・グローバル企業（born-again-global company）」の概念を紹介している。そのような企業は急速で目覚ましい国際化を開始する前の段階で長年にわたって国内市場中心の事業活動を行っているのが特徴である。
　それはBGCと本質的にどこが違うのか。またなぜ、そのような違いが生じるのか。さらにボーン・アゲイン・グローバル企業について検討する意義はどこにあるのかといったことを念頭に置いて考察したい。
　尚、誤解のないように断っておくが、ボーン・アゲイン・グローバル企業というのは、一度海外進出を図ったが、種々の理由から比較的短期間で海外市場から撤退し、その後再び海外事業活動を開始した企業のことをいっているのではない。
　今までのところ、ボーン・アゲイン・グローバル企業についての実証的な研究は少なく、BGCとどこが違うのかといった調査はほとんど行われていない。Bell, et al. (2001) は、国内市場への集中から急速な国際化へシフトする潜在的誘因について事例を通じて説明している。しかしながら、彼らは特別な基準に照らしてどのようにボーン・アゲイン・グローバル企業を確認したらよいのか指針を提供していない（例えば、創業後どのくらい経過していれば「ボーン・アゲイン」・グローバル企業といえるのか、あるいはその国際化の速さや強度はどの程度なのかなど）。
　Sheppard & McNaughton (2012) は、BGCとボーン・アゲイン・グローバル企業の特徴を確認し比較するために、カナダの小規模企業を対象にクロス集計による調査を行っている。企業の国際化の道程を分類する基準に関しては文献によって同じではない。一般的に、ボーン・アゲイン・グローバ

ル企業は急速で集中的な国際化による特徴を持つ企業のうちの特殊な事例として考えられる。カナダの中小企業のサンプルでは、それらの国際化の道程間には統計的に有意な差はほとんどなかった。また、調査では、ボーン・アゲイン・グローバル企業は、輸出を行うサンプル企業のわずか5.8％であった。BGCは37.5％であり、どのカテゴリーにも一致しない企業は56.8％存在した。そして企業総数（837社）のうち国外で何らかの収入を得ていたのは41.5％に過ぎなかった。

　一般的に、BGCは一種の国際ニュー・ベンチャーとして認識されており、その組織形態についての必要十分条件はOviatt & McDougall（1994）による定義から大きな影響力を受けている。他の国際ニュー・ベンチャーとBGCの違いは、BGCがその名称にあるように「グローバル」企業であり2、3の近隣諸国にだけ輸出している単なる「国際」企業より対象とする市場規模が広いということである。こういった区別に関する論争にもかかわらず、多くの研究は2つの測定しやすい要素、すなわち国際化の開始に要した期間と、国際市場を開拓した程度あるいは「国際化の程度」を尺度としている（Sullivan, 1994）。外国市場に参入するすべての中小企業は、これらの要素で定義された2次元からなる空間のどこかに収まることになる（図7-1参照）。

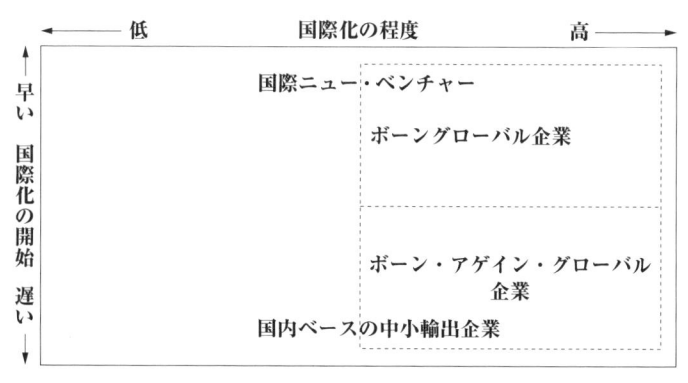

図7-1　中小企業の国際化パターン
出所）Sheppard & McNaughton（2012：p. 47）

「グローバル」の定義に曖昧さがあるとすれば、ここでの研究の焦点は主にある企業の創業から国際化開始までの期間に置かれることになる。早期国際化と遅い国際化の違いを強調するために、Knight & Cavusgil (1996) のBGCについて広く引用されている定義である「公式の創業時から3年以内に外国市場から総売上高の少なくとも25％以上を上げている企業」を利用する。Bell, et al. (2001) は、「ボーン・アゲイン」について国際活動開始時点までの期間を検討している。Sheppard & McNaughton (2012) では、このBellらの研究を参考にして、国際化開始までの期間を調査し、企業存続期間のうち当初28年間国内市場だけで事業を行っていた最大限10％の企業を選択している。これらの企業の中から国際化開始から3年以内に少なくとも25％以上の製品輸出を達成している企業を選択している。

（2）国際ニュー・ベンチャーとBGC
　既述のように国際ニュー・ベンチャー（INV）について、Oviatt & McDougall (1994；p.49) は「創業時から、多くの国で資源の利用と製品の販売によって大きな競争優位性を引き出そうとする企業」と定義している。
　さらに、Sheppard & McNaughton (2012) によれば、図7-1に示すように、一部のINVは、国際化の開始が早く、中小企業としての国際化の程度が高い点ではBGCと同様である。しかし、INVでは国際化の開始は早くても、遅いペースで国際化を行う企業も存在することが示されている。具体的に示せば、次の事例A（ボックス1）は、上記の定義でINVと考えられる企業である。しかしながら、この企業は事例B（ボックス2）で説明される企業によって到達された国際化の程度、すなわちグローバルな程度にまでは達していない。

（3）国内ベースの中小輸出企業とボーン・アゲイン・グローバル企業
　図7-1の下半分は、「漸進的な国際化企業」あるいはRennie (1993) のいう「国内ベースの中小輸出企業」に当てはまる国際化の道程と一致する。事

例C（ボックス3）はそのような企業の例を示している。国内市場から始めて、重点が次第に国外に拡大していくが、Bell, et al.（2001）が説明しているように2、3カ国の地理的あるいは「心理的」に近い「主要」市場から国際化が開始されている。

> ボックス1
>
> 　　　事例A：国際ニュー・ベンチャー（www.argonsecurity.com）
> 創業の年度内に、このカナダの通信機器メーカーは、3カ国での販売が報告されていたけれども、主にアメリカへの直接販売を通じて輸出から売上高の90％を上げていた。多くのINV同様、25人の従業員のうち半分が研究開発に従事し、「北米で最初」のイノベーションに基づくいくつかの特許を獲得している知識ベースの企業である。その企業の戦略的な焦点は収益性にあるが、現在の売上高は100万ドルから500万ドルであり、最近3年間の雇用と販売額において大きな成長を遂げている。

出所）Sheppard & McNaughton（2012：p.48）

> ボックス2
>
> 　　　　　事例B：ボーングローバル（www.es.ca）
> この企業は採掘現場での安全性を高めるのに使用される革新的な技術を提供しており、500万ドルから1000万ドルの間の売上高を有している。40人以上の従業員がおり、そのうち何人かはカナダ国外にいるが、研究開発を担っているのは約3分の1の従業員である。その企業は創業時にアメリカへの直接輸出を開始し、その後欧州各国にも進出し、初年度で総売上高の25％を、創業4年以内で50％を超過した。現在、売上高の約3分の2は7カ国にわたる地域からの国際的なものである。ここ3年間にわたって、同社は売上高と従業員数において規模が2倍に拡大した。

出所）Sheppard & McNaughton（2012：p.48）

> ボックス3
>
> 　　　　事例 C：国内ベースの中小輸出企業（www.rideau.com）
> この企業は、90年以上前に創業され、1980年代にアメリカ市場に参入することになった。中核ビジネスが変わる前には宝石商としてカナダで大きな名声を博していた。同社で成功している新製品は、アメリカへの直接輸出が拡大した90年代末に加わったオンラインコンポーネントつきのターンキー報酬パッケージ商品である。これは2008年には総売上高の半分以上を占めた。同社は250名の従業員を有し、アメリカには20カ所の事務所が配置されており、従業員数はここ3年間で3分の1増加し、売上高は2倍以上になっている。

出所）Sheppard & McNaughton（2012：p.49）

　しかしながら、Bell, et al. はまた、長年にわたって国際的な活動はなかったが、ある重大な事態の変化により、ある年以降、急速に国際化を推進するに至ったいくつかの企業を発見している。これらの企業は、国際化の「ボーン・アゲイン」・グローバルのパターンに従っている（図7-1の右下の区画）。それは真にグローバルなプレゼンスを確立するよう努力して成功する国内ベースの中小輸出企業の特殊なケースと考えられる。事例D（ボックス4）はそのようなボーン・アゲイン・グローバル企業の例である。

> ボックス4
>
> 　　　事例 D：ボーン・アゲイン・グローバル（www.canproroglobal.com）
> この調査サービス企業は、1970年代に創業され、200人以上の従業員を擁し、500万ドルから1000万ドルの売上高を上げている。同社は、国内での長い事業活動の後、まずアメリカの顧客へサービスを提供することにより、その後は中東の顧客へと国際化を拡大した。成長期に先行していくつかの買収とともに企業リストラやブランド買いも行い、年間で国際市場での売上高が総売上高の25%を超過した。現在、同社は最近3年

間で 300% を超える売上の成長をみせており 14 カ国でサービスを提供するようになった。

出所）Sheppard & McNaughton（2012 : p.50）

（4）カナダの BGC およびボーン・アゲイン・グローバル企業の比較

　次に、Sheppard & McNaughton（2012）による統計調査によって、カナダの BGC およびボーン・アゲイン・グローバル企業の比較をみてみよう。彼らの研究のデータは、いくつかの人口統計学的変数の他に国際化パターンおよび従業員数や売上高の成長を調査したカナダでのビジネスにおける産業横断的サンプルから収集したものである。1665 通の回答のサンプルは、Canadian Company Capabilities Directory（Industry Canada）、Scott's Directory およびカナダで急速に成長している企業を毎年掲載している *Profit Magazine* 誌等から選択した 1 万 6099 社への接触から得られたものである。これらの回答のうち、従業員 250 名以下の企業（EU による中小企業の定義）からのものが選択された。ある時点で国際市場での売上を有すると回答したのは 837 社中 347 社（42%）であった。

　それらの企業が創業後最初にカナダ国外から売上を得た年数によって分布をとってみると、約 11 年が中間値（中央値は 6 年）になっており、標準偏差は 13.8 年である。創業から 3 年以内に国際化したのは 25% で、6 年以内は 50% であった。90 番目の分位数は 28 年であった。この少なくとも 28 年間国内市場に専念した後国際市場での販売を開始したのは 35 社であった。Knight & Cavusgil（1996）による創業後 3 年以内に国外市場から少なくとも 25% の売上高を得るという定義にこれらの基準を合せてみると、サンプルのうち 130 社が BGC で、20 社がボーン・アゲイン・グローバルであった。

　これらの調査では、早期にそして急速に国際化する企業とライフサイクルのはるか後になって急速に国際化する企業のそれぞれの特徴を比較するために、記述的統計と中間値の違いによるテストを用いて分析している。ボーン

表 7-1　中間値の比較：BGC 対ボーン・アゲイン・グローバル企業

	BGC (N=130)		ボーン・アゲイン・グローバル企業 (N=20)		Brown-Forsythe
従業員数	18	(33.8)	78	(81.6)	10.4*
製品（サービス）の売上高利益率（％）	43	(41.7)	62	(41.3)	3.4
研究開発費／利益	17	(23.7)	5	(4.7)	26.8**
売上高 & 販売管理費／利益	28	(31.5)	23	(32.0)	0.3
新製品の売上高比率（％、過去3年間）	13	(22.3)	10	(16.1)	0.6
売上高成長率（％）	18	(32.4)	13	(20.8)	1.1
従業員数伸び率（％）（過去3年間）	6	(30.4)	4	(9.9)	0.3
国外市場の数（現在）	6	(9.6)	17	(36.8)	1.5
海外市場売上高比率（％）	52	(35.1)	40	(32.4)	2.3
アメリカでの売上高比率	33	(28.6)	37	(27.4)	0.3

注）＊＝p<0.01、＊＊＝p<0.001；中間値の横のカッコ内の数値は標準偏差
出所）Sheppard & McNaughton（2012：p.52）

　グローバルとボーン・アゲイン・グローバル企業のサンプルは、規模において大きな違いがあるので、分散の等分数性検定はいくつかの独立変数に対して有意な差を示しており、分散の等分性をとらない中間値の間にはっきりした違い（Brown-Forsythe テスト）が報告されている。質問票調査からは、企業規模（従業員数）の比較、製品（サービス）の売上高利益率、研究開発投資額、売上高とマーケティング費用、新製品の売上高比率、総売上高に対する海外売上高比率、北米外との売上高比率、最近3年間の従業員数および売上高の伸び、および知識の強度などのデータが収集された。

　同調査の結果として次のような知見が示されている。すなわち、BGC はボーン・アゲイン・グローバル企業と比べて、従業員数と研究開発の強度という2つの独立変数において有意な差があった。ボーン・アゲイン・グローバル企業は、はるかに大規模（中間値が BGC の従業員数18名に対して78名）で、利益に占める研究開発費比率はより低い（BGC の17％に対して5％）。その他の

表7-2　BGCとボーン・アゲイン・グローバル企業間の知識集約度の比較

	BGC 企業数（%）		ボーン・アゲイン・グローバル企業 企業数（%）		合計
知識のプロデュース企業	4	(3)	2	(7)	6
知識のユーザー企業	59	(49)	12	(40)	71
その他	67	(56)	6	(20)	73
合計	130	(100)	20	(100)	150

注）FischerのExact Test=4.72, p=0.080.
出所）Sheppard & McNaughton（2012：p.52）

　すべての変数において、これらの2つの国際化のプロセスに従う企業は、統計的に区別が不可能であった。ボーン・アゲイン・グローバル企業はより多数の国際市場と取引し、総売上高に占めるカナダ外売上高がより低い傾向がある。しかしながら、所与のサンプルサイズからは、これらの差は有意ではなかった。

　また、Clendenning & Associates（2000）が開発した知識ベースのセクター分類を用いて2つの企業グループの知識集約度を比較している（表7-2）。第1のグループには、知識のプロデューサーと考えられるいくつかの科学・技術関連企業が、第2のグループには、革新的な知識のユーザーとしての特徴を有する企業が含まれている。最後のグループはこれら2つのグループのどちらにも属さないセクターである。FischerのExact Testでは、知識集約度と国際化パターンの間には統計的に有意な関係はないことを示している（p=0.05）。しかしながら、このパターンでは2つの知識集約的グループ以外のセクターではBGCの方がはるかに高い比率になっていた。

　以上、彼らの調査からは、BGCとボーン・アゲイン・グローバル企業との間には差異がほとんどないことが明らかになっている。ボーン・アゲイン・グローバル企業は国内市場でより長い期間成長してきたので、平均的にはるかに規模が大きい。それらの利益に占める研究開発費比率はBGCより低い。BGCはまた、平均してはるかに小規模なので、小さな分母（利益）が

研究開発費比率を相対的に高くしている。

　知識ベース論では、BGC が知識集約的製品を開発するのにそれらのネットワークをどのように活用するか説明する場合が多いが（例えば、Autio, et al., 2000；Mort & Weerawardena, 2006）、それは研究開発への高水準の資源関与によって支持されている。これらの多くの小規模な革新的企業は、現状に挑戦する市場先行型の製品あるいはサービスを提供している。しかしながら、彼らの調査では、知識集約度と国際化パターンの間に統計的に有意な関係は示されていない。何かあるとすれば、BGC の比率が高いのは典型的に重要な新知識のプロデューサーやユーザーとは考えられないセクターであるかもしれない。それらの国際化が早かろうと遅かろうと、小規模な企業は大規模なグローバル企業に比べて、消費者の関心を引いたり、新しさの不利を克服するのに困難に直面する。従って、売上やマーケティングに要する費用の中間値は高い（それぞれ売上高の 28% と 23%）が、これらの比率は 2 つの企業グループ間では有意な差はない。

　国際化の規模と範囲に関係する「グローバル」という言葉の使用に関しては問題が多くその議論はこれまで避けられてきた。図 7-1 は国際市場を開発してきた程度によって BGC と他の早期国際化企業を区別しており、急速で目覚ましい国際化が典型的なのは BGC であることを示唆している。従って、その企業が国際化を開始した後すぐに高度の国際化を達成すれば、それは「ボーングローバル」（あるいは場合によっては「ボーン・アゲイン」・グローバル）と考えられる。国際化の程度はその企業の海外売上高比率、進出先国際市場の数、そしてそれらの市場がその企業が位置する地域または大陸以外にあるかどうかによって測定することができる。この研究では、その企業が 3 年以内に少なくとも総売上高の 25% 以上を国外で達成しているという基準が BGC とボーン・アゲイン・グローバル企業に関する急速で目覚ましい国際化の指標として使われた。

　Kuivalainen, et al.（2007）や Johanson & Vahlne（2009）は、ほとんどの BGC は真のグローバル活動はしていないので実際は「ボーン・リージョナ

ル」あるいは「ボーン・インターナショナル」であると主張している。何人かの研究者はグローバルな規模の問題を取り入れた定義を提唱しているが、まだ議論の段階である。例えば、5カ国以上に輸出している企業がグローバルである資格を持つとされるが、EU諸国の企業にとっては北米を拠点としている企業ほどにはピンとこないかもしれない。前者の企業は少なくとも近隣諸国からの地域圧力から国際化を開始することが多い。後者の企業は、小規模なニッチを占有するのでなければ、国際化戦略の必要性を感じないほどに通常は大きな国内市場への浸透を行うのである。従って、大陸の外への輸出を取り上げることが、Gabrielsson, et al. (2004) も示唆しているように、グローバルについてのより比較に耐えうる定義を提供することになるかもしれない。

　サンプル企業の中で、参入市場（国）の数は2つのグループの間で有意な差ではなかった。早期に国際化する企業と遅く国際化する企業の間にも「国際的」な企業と「グローバル」な企業が存在した。その間に有意な差はなかったが、ボーン・アゲイン・グローバル企業の方がより多くの国に販売している傾向があり、それらの海外経験においてはるかに大きなばらつきがみられた（標準偏差はBGCの10カ国に対して、ボーン・アゲイン・グローバル企業は37カ国に及んでいる）。カナダの企業については、最大で最も魅力的な「国際」市場は普通アメリカである。2つのタイプの企業は、アメリカからそれらの売上高の約3分の1を上げており、そのばらつきも非常に類似していた。

2．BGCとハイテク・スタートアップ

(1) ハイテク・スタートアップの定義と出現の背景

　ベンチャー企業の研究で著名なTimmons (1994) は、ベンチャー・ビジネスの事業開始からの成長過程をスタートアップ期、急成長期、成熟期、安定期の4ステージに分けて説明している。従って、スタートアップという言葉の意味は、彼によれば、ベンチャー・ビジネスが起業後、2、3年、場合

によっては 7 年くらいまでの期間であるという。また、この時期の死亡率は 60％以上に達し危険な時期でもある。この時期を乗り切るとベンチャー企業は転換期を迎え急成長期を迎えることができる。急成長期を迎えると売上高や従業員数といった企業規模はスタートアップ期よりもさらに増大する。本節では、このスタートアップ期と急成長期の初期までの期間に属する企業を「スタートアップ」と呼ぶことにする。

それでは「ハイテク・スタートアップ」とは何かということになる。ハイテクとは、最先端の高度な技術に基づくことを意味しており、類義語として NTBF (new technology based firm) などがある。具体的には、現代におけるハイテクとして、バイオ・テクノロジー、半導体分野の技術、ICT 分野の技術などが挙げられよう。後節で検討したい。

田路・露木 (2010) によれば、Nesheim (1997) の著書の中でコーネル大学の David BenDaniel が次のようにハイテク・スタートアップを定義していることが紹介されている。すなわち、「経済的基盤を築けるまで成長できた場合には、多くの雇用を生み、技術変化を普及させ、自ら作り出したイノベーションのカルチャーをあらゆる経営体に波及させていくような潜在的影響力を持ちうる中小企業」である。この定義に従えば、ハイテク・スタートアップは、単に技術水準が高いというだけでなく、成長段階においては自社の持つイノベーションを社会に波及させるほどのインパクトを有することが求められている。しかしながら、ここでは、「起業家・発明家によって率いられる、先端的な技術をシーズとする革新的な新規創業企業」という定義 (露木、2006) に従うことにする。

また、本章では「アカデミック・スタートアップ」あるいは「大学発ベンチャー」は、「大学・研究機関の技術をもとに、起業家・発明家により率いられた革新的な中小企業」であるので (新藤、2005)、ハイテク・スタートアップの一種として考える。

さて、こうしたハイテク・スタートアップの出現の背景の一つとして、オープン・イノベーションという概念が影響していると考えられる。

Chesbrough (2003) によれば、「オープン・イノベーションとは、企業内部と外部のアイディアを有機的に結合させ、価値を創造することである」(田路・露木、2010)。このことは大企業でさえ革新的な製品やシステムを創造し続けるためには、アイディアを内部だけでなく外部からも吸収せざるを得なくなっていることを反映している。Chesbrough (2003) によれば、アメリカでは小規模企業の研究開発費投資が全米の総額に占める割合で増加しており、大規模企業のそれは減少しているという。研究開発の領域には規模の経済が働かず、研究開発の成果はあらゆる規模の企業に分散している (Rosenbloom & Spencer, 1996)。

　こうなると大企業でも自前で行う研究開発だけに頼るのではなく、外部にも研究開発の担い手を求めることになる。こうしてその存在が浮かび上がってくるのがハイテク・スタートアップというわけである。つまり、大企業でも自社の今後のビジネス・モデルを想定して、社内の研究開発の進捗状況を突き合わせてみると、ギャップや盲点がみつかる。そのギャップを埋めるために外部のアイディアや技術を活用する必要がある。外部からの技術の取得には、共同研究、特許の利用、スタートアップへの投資、スタートアップや技術の買収といった方法がある。

　スタートアップ自体もオープン・イノベーションを実践しており、大企業が活用しないで放置していたり、大学が保有している技術や特許をもとに事業化を図っている。

(2) ハイテク・スタートアップの成功確率と成長要因

　スタートアップは大企業以上に雇用やイノベーション、新規産業創出の苗床であり、スタートアップを立ち上げる起業家の起業家精神の活性度は、実に国全体の競争力にも影響を及ぼすといえよう。例えば、GDPと新規開業率の関係は正の相関があり、新規開業率が上昇すればGDPも上昇する。OECD加盟国を比較しても、新規開業率が高い国ほどGDPの成長率が高いのである (田路・露木、2010)。

しかしながら、すべてのスタートアップが成長できるわけではなく創業時期から成長の一つの区切りとみなされる IPO（株式公開）やバイアウト（売却）にまで漕ぎ着けられる企業の比率は非常に低い。Nesheim（1997）によれば、ビジネスアイディアから IPO に至る確率は 100 万分の 6 であり、VC（ベンチャーキャピタル）の厳しい選別を受けて資金調達に成功した企業であっても、IPO に至る確率は 10 分の 1 になると述べている。

　確かにスタートアップにとって資金調達の問題はスタートアップ期だけでなく、その後の急成長期、成熟期、安定期のすべてを通じて最大の課題である。ベンチャー企業の資金調達に関する日米比較では、アメリカの場合、シード期からの全プロセスにおいて資金調達が切れ目なく繋がっているのに対し、日本の場合は成長プロセスのそこかしこに断絶が存在するといった違いがみられる。日本のスタートアップにとってこの種の「ファイナンス・ギャップ」が存在することが成長を阻害する大きな要因として指摘されている（中小企業庁、1998）。

　このようなファイナンス・ギャップの存在を反映して、日本のスタートアップは起業に要する年数（シード期）のみならず起業から IPO に至る年数でもアメリカ企業より長期の年数を要している。ある調査では、創業から IPO までにかかった期間は、5 年未満が 6.4％で、5 年以上 10 年未満でも 17.6％となっている（㈶中小企業総合研究機構、2005）。これに比して、特に、シリコンバレーにあるスタートアップなどはエンジェルや VC からの投資を得られる機会に恵まれており、急速な成長をする企業が多い。アメリカでは創業から 5 年で IPO の見通しがつかないと、投資した VC がバイアウトを強要し始めるという（田路・露木、2010）。

　次にスタートアップの成長要因についてみてみよう。成長要因には外的要因、企業固有の要因、起業家固有の要因が考えられる（Storey, 1994）。成長に関係する外的要因としては、地理的要因、金融市場、労働市場などがある。また、企業固有の要因としては、社歴、従業員数、製品・技術、資金調達力、取引先とのネットワークなどがある。既述のように、資金調達力は成長

プロセスのどの段階においても重要ではあるが、ハイテク・スタートアップにとって最も重要なのは製品・技術である。ハイテク・スタートアップは当然その企業の競争力の源泉として強い技術力を持っていなければならないが、そのためには暗黙知的な製造ノウハウや特許によって競合企業からの模倣を防がなければならない。また、いち早く市場に参入して顧客を囲い込む先行者優位の戦略をとることになるかもしれない。

さらに、起業家固有の要因については、アメリカでは起業家の教育程度が高いほど成長性が大きいことが検証されたり（Cooper, et al., 1994）、イタリアやドイツの研究では、技術系の学位を持っている方が成長性が大きいことを明らかにしている（Almus & Nerlinger, 1999；Colombo & Grilli, 2005）。

また、起業家に起業経験があることが有効かどうかについては議論が分かれるところである。アメリカのShane（2003）によれば、起業経験は起業機会を発見するには有効であるが、成長性との関係では有意性は認められなかったと述べられている。他方では、過去の起業経験は次の起業に有効に働くことが指摘されている。

さらに、企業は一人ではなく複数で経営チームを組んで行う方が成長性が高いことも実証されている。経営チームが大きくなると、売上高も大きくなることが明らかにされている（Cooper & Bruno, 1997）。確かに、一人の創業者が経営面と技術面の双方を担当していたのでは、市場開発力は高まらないであろう。このことは例えば大学発ベンチャーにおいて経営やマーケティングの能力を備えた研究者兼創業者が少ないために、今ひとつ収益性が向上しないベンチャーが多いこととも関連していると思われる。

また、チームの大きさの他に、経営チームの構成員の協働経験も成長と関係があることを主張する研究もある（Eisenhardt & Schoonhoven, 1990）。これは、同じ組織で働いた経験を有するメンバーで経営チームを構成すると、コミュニケーションが円滑になって意思決定がスムーズに行われるというものである。

以上のような企業固有や起業家固有の成長要因についての研究は、どちら

かといえば静態的である。しかし、スタートアップの成長そのものは動態的である。従って、スタートアップの成長要因は時間の経過によって変化していくことが予想できる。スタートアップ期は技術イノベーションの革新性の程度が、成長期では顧客交渉力が成長を左右するといった研究もある（Van de Ven, et al., 1984）。さらに、スタートアップ期には製品開発に専念し、成長期には営業とマーケティング活動へと起業家の活動の内容が変化することを解明した研究もある（Roberts, 1990）。確かに、起業してそれを育てる経営と、IPOを迎えた後に拡大していく経営は異なるであろう。

（3）BGCとその周辺・類似企業との関係

最後に、BGCとその周辺・類似企業（ベンチャー・中小企業、ハイテク・スタートアップ、グローバル企業）との関係を描けば図7-2に示すような概念図になるといえよう。BGCはベンチャー企業あるいは中小企業とは、規模が小さく大企業に比して資源が不足している点では類似性があるが、国際化の速度が速くて（グローバル企業）、ほとんどが高度な技術を有している（ハイテク・スタートアップ）点では異なっている。ハイテク・スタートアップとは先端的な技術をシーズとする革新的な新規創業企業である点では類似しているが、BGCは国際化の意欲が強くその速度が速い（グローバル企業）点で異なってい

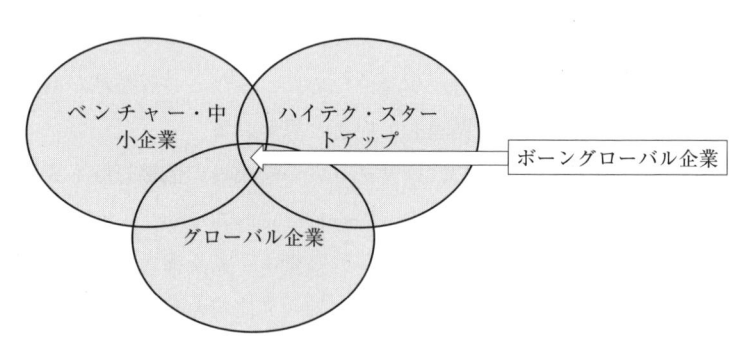

図7-2　BGCとその周辺・類似企業の関係図
出所）著者作成

る。また、従来のグローバル企業との比較では、グローバル市場で互いに競合している点では類似点があるが、規模が小さくて資源が不足している（ベンチャー・中小企業）点で異なっている。

　この中でも特に類似性の高いハイテク・スタートアップとの関係についてさらに考察してみよう。既述のように、BGC はハイテク・スタートアップと同様に先端的な技術（バイオ・エレクトロニクス分野、半導体・エレクトロニクス分野、ICT 分野など）を競争優位の源泉とする企業が多いが、そのビジネスモデルは必ずしもそのようなハイテク分野だけではない点が伺えるのである。

　これまで研究者が対象とした BGC の業種には、上記の3つの業界に属する企業以外に、例えば、エコシステムの開発、医療器具や機器の生産・販売、地雷探査システムの開発、中古車のオークションビジネス、オンラインゲームサービス、ヘルスケア関連事業、太陽電池の生産、真空包装器の生産、ビジュアル・コミュニケーション・サービス、小規模な商社等も挙げることができる。このことからも BGC の大半はハイテク・スタートアップと事業領域が重なるとしても、それ以外の必ずしもハイテクではない、あるいはサービス産業分野も事業の対象となっていることが明らかである。従って、その事業領域はハイテク産業だけに限らず、世界的に通じる何らかの差別化（持続的競争優位性）を有していれば BGC の要件を満たしているといえよう。

◆参考文献
巻末の参考文献を参照

第 8 章

北欧諸国における BGC 支援機関に関する考察

　本章ではフィンランド、オランダにスウェーデンおよびデンマークを加えた北欧4カ国を取り上げ、各国の BGC を創出・成長させる政策的基盤と支援機関の実態について実地調査も交えて詳細な検討を行う。

　はじめに、なぜ北欧各国ではそのような BGC 創出の仕組みが築かれたのかその背景について考察し、次に各国において BGC あるいはハイテク・スタートアップ（中小企業や国際ニュー・ベンチャーを含む）を生み出し成長させる政策的基盤とその支援機関について精査する。さらに、大学や研究機関からの BGC への技術移転はどのように行われているのか、その特徴は何か等も検討する。

　次に、BGC（ハイテク・スタートアップやニュー・ベンチャー）に対する国際化への支援活動を行う準政府機関（半官・半民）の活動内容はどのようものか実地調査を交えて考察したい。そこではまた BGC の国際化段階の速さは何によるものか、それら諸国における BGC の持続的優位性の源泉は何か、等についても併せて検討したい。さらに、BGC に対する支援活動を行う準政府機関であるデンマークのコペンハーゲン・キャパシティ（Copenhagen Capacity）のメディコンバレーでの事業活動を紹介する。

　最後に、それら諸国の BGC を支援する仕組みと内容についてわが国が学ぶべき点は何か、等についても考察したい。

　尚、本章では、調査の順番に従って、まずフィンランドとオランダの状況を比較した後、スウェーデンとデンマークの状況を比較する。

1. フィンランドおよびオランダにおける BGC 出現の背景

　本節では北欧、特にフィンランドおよびオランダにおいてなぜ BGC が多く出現しているのか、どのような背景のもとに出現しているのかを詳細にみていきたい。尚、ここではハイテク・スタートアップ、国際ニュー・ベンチャーなど類似概念の企業も一纏めにして BGC として扱うことにする。厳密にいえば、本書での BGC の定義は、「創業と同時にあるいは遅くとも創業後 2、3 年以内に海外事業を展開するベンチャー・ビジネスまたは中小企業」である（中村、2008、2010）。

　そのような BGC 出現の背景に関して、これら北欧諸国の共通点として、小国である（日本やアメリカ、西欧諸国と比較して人口が少なく、GDP が低い）こと、しかし一人当たりの GDP、研究開発費、特許出願件数等の指標をみると、いずれも日本と比べて同等もしくはそれ以上の水準となっていること、が挙げられる（表 8-1 参照）。

（1）フィンランドにおける BGC 出現の背景

　まず、フィンランドは人口の少ない小国であるため、国益の源は知識や技術革新（イノベーション）であるとの考えから、1990 年代半ばより、政府により研究開発に多額の資金が投入されるとともに、産学官連携が推進されてきた。人口の少ないことはまた、内需だけでは GDP の伸びをはじめとした経済成長や企業成長を困難にするので、貿易や海外での生産や研究開発を推進させる必要性に迫られることになる。

　同国では通商産業省（Ministry of Trade and Industry）所管のテケス（TEKES: フィンランド技術庁）が科学技術政策を主導し、資金援助を主とした関連施策も推進している。また、1994 年から COE（Center of Expertise）プログラムという研究開発を促進する地域産業政策が展開されている。これによってサイエンスパークの設立が推進されてきたことが特徴として挙げられる。現在、

表 8-1　わが国および北欧 4 カ国の基礎データ比較

	日本	フィンランド	スウェーデン	デンマーク	オランダ
面積（万km²）	約 37.8	約 33.8	約 45	約 4.3	約 4.2
人口（万人）	約 12,705	約 530	約 918	約 543	約 1,636
主要産業	電気・電子、輸送用機器、半導体、コンピュータ	ハイテク機器製造（携帯電話等）、木材関連業、金属	機械工業（含自動車）、化学工業、林業、IT	農業、畜産業、化学工業、加工業	石油精製、化学、電気、食品加工、天然ガス
GDP（億ドル、2009 年）	50,420	2,380	4,061	3,101	7,946
一人当たりGDP（ドル、2009 年）	39,530	44,688	43,903	56,687	47,889
経済成長率（％、2009 年）	−5.2	−8.0	−5.1	−4.7	−3.9
国内総研究開発費（100 万米ドル）	130,745（2005 年）	5,996（2006 年）	11,287（2005 年）	4,521（2005 年）	9,730（2004 年）
GDP に占める国内総研究費の割合(％)	3.39	3.45	3.73	2.43	1.67
GDP に占める企業の総研究開発費の割合（％）	2.62	2.46	2.79	1.62	0.96
人口 100 万人当たりの三極特許出願件数（2005 年）	212	7.0	13.5	8.1	29.3
通貨	円	ユーロ	クローネ	クローネ	ユーロ

出所）総務省統計局（2010）、OECD "Main Science and Technology Outlook 2008" 等を参考に著者作成

大学がある地域にはサイエンスパークが形成され、各種研究機関が集積している。大学には TLO（技術移転機関）が設置され、主に地域内において TLO を介した技術の商業化を含む技術移転も進んでいる。

代表的なサイエンスパークとして、オタニエミ（Otaniemi）・サイエンス

パークやオウル（Oulu）・サイエンスパークがある（みずほ総合研究所、2009）。前者はヘルシンキから 10 km ほど離れたエスポー市にあり、ヘルシンキ工科大学、VTT（フィンランド国立技術研究センター）等の研究機関や、ノキア、マイクロソフト等の大手ハイテク企業が高度に集積している。さらにはインキュベータ施設（INNOPOLI, INNOPOLI 2）の他、多くのベンチャー企業も集積している。

INNOPOLI は研究や優れたアイディアを商用化し、ビジネスを生み出すことを目的に活動している。1991 年に完成し銀行等の金融機関、産業界、地元のエスポー市等が株主となって設立された第 3 セクターである。INNOPOLI にはインキュベータ施設、およびヘルシンキ工科大学の学生が無料で入居できるプレインキュベータ施設も設置されている。

さらに、同サイエンスパークにはアーリーステージのビジネスインキュベータとして INNOLINKO がある。学生や研究者を対象に、ビジネス・アイディアの商業化を支援している。また、同パークには、ベンチャー向け投資と金融カウンセリングを行う SPINNO SEED がある。主要株主は、KERA（中小企業向け国営開発金融機関）、SITRA（研究開発財団）、エスポー市、ヘルシンキ市、INNOPOLI 等である。

後者のオウル・サイエンスパークは同国北部の主要都市オウル市を中心に形成されている（クルユ、2008）。同サイエンスパークの運営会社は Technopolis plc である。インキュベータや研究室の賃貸の他、COE プログラムの受け皿にもなっている。また、イノベーションの商業化支援を行う Oulutech Ltd. もある。知的所有権に対する助言、市場開拓、パートナー探し、資金調達の手伝い、経営相談、技術開発の手助け（技術の評価、研究資金調達のアレンジメント等）などを行っている。また、同パークにはオウル市、民間企業の出資により、1990 年に設立された Medipolis Ltd. がある。同社は、医療・ヘルスケア分野に特化したインキュベータである。オウル大学医学部、オウル大学病院に隣接している。現在、医療関係のエレクトロニクス、ソフトウェアを含む医療・ヘルスケア関係の企業が入居している。入居企業の内

訳は、大企業の研究所、スピンオフ企業、外国企業等である。

このようにサイエンスパークには、大学、国立技術研究センター等の研究機関、内外大手ハイテク企業、ベンチャー企業、インキュベータ施設、それらの支援企業（機関）などが地理的に近接して活動しており、そのため日常的にお互い親密な連絡をとることが可能となり、人脈形成においても有利に働いていると考えられる。

大学の研究開発予算（2006年度）は、ヘルシンキ大学が最も多く、ヘルシンキ工科大学、オウル大学がそれに続いている。研究開発費の内訳では，半分程度がフィンランド・アカデミー（Academy of Finland）やTEKES等による外部機関から支出されている。

次に、大学・TLOを取り巻く法制度をみると、2004年から大学における研究成果の商業化を促進することを目的として「大学法」が導入されている。2006年4月には、「フィンランド版バイ・ドール法」といわれる法律が制定され、委託調査および委託研究に関して、特許化が可能な発明に対する権利は、学術機関に所属することになった。

代表的なTLOには、ヘルシンキ工科大学（TKK）のOIIC（Otaniemi International Innovation Center：オタニミエ国際イノベーション・センター）がある。大学の研究活動に関わる外部とのすべての契約、例えば研究契約、コンサルタント契約、共同研究契約、守秘義務契約等は、OIICが一括して扱い、管理している。

OIICは年間約15～20社のスタートアップ企業を設立している（過去10年間で約130社）。ビジネスエンジェル、大学、テクノポリスベンチャー等がスタートアップ企業設立資金供給元になっている。ただ、企業設立後の育成を目的とした追加資金の現地調達に限界があるため、資金を含めた起業に必要なインフラがより整備されているイギリス等、フィンランド以外の国に起業機会を求めて逃げていくことが懸念されている（みずほ総合研究所、2009）。

ヘルシンキ大学でも、イノベーション創出活動およびその成果の事業化に対して強力な支援を行うことを目的とした活動を行っている。その一環とし

て、技術移転会社 Licentia Ltd. が設立されている。同社は、ヘルスケア領域の技術や知識の取り扱いに特化しており、大学、研究所、大手企業、中小企業等を対象に、技術評価、ライセンス、事業化等の支援サービスを提供している。これまで、約100件のライセンス契約締結に加え、特許技術の事業化を目的とした数件のスタートアップ企業設立の実績がある。また、同社は技術の特許化支援、追加研究資金の調達支援等のサービスを提供することで、研究基礎段階と事業化段階に存在するギャップを埋め、有望な技術に対して民間の投資会社、企業等が関心を持つ段階まで引き上げることを狙いとしている。

(2) オランダにおける BGC 出現の背景

オランダは表8-1に示すように、人口はフィンランドと比べれば1636万人で約3倍ほどであるがそれでも小国である。この国も人口が少なく内需に依存できないために、輸出（機械類、石油等の鉱産物、電気機器など）の占める規模は大きい。石油以外の天然資源はほとんどない状況であるが、オランダの一人当たりGDPは4万7889ドル（2010、総務省）と高く、日本のそれを上回っている。この高水準のGDPを維持するためにも、主に知識・技術の創出に集中しなければならない背景がある。

同国は、空港、港湾、道路・鉄道網が整備されており、欧州における物流の中心基地となっている。また、同国は伝統的に自由貿易主義を標榜し、中継・加工貿易を基軸とした通商国家である。さらに、同国はフィリップス、アクゾノーベル、ASML、DSM等、大規模な多国籍企業の本拠地でもある。

また、同国はIMD（国際経営開発研究所）の「国際競争力ランキング2010」では9位（日本は26位）、世界経済フォーラムの「世界競争力指標2010」では7位（日本は9位）と、高い評価を得ている（日本経済新聞、2011年9月8日付）。研究開発活動に対する民間支出はGDPの約1%であり、このうち約30%が多国籍企業10社（Philips、Shell、NXP、Akzo、Thales、Oce、ASML、Unilever、DSM、KPN）によるものとなっている。研究分野ごとにオランダ国内の主要

表8-2 オランダにおける研究分野と主要研究機関

研究分野	研究機関（企業の研究機関も含む）
食品	Wageningen、Maastricht 大学、Unilever、Coberco、Campina、Sara Lee、DSM、Numico、Purac、Stock など
農業	種子企業（Wageningen、Rijlzwaan Zaden）、機器製造企業（Abatech）など
化学	Akzo、DSM、Engelhard、Gasunie、Feyecon など
生命科学	各大学、Genetwoster、Kiadis、Pharming、Solvay、DSM、Pepscan など
エネルギー	ECN、Casunie、NAM、Shell、Fugro、Nedstack など

出所）みずほ総合研究所（2009）

研究機関（企業のそれも含む）を示せば表8-2の通りである。

オランダでは、2000年から2006年にかけて、知的財産の活用やスタートアップ企業の創出に対する意識が高まっている。同国では、経済省（Ministry of Economic Affairs）や同省所管のセンター・ノベム（Senter Novem）が推進しているイノベーション・バウチャー（Innovation Vouchers）という制度がある。（4）で紹介したい。

（3）フィンランドのBGCを創出・成長させる政策的基盤と支援機関

同国の科学技術関連施策の最高意思決定機関はSTPC（Science and Technology Policy Council）であり、科学技術関連の施策には、通商産業省管轄のTEKESおよびVTT（国立技術研究センター）、教育省（Ministry of Education）所管のフィンランド・アカデミー等が関与している。

1983年に発足したTEKESは、VTTなどと並んで同国全体の産業政策を統括する通商産業省の管轄下にある。TEKESの主要な機能は、研究開発プロジェクトへの資金提供である。この資金提供は、大学やポリテクニック、公的な研究機関だけでなく、民間企業の研究開発プログラムに対しても行われる。資金提供の内容は補助金やローンという形をとっている。

民間企業がTEKESからの資金援助を受けるためには2つの方法がある。まず、TEKESが主宰するテクノロジー・プログラムに参加して共同研究を

行う方法である。もう一つは、企業が実施している研究開発プログラムに、TEKES から直接支援を受ける方法である。TEKES からの補助金やローンは、その研究開発プロジェクトが、どのようなイノベーションを生むか、どのくらい先に商業化できるか、それに伴うリスクはどの程度か、などを考慮して決定される。ただし、対象は BGC を含むベンチャー企業だけでなく、大企業も対象範囲である。

　TEKES の補助金は、民間企業の研究開発支出を誘発する額に設定されており、補助金の額は、全体の研究開発予算の 15 〜 50％ 程度にとどめられている。技術的な有望性とともに、企業側の資金的な裏づけが補助金拠出の一つの重要な基準となっている。

　また、TEKES はこうした資金援助以外にもインキュベーション機能を有している。例えば、TEKES はトウリ（TULI）というプログラムを運営しており、リサーチ・プロジェクトに 1 万ユーロを上限に補助金を与えている。また、起業家向けにスタートアップ・ローンが用意され、起業家は 10 万ユーロを上限に TEKES からの低利融資が受けられる（矢田・矢田、2006）。

　SITRA（研究開発財団）は 1967 年に同国の建国 50 周年記念として創設された財団であり、現在では半官・半民の研究開発財団となっている。SITRA は幅広い業務を行っているが、直接、BGC に関わる部分としては、VC 事業と、起業時における資金的支援活動が挙げられる。SITRA の VC 事業は同国の IT およびバイオ企業のスタートアップ・ステージを対象としており、現在約 100 社程度のフィンランド企業に投資を行っている。また、起業時の資金支援プログラムとしては、リクサ（Liksa）と呼ばれるものがある。これは起業家が VC からの投資を受けられるように、ビジネスプランをより精度の高いものに洗練するための助成金プログラムである。また、SITRA では、イントロ（INTRO）と呼ばれるプログラムにより、マーケット・プレースを運営しており、ここで VC やエンジェル投資家とのマッチングを行っている（矢田・矢田、2006）。

　次に、フィンランド企業の国際化を支援する半官・半民組織（準政府機関）

のフィンプロ（Finpro）がある。1919年に創設されたフィンプロは今や全世界40カ国以上に65の拠点を持ち、340人以上の専門家に率いられるグローバルな組織であり、雇用経済省に属している。フィンプロのミッションは、「グローバル経済においてフィンランドに成功をもたらす」ことであり、ビジョンとしては、「パートナーとの信頼を得てグローバルなビジネス・チャンスを獲得する」ことである（Finpro, 2011）。

著者が面会したディレクターのJ. Karesto氏によると、「この専門家集団はマーケット、顧客、現地の言葉等にも精通しており、彼らの専門知識は、エネルギー・環境ビジネス、林業、ライフサイエンス、産業機器、サービス業、ソフトウェアおよびデジタル・メディア産業をカバーしている。また、彼らはセールスマンではなく、コンサルタントである」とのことであった。フィンプロの運営予算は3つのルートが財源となっている。一つは会員約500社からの会費、2つ目は雇用経済省からの助成金（35％くらい）、3つ目は顧客企業（コンサルタント先）からのサービス料である。

フィンプロのサービスは基本的には無料で受けられる海外の情報提供サービスと有料となるカスタマイズされたコンサルティング・サービスとからなる。後者については、顧客企業に対して国際化の各段階ごとに専門知識を提供している。具体的にコンサルティングの内容は各段階ごとに図8-1のようになっている。

フィンプロはBGCのようなベンチャー企業だけを対象にしているわけではないが、人的、資金的なリソースが限られているベンチャー企業が海外進出を考える際には力強いサポーターである。

これまでフィンプロが国際化を支援し成功させたBGCは多数にのぼるが、その例としてIT企業であるSYMBICONや特殊ドア（飛行機の格納庫用ドアなど）を製造するCHAMPION DOORがあるという。これらの企業は製品自体がグローバルであったことが成功の一因であったと考えられる。特に、後者については、国際部門の売上が当初3年間は25％であったが、今や輸出総額500万ユーロのうち75％を占めているという。また、この企業の最大

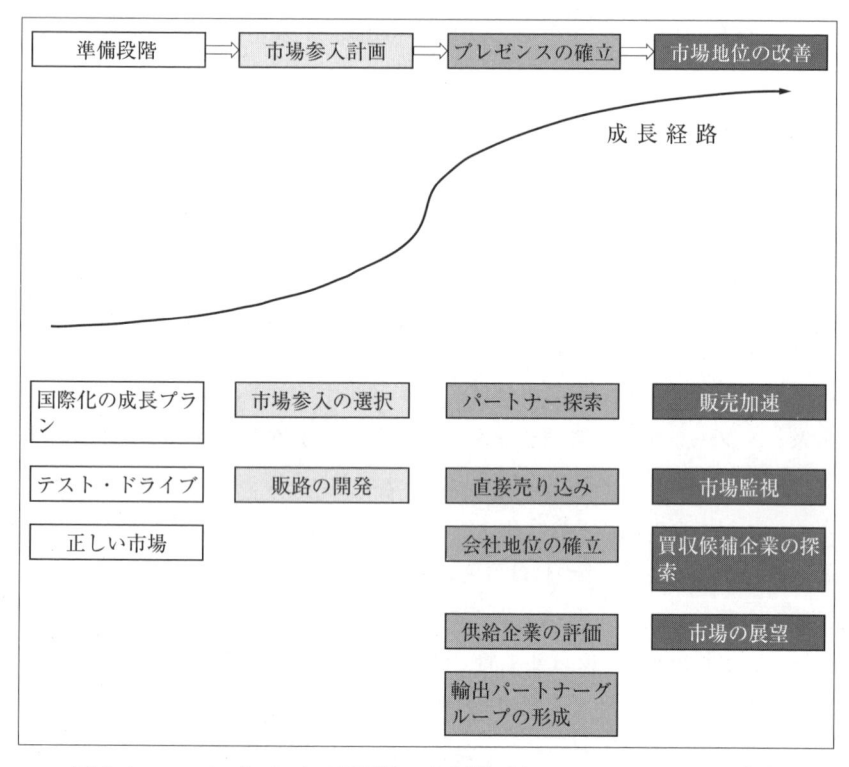

図8-1 フィンプロによる国際化の各段階ごとのコンサルタントの内容
出所）著者 Finpro 訪問時の J. Karesto 氏によるプレゼンテーションより

の成果はエアバス製造の EADS と向こう3年間で、1000万ユーロを超える契約を結んだことである。

　フィンランドにおける BGC の国際化段階の速さは、人口が少なくニッチ市場を求める BGC には内需が小さ過ぎるからであると考えられる。また、BGC の持続的競争優位性の源泉は何といっても卓越したハイテクであり、他社には模倣できない技術であろう。

(4) オランダの BGC を創出・成長させる政策的基盤と支援機関
　オランダでは科学技術関連の政策は主に経済省と教育・文化・科学省が担

当している。経済省は、同国における経済政策の立案、規定、実施を行う政府機関であり、Knowledge Transfer（Technology Transfer とほぼ同じ意味）およびイノベーション活動に関する領域は、同省の重要な活動領域である。

また、経済省所管のセンター・ノベムはイノベーション、エネルギー、環境等に関する政策の実施や、種々の投資プログラムの運営等を担当している。約1700名のスタッフのうち、500名がイノベーション・プログラム関連の活動に従事している。

センター・ノベムが推進する技術移転を目的としたプロジェクト、スキームの事例としてイノベーション・バウチャーという制度がある。これは中小企業と大学や研究機関との接触を増やし、その結果、両者間での技術移転促進を狙いとするものである。製品や生産プロセス、サービス開発に向けた小規模な研究開発活動を必要とする中小企業に対してバウチャーが提供され、中小企業はそれを利用して大学や研究機関からの技術支援や技術移転を受けて目的を達成する制度である。

また、協力した研究機関は、バウチャーをセンター・ノベムとの間で換金することができる。利用されるバウチャーは、少額のもの（2500ユーロ）と高額のもの（7500ユーロ）の2種類がある。バウチャーの利用対象は、オランダ国内の研究機関（大学、高度専門職業訓練機関）、海外の公的研究機関、国内大企業の研究機関等である。利用する企業にとっては研究開発のための資金援助を受けられると同時に、ニーズ志向のスキームであること、申請が非常に簡単であること、研究機関との接触が緊密に行えること、などのメリットがある。一方、このスキームに関与する研究機関側にとっては、産業界のニーズに対する理解の増進や、産学連携により適した組織構造の改善への糸口が掴める等のメリットがある（みずほ総合研究所、2009）。

教育・文化・科学省は、NOW（オランダ科学研究機構）、TNO（オランダ応用科学研究機構）、KNAW（王立技術自然科学アカデミー）、王立図書館など、科学政策方針に重要な役割を果たす各機関を統括している。また、知識経済を強化するための戦略プランを策定し、内閣へ提出する機関として、イノベー

ション・プラットフォームがある。構成メンバーは、政府代表者の他、産業界や学識経験者から選出された人々である。

KNAWについては、会員は最大で220名程度で、政府に対して科学技術関連の研究に関する助言を行っている。同アカデミーでは、人文・社会科学、生命科学等についての基礎的・戦略的な研究を行う17の研究所を所管し、研究所の全職員数は約1100名にのぼる。これら研究所には同アカデミーの全予算のうち約84％が充てられている（みずほ総合研究所、2009）。

さらに、経済省と教育・文化・科学省の共同プログラムで、センター・ノベムによって運営されているTechno Partnerがある。このプログラムは、新技術を基盤として事業を立ち上げようとしている「Techno Starters」に対する支援を目的としている。具体的には、これら企業に意見交換の機会を提供するとともに、賃金、情報・知識、設備へのアクセスを支援する一方で、

表8-3　ベンチャー企業の成長段階ごとの活動と投資ニーズ

段階	第1段階：プランニング	潜在的ベンチャー市場	第2段階：スターティング		第3段階：グローイング	
内容	ビジネス・アイディアの創造	アイディアから資金的裏づけのあるビジネスプランへ	ビジネスプランから最初の顧客獲得へ	最初の顧客獲得から売上へ	売上から最初の利益へ	最初の利益から5年内の急速な成長へ
必要資本		<30,000ユーロ	<125,000ユーロ	10万ユーロ←……→250万ユーロ……>500万ユーロ		
活動	・スカウト活動 ・スクリーニング ・パテンティング	・コーチング ・設備へのアクセス ・シード前	TPラベル	シード	成長	
支援機関	SKE	SKE	BBMKB	Seed-Facility	Growth-Facility	

注）　Techno PartnerにはTechno Partner Knowledge Exploitation Funding Program (SKE) やTechno Partner SEED-Facilityを含む。
出所）センター・ノベム資料をもとに著者作成

研究機関や投資家などに対して支援を奨励する。センター・ノベムによるベンチャー企業の成長段階ごとの活動と投資ニーズは表8-3の通りである。

　SKEは、研究機関、大学や民間企業に対して知識・技術集約型の企業を設立することを奨励するプログラムであり、研究のスクリーニング、起業家のスカウト、設備へのアクセス、コーチングおよび支援、シード前資金の提供などを行っている。

　その他、オランダの技術移転関連の施設については、宇敷（2007）によれば、①先進技術研究所（栄養、金属、高分子、テレマティックスの4分野からなる）、②ICTイノベーション・オーソリティ、③オランダ・ゲノミクス・イニシャティブ（NGI）、④マイクロ・ナノテクノロジー、⑤ACTS（触媒関連分野の商業化前の研究に対するコンソーシアム）などがある。

　次にオランダにおける中小企業やベンチャー企業に対する資金調達環境をみてみよう。まず、同国ではNeBIBという民間の全国的なネットワークがビジネス・エンジェル・ネットワークとして1995年から活動している。2007年度における同国のビジネス・エンジェルの数は1904あり、2006年度の500と比べて大幅に増加している。しかし、1件当たりの投資金額は8万3000ユーロと前年の17万1740ユーロから減少し、小口の案件が多くなっている。

　同国のベンチャーキャピタルでは、プライベートエクイティ、VCの団体として1984年にNVP（Nederlandes Vereniging van Participatiemaatschappijen）が設立されている。2007年末現在で、VC投資額は225億ユーロ、国内での投資先件数で1000社を超えている。バイアウトの件数が多いものの、創業、スタートアップへの投資も1億3700万ユーロで、前年の8600万ユーロを大きく上回っている。投資案件数に占める創業、スタートアップへの投資は、47％となっている。

　オランダでは地方都市でも研究所と大学が一体となった研究クラスターがいくつも存在する。例としてワーヘニンゲン地方のWageningen UR（大学・研究センター）やエンスヘーデ（Enschede）の技術クラスターがある。前者

は人口約3万人の地方都市で農業、植物分野で世界的な評価を確立しており、この地域のほとんどの企業との関係が構築されており、お互いに依存し合いながら市場活動をしている。ワーヘニンゲンではスピンアウトによる起業の件数が多いという。特定領域に集中し、業界内の重要な企業との良好な関係を構築していることがその要因と考えられる。

また、ドイツと国境を接する人口10数万人のエンスヘーデでは、トウェンテ大学を中心に金属、機械、エレクトロニクス関連のハイテク企業が集積し、クラスターが形成されている。そこでは大学、州開発公社、地元銀行等が株主となってインキュベータが設立され、サイエンスパーク、地元大企業などが連携して起業家の育成に取り組んでいる。

オランダの地方都市でありながら、クラスターが成功している要因として、ナノテク、レーザー、ITの分野で国内トップクラスであるトウェンテ大学の存在があるからである。同大学は、「アントレプレナー大学」としても有名であり、技術の商業化を目指すことを掲げた経営教育が行われているという。

オランダにおける公的技術移転の関連組織として、Science Alliance、NWO、TNO等がある。Science Allianceは大学と企業間の連携や技術移転の支援を目的として1997年に設立された。人的ネットワークの構築や、調査やコンサルティングの実施、各種会合やイベントの開催等を通じてこうした支援活動を実施している。調査やコンサルティング活動の内容には、大学での特許政策の立案に関するアドバイスや大学発ベンチャー企業に対する投資モデルの開発なども含まれている。NWOは主に、大学や研究所に対する基金としての機能を持つほか、9つの研究所の運営も行っている。また、TNOは、応用科学領域に注力した非営利組織であり、欧州では最大規模の中立の総合受託試験研究機関である。同機関は、知的財産のライセンス業務、委託研究、専門的コンサルティングなどを行っているが、スタートアップ企業の設立にも関わっている。

最後に、オランダには、ID-NL Groupの子会社で医療器具技術に特化し

た技術事業化活動を展開している Rho-Dam Ventures がある。医療器具に特化している理由は、技術的にあまり複雑ではなく、市場への投入までに時間や費用がそれほどかからないためである。同社の基本的なビジネス・モデルは、有望な技術を探索・評価し、最良なものを特定し、それをベースにスタートアップ企業を設立し、開発および事業化を促進し、実際に市場での販売活動まで支援し、最終的に大企業に対してその企業を売却するというものである。

2. スウェーデンおよびデンマークにおける BGC 出現の背景

本節でもまず、北欧、特にスウェーデンおよびデンマークにおいてなぜ BGC が多く出現しているのか、どのような背景のもとに出現しているのかをみていきたい。尚、ここでもハイテク・スタートアップ、国際ニュー・ベンチャーなど類似概念の企業を一纏めにして BGC として扱うことにする。

(1) スウェーデンにおける BGC 出現の背景

スウェーデンの面積は約 45 万 km²で、日本の約 1.2 倍である。人口は約 918 万人（大阪府とほぼ同じ規模）であるが、人口密度は約 20 人／km²で日本の約 6% 程度である。主要産業は、機械工業、化学工業、林業、IT 産業などである。人口が少なく国内市場が小さいため、高い技術力を背景とした輸出および海外での生産・販売が同国の経済を支えているといえる。周知のように、高福祉・高負担の福祉国家であり、就業人口の 3 割以上が公共部門に従事しており経済活動における公共部門の割合が大きい。国際的な大企業としてはボルボやエリクソンなどがある。尚、ボルボの乗用車部門はフォードに売却後、現在は中国の吉利汽車グループの傘下にある。工場はオランダに移り、国内にあるのは研究開発センターのみである。

GDP については、スウェーデンはわが国の 12 分の 1 ほどであるが、一人当たりの GDP ではわが国を上回っている。さらに、IMD の「国際競争力ラ

ンキング 2008」では 9 位（日本は 22 位）、世界経済フォーラムの「世界競争力指標 2008-2009」では 4 位（日本は 9 位）と高いランクづけになっている。

また、同国では、フィンランドなどに比べてエンジェルの活動が活発である。産業開発機構（NUTEK）の支援プログラムにより最近ビジネス・エンジェル・ネットワークの数が増加している。これらのネットワークは大都市か大学の近くにあることが多く、業種ではなく、地理的な視点を重視している。さらに、スウェーデンでは SVCA（The Swedish Private Equity & Venture Capital Association）がプライベートエクイティおよび VC の団体として活動している。同国の VC による投資の内訳をみると、投資額ではシード期やスタートアップ期に比べて事業拡大期の投資が大きくなっている。しかし、投資件数でみると前 2 期で半数を超えており、ベンチャー・中小企業やスタートアップ企業への支援の強化が伺われる。しかし、公的機関による中小企業向け投資補助金や融資制度も設けられており、中小企業はアーリーステージ期あるいは事業拡大期に資金援助を受けることができる。また、ALMI（アルミ・ビジネスパートナー公社）、NUTEK、イノベーション・ブリッジ基金などでも中小企業や新規設立企業に対して融資制度や新製品開発のための補助金制度を設けている。

スウェーデンでも、他の北欧諸国と同様に国内各地域にサイエンスパークが数多く形成されており、そこには国際的な大企業ばかりでなく、中小規模のハイテク・スタートアップ企業やベンチャー企業さらにはインキュベーション施設などもあり、資金的支援も行われている。ここではそのうちでも著名なメディコンバレーとして著名なスウェーデン南端部スコーネ地方に位置するイデオン（IDEON）・サイエンスパーク、およびストックホルム近郊でシリコンバレーといわれるシスタ（KISTA）・サイエンスパークを取り上げる。

1）イデオン・サイエンスパークの概要

1983 年にルンド・マルメ地域に創設されたスウェーデン初のサイエンスパークである。同サイエンスパークは、2 つの不動産会社（Forsta Fastighets AB Ideon および Ideon AB）がパーク内の建物を保有し、これらの共同子会社

であるイデオンセンター AB がサイエンスパークを運営している。イデオンの創設に当たっては、ノーベル化学賞の選考委員でもあった Sture Forsen 教授が 1981 年に提唱し、財政的・精神的支柱になったのはイケアの創業者やエリクソンの経営者たちであったといわれている。ルンドはデンマークからも程近いスウェーデン南部のスコーネ地方にある人口約 10 万人の小都市であるが、当時のルンド地域の経済は基幹産業であった造船業や繊維産業が衰退し、失業者も増加していたといわれる。そこでルンド大学を中心に大学や研究所に蓄積されている知識を活用して、新たな産業創出を行うことが喫緊の課題であった。

　最初のテナントとして入居したのは、無線機器を取り扱う社員数 20 数名のエリクソンであった。その後、同社の持つ携帯電話の技術が GSM 技術の開発に結びつき、後の Bluetooth の開発にも繋がっている（内田、2011）。

　また、ルンド大学はスカンジナビア最大の教育研究機関といわれており、工学、医学および自然科学分野で高い業績を挙げている。産学連携もこれらの分野で積極的に推進されており、IT、バイオ・テクノロジー、ナノ・テクノロジー、マテリアルサイエンス等の分野が発展し、多くの関連企業が集積している（内田、2011）。さらに、ルンド大学には、産業界との連携・調整のためのオフィスがあり、このオフィスは Lund Universitets Utvecklings AB（LUAB）の総務部門を兼ねている。この会社は 7 つの企業を保有しているが、そのうちの一つ Teknopol AB はルンド技術移転財団と ALMI（政府系中小企業支援機関）の共同出資になるもので、各種 VC、シードキャピタルと密接な連携をとりつつ、バイオ・IT 分野における先端技術を活かして起業を目指す者に対する各種支援を行っている（JETRO ユーロトレンド、2003）。

　同サイエンスパークの建物総床面積は約 12 万 m² であり、約 270 社、2600 人あまりが入居していて、うち 8 割近い企業がルンド大学やルンド大学校技術研究所と緊密な連携を保っている。IT 関連の企業を最初に誘致したが、現在の構成は、IT 企業 40％、製薬・バイオ企業が 30％、他のハイテク企業 15％、他はコンサルタント等のサービス企業になっている。従業員数でみれ

ば、それぞれ63％、22％、8％、6％である。

　イデオンの特徴は、州政府や大学当局も参加しているが、当初から民活主導で、市場と資本の論理をベースに展開されていることである。同サイエンスパーク周辺には、AstraZeneca（喘息）、Gambro（透析）、Ericsson Mobile Platforms（携帯電話プラットフォーム）、Sony-Ericsson（携帯電話）、Tetra Pak（包装）、その他の国際的大企業の本社や研究開発部門などが軒を連ねており、ビジネス環境が整備されている。

　また、イデオンには、地元自治体・産業界等と一体となって、ルンド大学等が有する最先端の技術・知識を活用し、先端技術を企業に結びつけるための支援企業が存在する。上記VCのTeknoseed ABの他、特許・ライセンス取得を支援するForskarpatenti Syd AB、スタートアップ企業に対する各種アドバイスや情報提供等のサービスを提供するCONNECT Skaaneなどがある。

　さらに、イデオンにはVaxthuset（グリーンハウス）と呼ばれるインキュベータ施設がある。現在、Ideonセンターから独立したIdeonイノベーションが、それらのインキュベータ施設の支援・運営を行っている。入居の条件は、①イノベーションの質が高いこと、②市場競争力が高いこと、③入居者が信頼できる者であること、となっている。5、6人の企業がほとんどであるという。

　インキュベータ施設では、ビジネスに必要な法律、税金、金融や知的財産に関する専門知識だけでなく、ビジネスの戦略策定の支援やマーケティング、融資についてのアドバイスなどがインキュベーション・マネジャーによって提供されている。入居者の決定や評価はルンド大学、ルンド技術移転財団およびIdeonの3者からなる理事会で決定される。そこでは潜在的な技術力を積極的に企業に結びつけていくための大胆なアイディアが採用されている。

　イデオンには北欧初の産官学連携型のサイエンスパークとしてのブランド力があり、入居企業というだけでも信用力が高まり、ベンチャー企業でも大企業との面談が可能になるという。海外の投資家からの注目度も高い。

2）シスタ・サイエンスシティ（Kista Science City）の概要

ストックホルムの北西 11km に位置しており、「スウェーデンのシリコンバレー」（それ以前はワイアレス・バレーと呼ばれていた）とも称される北欧最大級の IT 産業の集積地である。1976 年にエリクソンが本格的に進出して以来、世界的な IT 関連企業が次々に進出し、世界最先端の ICT 分野の発信基地の一つになっている。敷地面積は約 200ha で、民間企業としてはエリクソン、IBM、インテル、ノキア、オラクル、HP、アップルの他、多くの企業が立地している。

シスタ・サイエンスシティでは、産業や高等教育の分野の協力だけでなく、住宅やインフラなどの開発を含めたまちづくりが共同で進められている。一般的に、サイエンスパークは大学を中心に企業が集積して成長していくが、シスタの場合は逆であり、まず大企業が進出して、それら大企業の要請を受けて大学が進出し、そこに協力関係が生じて、さらに小規模な企業も集積したのである。現在でも多くのベンチャー企業が海外から進出してきている（内田、2011）。シスタにおいては、ストックホルム王立工科大学とストックホルム大学の当地への移転が重要な役割を果たしている。これによって、大学間、企業や研究機関との共同プロジェクトのような連携が可能になったのである。

シスタ・サイエンスシティは Electrum 財団によって運営されている。同財団は、1988 年に当時は軍の射撃場であった場所を再開発し、サイエンスパークとして造成した。財団の目的はストックホルムの有する知識・能力をフルに活用して企業活動に魅力的な教育・研究環境を提供し、シスタにおける新しいビジネスの開発に協力することである（内田、2011）。財団の形態をとっているが、活動は非営利的に行われており、社会の要請に応じた活動を行っている。設立当初から、ICT 産業成長のビジョンを持っており、市当局も積極的に参加していたことから、シスタの造成に当たってはサイエンスパークとしての近代的な産業集積がまちづくりの一環として組み込まれたのである。従って、正式名称もインキュベーションを主たる目的とするサイエンスパークではなく産業集積（クラスター）にまちづくりの概念が加わったサ

イエンスシティとされているのである。

　さらに、シスタにおけるインキュベーション支援はSTING（Stockholm Innovation and Growth）というElectrum財団の子会社によって行われている。これまでに10数社が事業化に成功し、市場に進出している。また、研究開発が最終段階に到達している企業も数社存在する（内田、2011）。

　同サイエンスシティには既述のように多くのICT関連の多国籍企業が存在するが、中でもスウェーデンを代表する企業としてエリクソンがある。エリクソンは1876年にLars Magnus Ericssonとその夫人Hildaによって当地に電話機の修理工場として創設された企業であり、現在では携帯電話の地上固定設備（インフラ）メーカーとして世界的に知られている。日本のソニーとの合弁会社（出資比率50：50）であるSony-Ericssonを有するモバイル機器メーカーでもある。

　エリクソンは国内市場が狭いこともあって、早い時期から国際的な事業活動を展開し、現在ではグローバル企業として成功している。同社では売上高の約16％を研究開発に投入しており、研究開発の生み出す新たな技術の創出を重視している。同社の研究開発は世界17カ国の約1万8300人の研究者によって行われており、さらに外部の技術者や世界中の大学との連携も積極的に行っている。

　尚、スウェーデンの主要なサイエンスパークの場所と専門分野については章末の注に示す通りである。

（2）デンマークにおけるBGC出現の背景

　デンマークの面積は約4.3万km²で、九州の面積とほぼ同程度である。また、人口については、これまでみてきた北欧諸国の中でも約543万人と際立って少ない。ちなみにこれは日本の4.3％程度であり、北海道とほぼ同じくらいの人口である。一人当たりのGDP比較では5万6687ドル（2009年）と日本の3万9530ドルを大幅に上回っている。

　また、同国はIMDの「国際競争力ランキング2008」では6位（日本は22位）、

世界経済フォーラムの「世界競争力指標2008-2009」では3位（日本は9位）と、高い評価を得ている。

さらに、デンマークの主要産業は農業、畜産業、化学工業、加工業、および医薬品などであるが、小さな国内需要だけには依存できず、企業は早くから輸出活動や海外事業活動に進出する必要があったといえる。日本にも進出している国際企業としては、ノボ・ノルディスク（Novo Nordisk、洗剤、化学品、医薬品）、レゴ（玩具）、マースクライン（海運）、ロイヤル・コペンハーゲン（陶器）などが知られている。

ところで、デンマークでは1990年代までは、ほとんど個人投資家（ビジネス・エンジェル）の組織は存在しなかったが、2000年には国家によってデンマーク・ビジネス・エンジェル・ネットワーク（DBAN）が設立されている。さらに、2004年になりこのDBANは、同国におけるプライベートエクイティ、VCの団体であるデンマーク・ベンチャーキャピタル協会（DVCA、2000年設立）の一部に統合されている。ビジネス・エンジェルはフィンランドやスウェーデンに比べると非常に少ない水準となっている。

他方、同国には1992年に国有のVCとして設立された成長基金（Business Development Fund）がある。経済産業省が所管しており、基金の目的は、他の機関が行わないようなハイリスクの投資等を行うことにより、同国経済の再生・成長を支援することである。同基金はハイテク技術を有するスタートアップ段階の成長が見込まれる企業に投資している他、VCへの投資も行っている。

次に、デンマークのコペンハーゲン地域とスウェーデン南端部のスコーネ地方を併せたオーレスン地方（人口約320万人）は、バイオ（ライフサイエンス）、食品、IT関連の産業が集積し、また物流ハブとしても発展し、メディコンバレーと呼ばれている（JETROユーロトレンド、2002）。そこには2011年現在、150のバイオ・医薬分野の企業、200の医療技術関連企業、11の大学、33の病院、9つのサイエンスパークがある（Copenhagen Capacity, 2011）。オーレスン橋・トンネルの開通（2000年7月）により、ますます地域の発展が促進さ

れている。ここでは、特にコペンハーゲン側のメディコンバレーに位置するシンビオン（Symbion）・サイエンスパークとファスホルム・サイエンスパークについて紹介する。

1）シンビオン・サイエンスパークの概要

同パークは、1986年に東コペンハーゲンのOsterbroに設立されたハイテク・スタートアップ企業のためのインキュベータ施設である。シンビオンASがサイエンスパークを保有するとともに、関連会社も保有している。同社は100人の科学者の共同出資による基金（30％の株式保有）とその他28の民間株主により所有されている。全体の広さは2万㎡で、建物は事務所用面積5900㎡、研究室用面積2700㎡、会議室等1000㎡、レストランその他共用スペース1万400㎡となっている。入居のための条件は、ITやバイオ等の分野に属し、研究開発型企業であること、今後の成長が見込まれること、といった基準を満たすことであり、入居申請時には審査を受ける必要がある。

入居が許可されれば、会議施設、財務・特許・技術等についてのアドバイス、出張の手配、電話交換、受付、郵便の送受などのサービスを受けることができる。また、革新的で独創的なバイオ企業やIT企業に対しては関連会社のVCから前段階のキャピタルとして技術開発融資を行っている。ちなみに、治療薬分野の入居企業の場合、例えば、抗癌剤開発、低分子化合物製造、ヘパリン膠結タンパク薬開発、新陳代謝疾患薬開発、人口軟骨開発、契約試験等を行っている。さらに、同サイエンスパークには、新薬開発企業としては、7TMPharma（蛋白質受容体）、Astion（炎症性疾患、癌）、HemeBiotech（新陳代謝疾患）、TopoTarger（抗癌剤）などの有力企業も入居している。

メディコンバレーのバイオ企業は、中枢神経系医薬品（CNS）の開発、糖尿病薬・肥満治療薬の開発、癌治療薬の開発などに強い。また、臨床試験も広く行われている。メディコンバレーに最近になってバイオ企業が多数進出してきたのは、ゲノム解読等によりバイオ分野の全般的状況が進展したこと、VCのための環境整備がなされたことなどが大きな要因である。

2）ファスホルム・サイエンスパークの概要

　コペンハーゲン市の北に位置する同サイエンスパークは、1962年に設立された。JETROユーロトレンド（2002）によれば、最初は国立研究所として設立され、現在は財団が所有する国立のサイエンスパークで、北欧最大のサイエンスパークの一つである。建物の延べ面積は13万㎡で、将来は25万㎡まで拡張される予定である。約70社が入居し、3000名が働いているが、その4割がバイオ・医療技術関連企業となっている。

　さらに同サイエンスパークとデンマーク工科大学等が出資するDTU Innovation A/Sが、シーズマネーの供給を行っている。具体的には、フィージビリティ段階で特許弁護士、マーケットリサーチ等の費用のため5万クローネ、第2段階として、そのビジネスプランに見込みがある場合には82.5万クローネ（75万クローネは国が、残りはDTU Innovationが拠出）を投資する。さらに成長が見込めそうな場合には、成長基金から200万クローネの投資を行う。これらの制度は、デンマークにはスタート段階から投資を行うVCがほとんどないことを踏まえたものである。

　70社のうち、上場企業としては、Chr.Hansen（機能性食品製造）とPharmexa（ポリクロナール技術を使用した喘息、癌治療ワクチンの開発）の2社がある。これは、デンマークにはNASDAQのような小企業のための上場市場がなく、VCに頼っていることによる（JETROユーロトレンド、2002、2003）。

　また、サイエンスパーク内のイノベーションセンターはいわゆるインキュベータであり、建物内にはハイテク技術を有する小企業が25社以上入居でき、研究室を利用できるほか、各種設備の共同利用が可能になっている。

　ファスホルム・サイエンスパークの強みの一つは、研究機関との連携機能であり、敷地内にバイオテクノロジー研究所、デンマーク毒物学センター、水力工学研究所、デルタ研究所などの研究機関があることに加え、デンマーク工科大学が地理的に近く、緊密な連携が図られていることである（JETROユーロトレンド、2003）。

（3）スウェーデンの BGC を創出・成長させる政策的基盤と支援機関

　スウェーデンの中央政府には 12 の省があり、各省には関連する行政事務や審議を担当する庁や委員会、参事会等の機関が複数設置されている。科学技術政策に関しては、教育・研究省（Ministry of Education and Research）、企業・エネルギー・通信省（Ministry of Enterprise, Energy and Communications）などが担当している。

　また、同国には技術関連の助成機関として教育・研究省所管のスウェーデン研究開発会議や企業・エネルギー・通信省所管の VINNOVA（スウェーデン・イノベーションシステム庁）などがある。前者は基礎研究に対して、後者は応用研究に対してそれぞれ助成を行っている。この他、国が出資し、運営しているベンチャーキャピタル財団（スウェーデン産業開発基金）や、大学と産業界の研究協力を促進する「産業共同センター」、中小企業の発展を目的とした ALMI などが存在する。

　以下、みずほ総合研究所（2009）その他の資料により上記支援機関や支援制度（プログラム）を中心に概説する。

1）スウェーデン研究開発会議

　国家の研究戦略を策定する機関であり、2008 年 4 月に 2012 年までの「国家研究戦略計画」を発表している。それによれば民生用研究に対する国家の寄与率の目標値を対 GDP 比 1% としている。

2）VINNOVA（スウェーデン・イノベーションシステム庁）

　2001 年に設立された。イノベーション創出および技術移転・商業化活動を支援する行政組織である。VINNOVA の活動目的は、産業界で必要とされているニーズ志向型研究への資金提供、研究活動に役立つ人的ネットワークの構築と強化である。

　今後 VINNOVA が取り組むべき重要な課題として、イノベーション創出や技術移転・事業化活動に対する意識の啓蒙、これら活動における利害関係者間の緊密な関係の構築等が挙げられる。研究開発活動の事業化への道筋として、既存企業への移転、スタートアップ企業による活用など幅広く考えら

れている。戦略的研究に対する支援や成長に向けた刺激を目的として、特に中小企業に対する施策等も立ち上げられている。また、基礎研究段階では民間からの資金援助は難しいので、そのギャップを埋める橋渡し的機能にも注力している。

3）Industrifonden（スウェーデン産業開発基金）

国の出資100%により運営されるベンチャーキャピタル財団である。1979年に発足した。輸出志向のハイテク企業やその他の成長企業に、開発資金や専門技術などを提供している。出資の対象は、国際的に成長が期待される中小企業である。

4）ALMI（アルミ・ビジネスパートナー公社）

ALMIは主に20名以下の中小企業を対象に、コンサルティング、トレーニング、および金融支援を提供している。スウェーデンの各地方に支部を持つ公的企業である。ALMIの特徴は地域性を重視していることと、民間との補完を役割としていることである。

5）その他の中小企業やスタートアップ企業に対する施策

a）The Innovation Bridge

スタートアップ企業を支援するインキュベータの創出および、研究者、発明者、起業家が集うフォーラムの提供・支援を目的としたプログラムである。2005年より、同プログラムの運営は政府機関であるVINNOVAから民間企業のInnovationsbron ABに資金提供に関することも含め、すべての権利と義務が移管された。

b）VINN-Verification

VINN-Verificationは、VINNOVAとInnovationsbron ABが共同で運営しているプログラムのVerification for Growthの一部である。これは着想（コンセプト）の評価を支援し、商業的および技術的評価、研究成果の事業的可能性の評価をより総合的に実施することを目的としている。このプログラムを通して、研究者、潜在的資金提供者、産業界のパートナーは、研究成果の事業化可能性、リスク、事業化戦略等に関してより明確に見通すことが可能

になる。

　c）中小企業技術移転プログラム

　VINNOVAによる中小企業向け技術移転プログラムである。1998年発足。目的は、中小企業における技術開発活動に対する助成、「技術ブローカー」の育成・ネットワーク化、「技術ブローカー」による技術情報サービスの提供、の3つである。

　d）地域技術プログラム「中小企業コンソーシアム」

　VINNOVAによる技術移転、中小企業イノベーション支援のプログラムである。1995年発足。当コンソーシアムは、大学・研究機関との連携、技術移転を通じたイノベーション活動を行う。各コンソーシアムは協定により成立し、通常5～10の中小企業によって構成される。コンソーシアムの経費の約3分の1はVINNOVAから助成される。助成期間は5年間である。

　e）小規模ハイテク企業協力研究者プログラム（VINST）

　2001年に発足した。VINNOVAとスウェーデン戦略研究財団（SSF）との共同プログラムである。小規模ハイテク企業と大学・研究機関の研究者の協力による研究活動に対する助成プログラムであり、大学・研究機関の研究成果の商業化を目的としている。

　f）NUTEK（産業開発機構）シーズ資金

　1968年に発足した。中小企業向け技術開発資金助成の制度で、必要な技術開発資金の50%を上限に助成する。

（4）デンマークのBGCを創出・成長させる政策的基盤と支援機関

　デンマークの中央政府は首相府（Prime Minister's Office）と19の省によって構成されている。科学技術政策については、主に科学・技術・イノベーション省（Ministry of Science, Technology and Innovation）が中心的役割を担う一極型の体制となっている。同省は、産官学の連携を推進する「技術・イノベーション会議」を設置しているほか、公的研究機関における研究成果の技術移転を担当する「承認技術サービス機関（GTS）」を所管している。

さらに、産学官連携・技術移転に関する行政組織として以下の3つの機関が存在する。
① 技術・イノベーション会議（Council for Technology and Innovation）
　2002年施行の技術・イノベーション法に基づいて設置された科学・技術・イノベーション大臣の諮問機関である。産学官連携の研究開発や技術移転活動に対する助成を総合的に行っている。
② 承認技術サービス機関（GTS）
　1973年発足。同機関は技術コンサルティング・サービスを企業および公的機関に対して提供する独立した非営利団体である。技術サービスを有償で提供するが、利益配当は行わない。中小企業へのイノベーションの支援も行っている。
③ デンマーク科学・技術・イノベーション庁（DASTI）
　同庁はイノベーション活動が行われる環境を最適なものとするよう政府を支援することを使命とし、公的研究機関において創出された知を広く普及させる役割を担っている。

さらに、デンマークでは2000年にインベンション法（Act on Inventions）が施行された。それ以前では発明は発明者に帰属することになっていたが、同法の制定によって、大学を含めた公的研究機関は知的財産権を取得できるようになったのである。さらに、2003年には、政府は「産学官連携強化政府行動計画」をまとめている。この中で、産業界における新たなビジネスと雇用を創出するための基盤を形成することを目的として、次の6項目のイニシャティブを発表している。すなわち、①研究と開発の連携、②十分な研究競争力の確保、③研究からビジネスへ、④大学文化の改革、⑤研究とイノベーションの重点化プロセスの向上、⑥技術サービス機関の新しい方向、である。

岩淵（2005）は、デンマークと日本における産学官連携・技術移転関連の機関を表8-4のように整理している。

さらに、デンマークでは1994年から「リサーチパーク制度」が設けられ

表8-4 デンマークと日本の科学技術政策関係機関（産学官連携・技術移転関係機関）

機能	デンマーク	日本
産学官連携・技術移転助成機関	技術・イノベーション会議	科学技術振興機構 NEDO 等各現業官庁所管の現業研究開発助成法人
産官学連携研究	イノベーション・コンソーシアム	科学技術振興機構 NEDO 等各現業官庁所管の現業研究開発助成法人
	サイエンスショップ（大学）	（なし）
技術移転マッチングサービス	承認技術サービス機関（GTS）	承認TLO
スピンオフ支援インキュベータ施設	「イノベーション環境」サイエンスパーク	中小企業庁及びその傘下法人 科学技術振興機構（一部） 各県財団等

出所）岩淵（2005：p. 48）

ており、研究成果の促進、デンマーク社会におけるイノベーションの促進、公的研究と産業活動間での柔軟な連携の促進を図っている。

　BGC（ハイテク・スタートアップ企業）の創出に関わる施策としては、以下のものが存在する。

　① 技術インキュベータ（Technological Incubator）制度

　　1998年に発足。技術・イノベーション法に基づき、科学・技術・イノベーション大臣が承認する制度である。承認された技術インキュベータは、アイディアの開発・商業化のための公的財政支援を受け、その支援のもとに個別のプロジェクトを支援する。具体的には、新規のハイテク製品に関わるアイディア、概念的な研究成果、新規の生産方法に関するアイディア、概念的な発明、新規のサービス手法に関するアイディア、科学的根拠を持つ企業コンセプトなどの開発・商業化を支援する。資金援助は、主に新規のイノベーション企業の設立のために用いられるほか、公的研究機関の特許取得支援等の分野にも対象が広がっている。

　② イノベーション・コンソーシアム（Innovation Consortium）

　　技術・イノベーション会議が認定する産官学共同のコンソーシアムで、

民間企業、公的研究機関（大学を含む）、技術サービス機関をそれぞれ一つ以上含んでいる。同コンソーシアムに認定されると、科学・技術・イノベーション大臣からの助成を受けることができる。

③　産業 Ph. D 制度（Erhvervs Ph. D）

1970年に発足。民間企業における研究開発活動を通じて Ph. D 学位を取得できるよう国が支援し、民間企業（特に研究開発能力の基盤を持たない中小企業）におけるイノベーションを促進する制度である。産業 Ph. D は民間企業に雇用されるが、給与の半分は国が助成する。大学は研究指導を行い、正規の Ph. D を授与する。

④　成長基金（Business Development Fund）

既述のように1992年に設立された国有の VC である。同基金は技術ベースに基づくビジネス・コンセプトを有するスタートアップ段階の成長企業に投資しているほか、VC への投資も行っている。

最後に、コペンハーゲンにおいて、主としてコペンハーゲンへの外資の進出や投資の促進を支援している非営利法人組織であるコペンハーゲン・キャパシティ（Copenhagen Capacity）の活動をみてみよう。

同組織はコペンハーゲン地域の2つの自治体の共同出資で1996年にスウェーデンの INVEST IN SKAANE と連携してメディコンバレーを立ち上げたことでも有名である。また、スェーデン側のスコーネ地方通商産業局とともにメディコンバレーの名づけの親でもある。同組織の使命は、外国企業をコペンハーゲンに誘致し、この地域の国際的振興を図ることである。誘致企業に対しては、その投資プロセス全体に渡って、立ち上げ時の会社登記手続き、バイアスのない独自なコスト計算、必要な技術やマーケティングに関する情報提供、その他実践的な支援（ビザやオフィスの人員など）を提供している。また。立ち上げ後の企業に対しても必要な情報、サービス、人的支援、税務問題などに関する支援を行っている。これまで融資した外資企業としては、電気・電子、機械、自動車等の販売会社が多い。代表的な企業としては、GenMab（アメリカ企業）や Viogen-Idec がある。日本企業では例えば、ゼリ

ア新薬工業や京セラによるデンマーク企業の買収（それぞれ Vio Fac、Umerco）などにも関与した。現在スタッフは総勢45名で、バイオ技術、クリーン技術（風車発電など）、産業グループ、ICT などの領域別に専門のコンサルタントが配属されている。

（5）デンマークのバイオ・テクノロジー産業とメディコンバレー

　本項ではデンマークのバイオ産業について概観したのち、メディコンバレーのバイオ技術の特徴について一歩踏み込んだ分析を行いたい。さて、デンマークには既述のように、メディコンバレー地域を中心に200社近いバイオ関連企業が存在し、そのうち約半数がバイオ技術分野に特化した企業活動を行っている。企業数では欧州第5位の規模であるが、大半の企業は設立後まもなく、従業員数も少ない段階である。デンマークは多くの国際的なイノベーション、特にバイオ技術分野での多くの出版物や特許が目立っている。

　デンマークのバイオ産業の得意分野はワクチン（vaccines）と工業酵素（industrial enzymes）であり、とりわけ糖尿病（diabetes）、癌（cancer）、炎症（inflammation）、および神経科学（neuroscience）である。さまざまな企業がナノ技術、マイクロ RNA、マイクロ機器に取り組んでいる。確固とした研究拠点、研究者の人数、先発者としての強みが観察できる（JETRO ユーロトレンド、2006）。

　デンマークにはコペンハーゲンのほか、オーデンセ、オーフス、オルボーなどの都市があるが、バイオ技術関連企業の約3分の2はメディコンバレーに含まれる大コペンハーゲン地域に存在する。

　メディコンバレーでの企業活動は医薬品の発見、生産、臨床検査、機器、支援技術やサービスなど広範囲にわたっている。さらにコペンハーゲン大学、デンマーク薬科大学（Danish Pharmaceutical Academy）、王立獣医・農業アカデミー（Royal Veterinary Academy）、ルンド大学（スウェーデン南部スコーネ地方）などの研究機関は、生物学、医学研究の業績を共有し、ノーベル賞受賞者も数人輩出している（JETRO ユーロトレンド、2006）。この地域にある33の病院（ス

コーネ地方も含む）との連携も緊密であり、デンマークの癌登録簿の整備と相まって、長年にわたる臨床研究の伝統がある。また、同地域では国民に臨床試験を受け入れる土壌があるほか、当局の新薬認可・臨床試験許可の審査が速いこと、国民総背番号制でフォローアップが容易であることなどから、欧州での販売を目的とする新薬の臨床試験が広く行われている（JETROユーロトレンド、2002）。

バイオ・医薬産業としては、デンマークで100年近く前からリーダー的存在であるNovo Nordisk（1922年創設、糖尿病ケアの世界的リーティング企業）をはじめ、AstraZeneca（イギリス企業。1999年にイギリス大手化学会社ICIから医薬品部門が分離したゼネカとスウェーデンに本拠を置く北欧最大の医薬品メーカーであったアストラが合併して誕生）、LEO Pharma（皮膚疾患、循環器疾患、抗血栓の治療薬、抗生物質などを得意とするデンマーク企業）、H. Lundbeck（抗うつ剤市場ではデンマークのトップメーカー）などの存在が、この地方の応用研究を先導し、産学官の生物医学研究環境の発達を促進している。これらの大規模薬品企業は、小規模バイオ企業への研究者や経営者の供給、小規模バイオ企業への投資、製品開発経路の提供、学術研究プロジェクトでの協力といった点で、メディコンバレーの発展に大きく貢献している。

欧州委員会企業総局による欧州諸国のイノベーション基準の比較では、デンマークはバイオ技術のイノベーションでスイスに次いで2位である。デンマークのバイオ技術活動は幅広いが、西欧同様、大半の企業は健康バイオ技術中心である。健康分野での集中と成長の一因としては、大規模医薬品企業の存在が挙げられるが、大半の企業は意外にも従業員10名以下の小規模企業である。また、大学とバイオ関連の小規模企業との共同研究は質が高く、イノベーションがデンマークのバイオ産業における成功の鍵を握っている。

次に、表8-5はデンマークのバイオ産業において進行中のフェーズ別臨床プロジェクト件数のリストである。合計141のプロジェクト中、124プロジェクト（88%）が通常、人体を使ってコンセプト検証（Proof of Concept）を行うフェーズⅡまたはそれ以前の段階にある。その段階を超えているのは

表8-5 開発中のフェーズ別臨床プロジェクト件数

病気の部位	臨床前	フェーズI	フェーズI/II	フェーズII	フェーズII/III	フェーズIII	備考（含まれる症状）
血液疾患	2	3	3	3		2	貧血のような軽い障害、白血病等
骨、筋肉、関節	1		1	2			筋肉疲労、骨関節炎等
脳神経疾患	4	3	1	5		4	アルツハイマー病、パーキンソン病
乳腺疾患		1	4	2			乳癌、嚢胞等
癌治療	3	3	5		1		従来の癌治療と新しい治療の両方 特に複数の癌全域の一般的な治療
診断法						2	従来の治療法とオーダーメイド治療の両方
消化系障害			2	3			クローン病、潰瘍性大腸炎等
耳鼻咽喉障害			1				食道炎、胃食道逆流症
女性生殖器官		1	1		1		卵巣癌のような女性生殖器官の癌 女性の生殖障害（子宮内膜症）
心臓、血管障害	3	1		2		1	狭心症、アテローム性動脈硬化等
ホルモン障害	2	2		7		3	甲状腺機能低下症、糖尿病等
免疫障害	5	3	5	3			重症複合免疫不全症、アレルギー等
感染、伝染病	5	2	1				メチシリン耐性黄色ブドウ球菌（MRSA）、細胞感染
炎症性疾患	2		1	3			関節炎
腎臓、尿道		1					尿路感染症（UTI）、腎臓病、膀胱炎
肝臓、胆嚢	1						肝癌、胆嚢炎等
肺、気道障害	2						慢性閉塞性肺疾患（COPD）、喘息等
精神衛生			1	2	1		統合失語症、うつ病等
栄養、代謝	1		1				肥満等の症状
ペニス、前立腺、睾丸障害	1						一般的な症状、前立腺癌、睾丸癌
性と生殖に関する障害	2						異性の性的不能、避妊等
性感染症	2		1				AIDS、梅毒
皮膚障害	2	2	1	1		1	アトピー性皮膚炎、肝癌等
外科	1					1	外科関連の疾患
フェーズ別開発段階の総製品数	39	22	29	34	3	14	
開発段階の総製品数	141						

出所）JETRO ユーロトレンド（2006）「Report 5（Bioneer A/Sの調査）」より

17 プロジェクト (12%) しかないということになる。さらに、図 8-2 をみると、メディコンバレー地域のバイオ産業は、神経科学、糖尿病、癌と炎症の分野に強いことがわかるが、これは表 8-5 中の神経科学 (脳神経疾患＋精神衛生＝21 プロジェクト)、糖尿病 (ホルモン障害＝14 プロジェクト)、癌 (癌治療＝12 プロジェクト) と炎症 (免疫障害＋炎症性疾患＝22 プロジェクト) の結果と符合している。

神経科学では、デンマークは、領域は狭いが学術的に強い位置づけにある。抗うつ剤の世界をリードする Lundbeck もあり、精神科学の研究開発に優れている。糖尿病研究では、世界の 2 大企業の一つ Novo Nordisk の存在のお陰で、デンマークは世界一のレベルにある。この幅広さは魅力的で、糖尿病分野だけでなく、心臓血管の研究のような主要分野にも相乗効果が現われている。また，癌分野では、基礎研究分野での実績があり、癌研究を進めている企業が数社あるためアメリカには劣るが、欧州では秀でている。さらに、炎症の研究では、世界クラスの学術研究グループとイギリスの AstraZeneca の呼吸器研究センター (場所はスウェーデン) による基礎免疫学から関節リューマチに至るまでの緊密な協調が功を奏している。

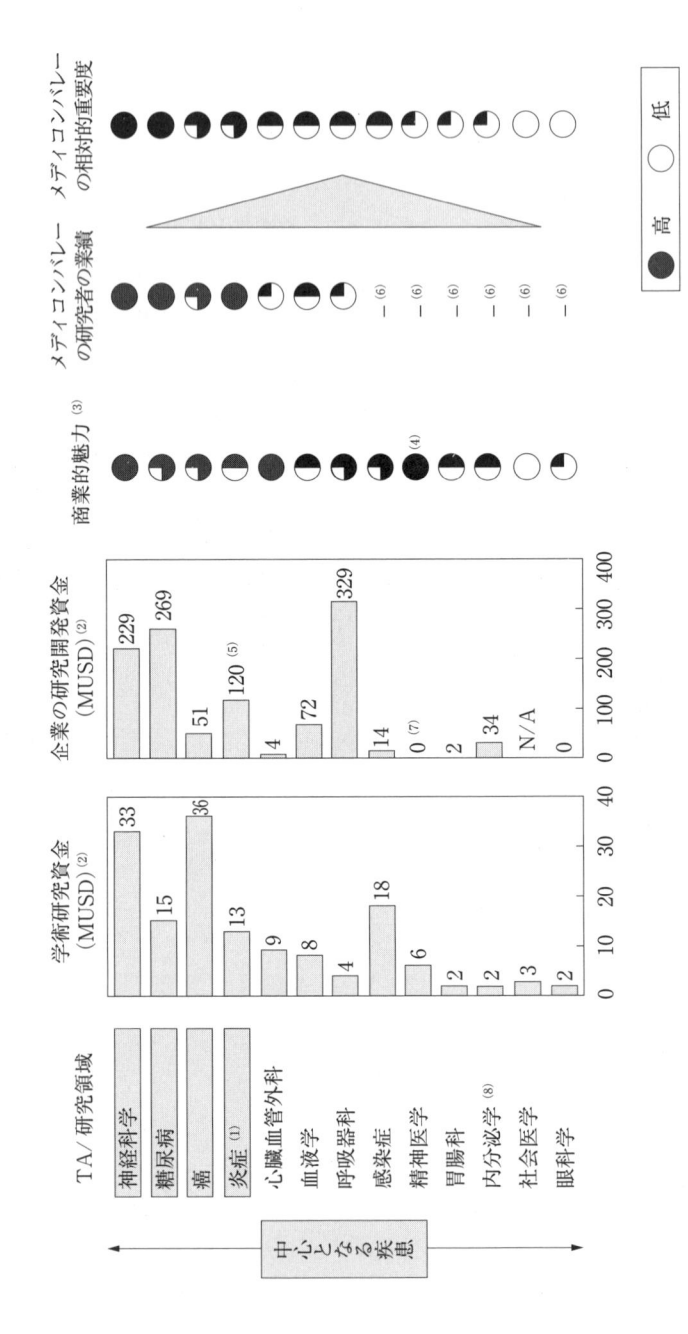

図 8-2 メディコンバレー地域の強み

注):1USD=7.6 デンマーククローナ
(1) 免疫学、自己免疫疾患を含む (2) 重要な資金 (3) 対応する疾患に関して (4) 神経精神病 (5) 大半は AstraZeneca の呼吸器系研究 (6) 未評価 (7) 神経科学の一部 (8) 糖尿病を除く
出所) JETRO ユーロトレンド (2006)「Report 5 (ボストンコンサルティンググループの調査)」を一部改変

◆注
スウェーデンの主要なサイエンスパーク
① Kista Science Park、場所：Stockholm、専門分野：携帯端末を利用したインターネット接続の技術開発
② Ideon Science and Technology Park、場所：Lund/Malmoe、専門分野：IT、バイオサイエンス、医療、技術
③ Ronneby Soft Center、場所：Ronneby、専門分野：ソフトウェア・プログラムの開発（目的志向システム、インテリジェント・エージェント、シグナル処理を含む）
④ TeknoCenter、場所：Halmstad、専門分野：製品開発、コンピュータ・システム技術
⑤ Mjaerdevi Science Park、場所：Linkoeping、専門分野：シグナル・イメージ処理、エレクトロニクス、ソフトウェア、センサー技術、テレコミュニケーション
⑥ Gothia Techno Park、場所：Skoevde、専門分野：システム・サイエンス、オートメーション
⑦ Chalmers Science Park、場所：Goeteborg、専門分野：材料科学、マイクロエレクトロニクス、自動車関連研究、システム技術、環境
⑧ Novum Research Park、場所：Stockholm、専門分野：バイオ医療、バイオ・テクノロジー
⑨ Stockholm Teknikhoejd、場所：Stockholm、専門分野：材料・IT技術
⑩ Inova、場所：Karlstad、専門分野：植林技術
⑪ Uppsala Science Park、場所：Uppsala、専門分野：バイオ医療、IT
⑫ Teknikdalen、場所：Borlaenge、専門分野：輸送・通信、森林・鉄鋼産業における材料科学
⑬ Uminova Science Park、場所：Umea、専門分野：バイオ・テクノロジー
出所）マルチメディア・インターネット事典より

◆参考文献
巻末の参考文献（英語・日本語）、英文資料、およびWeb情報を参照

第 9 章

日本のボーングローバル企業と
ボーン・アゲイン・グローバル企業のケース

　本章では、日本のボーングローバル企業にはどのような企業があるのか検討したい。これまでわが国の市場は北欧諸国などとは異なり内需が大きいため、ベンチャー企業や中小企業で創業時もしくは 2、3 年以内に国際事業を展開するケースはほとんど見当たらなかった。ここでは、テラモーターズとジオ・サーチの概要、創業者の国際的起業家精神、早期国際化、持続的競争優位性等を中心に論考を展開したい。

　また、本章では、ボーングローバル企業が生まれながらのグローバル企業なら、生まれ変わってグローバルになったボーン・アゲイン・グローバル企業のケースについても、日本のマニーとスミダコーポレーションについて、それらはどのような企業なのか、そして国内の長期にわたる事業からグローバル化への移行はどのようなものであったか検討していきたい。

1．日本のボーングローバル企業

（1）テラモーターズのケース
　本節でまず取り上げるテラモーターズ（Terra Motors）は設立 2 年目で電動バイクを 3000 台販売し、その業界では大企業のホンダやヤマハを抜いて国内シェア No. 1 を獲得している業界のリーディングカンパニーである。従業員は現在（2012 年末）16 名ながらベトナム、フィリピンに現地法人を設立し、初めからグローバルに事業を展開しており、これまでわが国にみられなかった文字通りの BGC の出現である。ちなみに、「テラ」というのは「地球」

を意味するラテン語であり、「地球環境を守る」と「地球規模の会社になる」という2つの意味を込めて社長の徳重徹氏が命名したのである。

1）会社の概要

テラモーターズはガソリンではなく電動（EV）で走るモーターバイクを開発・設計・生産・販売する企業である。簡単な会社概要を示せば表9-1のようになる（Web資料1）。

さらに、同社で特筆すべきこととして、株主をみると、ソニー元会長の出井伸之氏、アップルジャパン元代表取締役の山元賢治氏、コンパックコンピュータ元会長の村井勝氏、グーグルジャパン元代表取締役の辻野晃一郎氏、ベネッセ取締役会長福武總一郎氏など経済界のトップを経験した錚々たる人々が名を連ねている。

同社の沿革としては、2010年4月に会社を設立後、同10月には早くも電動バイクSeedシリーズを販売開始している。

2011年には1月にプロトコーポレーションと事業提携し、資金調達では同年3月にみずほキャピタル他より1億700万円を、同年10月には、出井伸之氏、グーグルジャパン元代表辻野晃一郎氏他より2億2100万円をそれぞれ第三者割当増資で調達。2年目で3000台を販売している。

表9-1　テラモーターズの会社概要

会社名	テラモーターズ株式会社
創業	2010年4月
創業者	徳重　徹
資本金	6億6210万円
本社	〒150-0042　東京都渋谷区宇田川町34番5号サイトービルⅢ5階
工場	〒339-0073　埼玉県さいたま市岩槻区上野4丁目5-19
海外支社	ベトナム、フィリピン
事業内容	電動バイク／シニアーカーの開発・設計・生産・販売
主要顧客	DCMホールディングス、エンチョー、コメリ、サンデー、島忠、ケーヨー、カンセキ、ロッキー、ドイト、ヨドバシカメラ、ビックカメラ、プロトコーポレーション他

出所）テラモーターズHPより

2012年5月にはベトナムでの投資ライセンスを取得。ベトナム工場建設に着工（ロンアン省）。フィリピンで国家プロジェクトの「EVタクシー」事業に応札。12月にフィリピン現地法人（マニラ）を申請。3年目6000台販売を目標にしている。
　2013年、ベトナムで販売開始予定。フィリピンで上記事業に参入予定。
　2）創業者の国際的起業家精神
　テラモーターズについては、まず創業者の徳重徹氏を抜きには語れない。彼の経歴は九州大学工学部卒業後、住友海上火災保険（当時）に入社し商品企画・経営企画などを担当したが、その後退社し、自費留学でアメリカのサンダーバード経営大学院に進学しMBAを取得。その後シリコンバレーに滞在し、日本に親会社のあるインキュベーションの会社が撤退するという情報を得て、撤退するなら自分に経営をやらせて欲しいと親会社の社長に談判し、承諾を得て代表に就任したのであった（徳重、2013：p. 201）。
　その会社では日本人起業家がシリコンバレーで会社を立ち上げたり、逆にアメリカのベンチャーがアジアに進出する拠点をつくったりするのを支援する事業を5年間行っている。コンサルティングだけでなく、基本はハンズオン、つまり実際の実務にも参加するというスタイルだった。この期間に蓄積したベンチャー経営のノウハウが後になって日本での貴重な財産になっていると徳重氏は述べている。
　その後、アメリカで永住権をとって住もうと考えたこともあったが、「日本発のメガベンチャーを産み出したい」という自らの使命を持つに至り帰国した。そして2010年4月にテラモーターズを設立するのである。
　話は徳重氏の生い立ちに遡るが、彼は山口県ののんびりした片田舎に育ったが、高校を出るとき地元の国立大学なら入学できると先生にいわれたが、一浪して京都大学を目指したのであった。しかし、夏が過ぎ秋が深まっても第一志望の合格模試判定が基準に達しないことが多かった。そこで受験勉強だけでなく、精神論や人生論に関する本をむさぼり読んだのである。そのとき彼を励まし、勇気づけたのは早川徳次、松下幸之助、稲盛和夫などの起業

家について書いた本であった。そこから学んだことは、どんな困難に直面しても決して諦めず、歩みを止めないということであった。自分もそんな起業家たちのような生き方をしたいという思いが芽生えた時期だったという（徳重、2013：pp. 185-188）。

　また、徳重氏は住友海上火災保険で働くまでは父親の影響を強く受けていたという。彼の父親は、「まじめに勉強し、いい大学に入り、地元の一流企業に就職するか公務員になるのが理想の人生」といった価値観の持ち主であった。また、一言でいえば「巨人の星」の星一徹のような存在だった。それは父方の祖父が、かつて木材業の会社を立ち上げ大成功したのであるが、父親が中学校に上がった頃、石炭から石油へと産業構造が変わり、祖父の会社は倒産してしまったのである。それにより父親は大変な苦労を背負うことになったため、息子には「自分で事業を始めることだけは絶対にやめろ」と言い続けてきたのであった。

　彼は九州大学工学部の化学科に進み卒業したのであるが、どうして住友海上火災保険に入社したかについては、ホンダ、ソニー、キヤノンといったグローバル企業を候補に挙げてみたが、父親がウンといわず、たとえ一流企業でも地元と縁のない企業はだめだといったのである。その当時はまだ起業家になろうとは思っていなかったが、プロ野球選手のように実力本位で勝負できるプロのビジネスパーソンが集まる企業に就職したかったと語っている。そこでいろいろな企業にコンタクトし、そうした自分の考え方を一番評価してくれた住友海上火災保険に入社を決めたというわけである。

　しかし、5年も経つとだんだん仕事がもの足りなくなり、もっとエキサイティングなことをやりたくなったのである。そんな折、同社と決別する出来事が起こった。それは若手社員が集められ、「これから損保が自由化されるに当たり、当社はどうすべきか」と意見を求められた。そこで、同氏は日頃から考えていたことを遠慮なく発言した。しかし、その発言に対し上司は、「興味深い意見ではあるが、君と違って僕には妻や子供がいるから、そんなリスクは取れない。役員に話しても、そもそも理解を示す人は誰もいないん

じゃないかな」といわれたのである。この瞬間、同氏は、「私と、会社の間の糸がプツンと切れてしまった」、と述べている（徳重、2013：pp. 193-196）。

　こうして同氏はまずMBAをカリフォルニアのビジネススクールでとってシリコンバレーにいくことを決意したのである。しかし、第一志望のスタンフォード大学には入れず、結局入学できたのはアリゾナ州のサンダーバード経営大学院であった。そこでMBAをとり、ようやく念願のシリコンバレーに辿り着いたのである。シリコンバレーに移ってからは毎日が死にもの狂いであったと述べている。仕事では挑戦を拒否され、父親には縁を切られ、妻の母親にはとんでもない男に引っかかってしまったといわれ、MBAの試験にも失敗していた同氏は、仕事では誰にも負けるものかという決死の覚悟があったという。この挑戦が間違っていなかったことを証明するには、結果を出すしかなかった（徳重、2013：pp. 198-201）。

　さて、起業家精神について、同氏はそれを「大勢に流されず、執念を持って自分の信じた道を進むということだ。人と違うことを恐れない勇気と言い換えてもよいかもしれない」、といっている。本来なら大企業は経営資源もあり、ブランド力もあるのだからやる気のある社員には何十億もの資金をわたして「これで外国で事業を起こしてこい」くらいのことができないことはないはずなのだが、現実はコンプライアンスやリスク管理で身動きがとれず社内業務に追われてしまう場合が多い。これでは起業家精神は育たないのであり、意欲や野心を持って入ってきた人はやる気を失ってしまうのである。

　従って、徳重氏は、「この国で起業家精神を持った人間を輩出するには、やはりベンチャー企業が適している。しかし、ベンチャーで大企業と同じような働き方をしていたら、それは勝ち目がない。だいたい人数が少ないのだから、一人ひとりが、大企業の社員の何倍もの速度と密度で働いて、ようやく飯が食えるのだ。その代わり、大企業の社員が100の能力のうち30しか使ってないところ、ベンチャー企業では200まで引き上げることを常に要求されているので、その成長速度は大企業の比ではない」、といっている（徳重、2013：p. 54）。現に、テラモーターズでは、25歳の若い社員がベトナム法

人社長に、入社2年目の社員が中国駐在に、同じく2年目の社員がフィリピン駐在となっている。

徳重氏は、「入社1年後にベトナムや中国に赴任させることで驚かれることも多いのですが、テラモーターズでは他の企業の4倍速で成長させることを目指しています。テラモーターズで1年働いた2年目の社員は、他の企業の5年目の社員と同等以上の能力があると思っています。私たちにしてみたら2年目の海外赴任は全然急ではないし、そもそも世界と勝負するのに早すぎるなんてことはない。グローバルなレベルで運用する人材を早期に育成するためにも、若くて優秀なメンバーにどんどん新興国市場の立ち上げを任せていく」、と語っている（Web資料2）。

徳重氏はさらに、「私がこう言っても、経営に関わるレベルの仕事に、若手の社員が出向いたところで、まともに相手にされないのではないかと思うかもしれないが、それこそいまだに化石のような年功序列が生きている日本人の感覚だ」、と述べている。徳重氏は証拠として、「当社が目標としているアメリカの電気自動車のテスラモーターズは2010年にカリフォルニアでトヨタ自動車と資本提携したが、そのときトヨタの豊田章男社長と握手したのは、まだ当時38歳のイーロン・マスクCEOであった。どこの国にいっても、若い経営者の勇気と商才は、例外なく賞賛の対象である。日本人はそれを知らないだけなのだ」、と反論している。

また、「かつては創業期のソニーでも、まだ大学を出て間もない20代の若者を、片道切符で世界各国に送り出し、市場を開拓させてきた。現代においてもできないはずはないのであり、例えばフィリピンやベトナムのような新興国では、20代でも第一線で活躍している人は沢山いるから、若手だからといって不利益を被ることはないのである」。

ところで、「日本では、優秀な学生はほとんど大企業に就職してしまう。それはそれでもよいが、問題はそこからアントレプレナーが育ってこないことである。自分でリスクをとって挑戦し、結果に対して責任をとるという、ベンチャーでは当然のことをやってきていないので、社会人になってから能

力が伸びないのである。折角いい素質を持ちながら、その素材を磨き、世界で戦える人材にまで成長していない。まさに宝の持ち腐れである」、とも述べている（徳重、2013）。

徳重氏が活躍していたシリコンバレーは、世界中から起業家精神を持った優秀な人材が集まり、切磋琢磨するプラットフォームになっており、アップル、グーグル、オラクル、インテル、フェイスブックといったかつてのベンチャーが身近に存在することで、「次は自分の番だ」と誰もが信じることができる環境にある。

シリコンバレーだけでなく、台湾の新竹市でもインドのバンガロールでも事態は同じである。自分たちにもできないはずはないと起業家たちは大企業に勝負を挑んでいくのである。

これに対して、日本人の大企業信仰の背景には、経営資本に恵まれた大企業がその気になれば、小さな会社などひとたまりもない、不況が続いても、大企業なら生き残ることができると思い込んでいる。一言でいえば、「寄らば大樹の陰」的発想である。大企業依存症候群とでもいうべきメンタリティーである。belongerなどという英語はないが、まさにその表現がぴったりするような国民文化となっているのではなかろうか。従って、日本では起業するといえば、徳重氏の場合と同じように家族・親戚が寄って集って止めさせようとするのである。

同氏によれば、「日本の最大の問題は、小さいことや後発がハンディキャップだという時代遅れの発想をいまだに引きずっていることだ。それを打ち破るメガベンチャーも、なかなか現れてこない。しかし、成功例が一つでも出れば、大企業に抱え込まれていた優秀な人材がベンチャービジネスに還流し、後に続くベンチャー企業が現われ状況が一変するであろう」、と述べている（徳重、2013）。明らかに、同氏はその成功例の一番手を目指しているのだ。

3）テラモーターズの早期国際化

同社は初めから世界市場を狙う戦略を持っており、まさにボーングローバ

ル経営を目指しているのである。徳重氏自身も、同社がボーングローバルであると著書の中で述べている（徳重、2013）。

　同氏によれば、今や世界の産業経済の中心は、欧米からアジアを中心とする新興国へとシフトしている。従って、市場の成長性をみれば、アジア全体を日本の「国内需要」とみなすぐらいの意識改革が日本企業の経営者には必要であると語っている。

　そうしたシフトが必要なのは、新興国の成長性に加えて、今日の競争がグローバルに起こっているためであり、さらにはグローバル・スタンダード（世界標準）を獲得するためである。世界には国内需要の何倍もの需要があり、進出しなければ、外国企業にチャンスを奪われてしまう。バイクの日本市場は年間30万台に対し、アジアは4000万台である。また、世界標準の規格を獲得することが世界市場でのシェア獲得に繋がるからである。グローバル競争は同社の場合、例えばフィリピンでの「EVタクシー」事業に入札中である。これは三輪タクシーでバイクのサイドカーに人を乗せるものである。これには日本、中国、台湾、韓国、および地元の数カ国企業が応札しており簡単ではないが、入札に勝ってフィリピン市場を抑えることができれば、同じ車体を使ってボディーのデザインを変更して、他の東南アジアの国々でも販売することが可能になり、世界市場獲得もみえてくる。

　既述のように、設立2年目でベトナム工場の建設に着手したり、フィリピンでの国家プロジェクトに応札したりする他に、中国でも活動を開始している。いったいこの国際化のスピードの根源はどこにあるのだろうか。既述のように、同社は入社2年目の新人でもどんどん海外に派遣して責任者として仕事をさせるのであるが、そのように仕事ができるのは彼らが偶然にできるようになったのではなく、徹底的に「量」を積み重ねた結果、あるときそれが「質」に転化したのだという。同社では世界で成功することを目指しているので持てる以上の力を発揮するのである。2倍の質で、2倍の量を働かざるを得なくなり、その結果、普通の大企業社員より4倍速で働く結果となるのである。

しかし、その前に同社の早期国際化は、社長である徳重氏の経営資源の「スピード」を重視する姿勢によるところが大きいと思われる。

　日本は90年代前半にバブルが崩壊し、その後は経済の停滞からいつまでも脱却できないでいる。気がつけばGDPは中国に抜かれ、今や韓国、中国、台湾などの近隣諸国にも市場を奪われつつある。そんな日本が、かつての輝きを取り戻すことは可能であろうか。

　徳重氏によれば、日本の大企業には残念ながら世界で勝てる余地はほとんどないという。それは、それらの業務のスピードが遅いからである。例えば、海外で工場を立ち上げるために、日本企業は現地を度々調査するが、その意思決定が非常に遅くて現地の関係者は本気で進出する気があるのかと疑心暗鬼になり、間に入った人などは振り回されて疲れ果ててしまうという。現地からは、一緒に仕事をするならもっと意思決定の速い、例えば韓国企業の方がいいといった声をよく聴くそうである。現地社長には最終決定権がないので本社の上司に御伺いを立てるのであるが、この上司は慎重には慎重を期し、ミスをできるだけ少なくすることに重点を置いているので、場合によっては、現地での機会を逃してしまうのである。これでは勝てないというわけである。

　同氏によれば、東南アジアや台湾で、提携先の候補として現地の会社を訪れたとすれば、だいたい2回目の訪問で、「具体的な条件を詰めましょう」という話になるそうである。これが世界のスピード感であるという。「スピード」は、今や「ヒト、モノ、カネ、情報」以上の経営資源にありうる可能性すらあると述べている。

　ということは、同社のようなベンチャーでも、スピードに勝れば十分大企業に勝てるということである。社長が直接現地にいってその場で決めることができるからである。シリコンバレーでは、成功確率が6割を越えたら誰もが動き出すという。時間をかけて机の上で成功確率を8割、9割に引き上げるより、6割でスタートして、それから様子をみながら軌道修正を図るといったやり方である。最終的に、この方がいい結果を得られる可能性が高いという。また、日本人の感じる6割とは、アメリカ人の感じる7割、東南ア

ジア人の8〜9割に当たると同氏は自分の体験をもとに語っている。60%でゴーなのである。

　さらに、スピードが求められる海外市場では、「最小限を最短で」実施し、先手をとればベンチャーでも十分に勝負できるといっている。日本の大企業は、技術水準が高いのは誰でも認めるところであるが、新興国では価格が高くて一般の人々には手が届かない製品が多い。価格というのは日本人が東京の本社でイメージしているより、海外では非常に重要な要素であるという。日本企業はきちんと現地市場のニーズを捉えて、過剰品質は避け、スピーディな製品投入を図らなければならない。この点サムソンやLGなどは、ほどほどの品質で手頃な価格の製品をできるだけ早く市場に投入して成功している。デジタル化によって、製品の開発スピードは格段に上がっている。日本企業は高度な技術にこだわるあまり、製品開発に3年もかけていたら、製品が市場に出る頃には、顧客ニーズも変わり、市場を失ってしまうことになる。

　4）テラモーターズの競争優位の源泉

　同社が電動バイクをターゲットとした理由として、徳重社長は、「新興国ではガソリンが高価な上、排ガス対策も急がれており、電動バイク市場は大きく成長して行くという読みが設立のきっかけだった」、と述べている。EVはシリコンバレーにおいても今後の成長分野としてNo.1に挙げられている分野であった。

　事業モデルは、既成部品を多く利用した中国での委託生産と安価なシリコン電池を採用するといった、徹底したコストカットである。同社の「Seed」シリーズは、最安モデルで9万9800円である。他のガソリン燃料のバイクが軒並み15万円を超える中で（例えば、Honda Dio 約15万円、Yamaha JOG 約15万円）、また同じ電動バイクでも他社と比較しても（例えば、Over Creative JEVO 12万8000円、Prozza Miletto 13万8000〜18万9000円）、価格は安く設定されている。また、全国5000店と提携したメインテナンス網も強みである。2013年からはベトナムでも生産を開始する。

さらに、電動バイクはガソリンバイクに比べて、音が静かであり、CO_2 を出さない、充電料金が安い、快適に運転できる（振動がない）、などの利点がある。また、今後はソーシャル・モビリティというキーワードのもと、例えば、エンジンの ON-OFF をスマートフォン認証で行ったり、位置情報をSNS で友人同士で確認できたり、今までの電動バイクにない機能を加えていくという構想もあるようだ。

従来のガソリンバイクは、大手メーカーの「垂直統合」のもとで生産されているが、EV のバイクでは、動力がガソリンエンジンから、モーターと電池に替わることで、各々の部品メーカーの「水平分業」が生じやすくなる。これによって参入障壁は非常に低くなる。しかも部品点数はガソリン車の4分の1と格段に少ないので、ベンチャーが土俵にのぼりやすくなる。

もっとも、大手企業も手をこまねいているわけではなく、ヤマハ、ホンダ、そしてスズキも電動バイク市場に参戦してきており、一層の激戦が予想される。しかし、徳重氏は意に介していない。「大手メーカーの最大の優位はガソリンエンジン技術であり、多くのエンジニアを抱えているため、電動バイクに力を入れ過ぎると自分の首を絞めかねないという、根本的にジレンマの状態にある」、というのである。

さらに、視線の先には海外市場がある。世界のバイク販売台数の7割以上はアジアが占めており、特に、中国は 2000 年に 27 万台だった電動バイクの販売台数が、今ではガソリンバイクを抜き、年間 3000 万台と世界最大のバイク市場に成長している。なぜ、中国でこのような電動バイクの販売台数が伸びたのであろうか。中間層の所得が伸びたといっても新興国では所得に比してガソリンが高価な上、排ガス規制も厳しくなったという環境上の変化もあるが、次の4つの要因も大きいであろう。1つ目は中国では電動バイクは免許がいらないこと、2つ目は電動バイクはヘルメットがいらないこと、3つ目は一部の地域でガソリンバイクが使用禁止になったこと、4つ目はランニングコストがガソリンバイクの約6分の1で安上がりであることである。もっとも日本では、バイクの駐車場規制が厳しくなったこと、大手メーカー

の生産の中心はガソリンバイクであること、電動アシスト自転車が流行していることにより、中国ほどの販売の伸びは今のところない（Web資料3）。

最後に、徳重社長は、損保会社からの転身であり、もともとバイク業界で働いていたり、無類のバイク好きであったということではない。シリコンバレーで働いていたとき、EVの事業を始める起業家とも接触するうちに、EVでも電動バイクに注目したのである。

一般的に起業する場合、これまでの経験を活かして展開した方が有利と思われる。その理由は、①既存の事業者がいる業界に新規参入する場合、苦戦するのが普通である、②業界経験者でないと、その業界のビジネス慣行などを、あらかじめ知ることができない、③業界内に人脈があれば、ビジネスをスムーズに展開することができる、などである。

しかし、同社長の場合、このハンディキャップを以下のようにして跳ね除けている。①「日本発のメガベンチャーを目指す」という日本を背負ったような大きな志により、創業後の難局を乗り越える、②業界内の慣行を知らないことを逆手にとって、既存のバイク業界ができないことをあえて行う、③業界がしないことやできないことを行うため、業界外の人々に力になってもらう。この場合、業界内の人脈は持っていない方がやりやすく有利になる。

同社長によれば、「業界や技術に門外漢だからといって、卑屈になる必要はない。持たないからこそ、その弱みを強みに変えることができる。要は発想であり、強みに変える条件を揃えることである。簡単なことではないが不可能なことではない」、と語っている。持たないからこそ既存のビジネスモデルを壊すことができるという逆転の発想ともいえよう。

（2）ジオ・サーチのケース

1）会社の概要

ジオ・サーチを1989年1月に創業したのは冨田洋氏である。同社の特徴は、一言でいえば、世界のどこにもないインフラ・セキュリティー・サービスを行う会社である。具体的には、道路、港湾、空港施設などの路面下に発

生した空洞、地表からではわからない埋設物の正確な位置情報、橋梁などのコンクリート構造物内部の劣化個所などを、同社が開発した「スケルカ（透ける化）」技術を用いて探知するビジネスである。

　また、同社長はこれと並行して1998年には社会貢献の一環として、「人道目的」の地雷除去支援のNGOであるJAHDSを創設している。そして、タイ・カンボジア国境での地雷除去作業に約10年間取り組み、2006年に現地財団に活動を継承している。このプロジェクトによって幻の大クメール遺跡「プレア・ヴィヒア寺院」周辺は、同社のスケルカ技術を使って復興され、2年後にはユネスコから世界遺産に認定・登録されている。

　他方、その後国内では数多くの震災が発生し、そのたびにジオ・サーチは出動し、独自の調査システムと解析技術を駆使し地中や構造物内部のみえない危険箇所を素早く正確に発見し、インフラの安全確保に寄与している。同社の概要を示せば表9-2の通りである（Web資料4）。

　尚、同社の企業理念の1番目には「わが社は、人の役に立ちたいという考えに基づき、インフラ・セキュリティー・サービスを顧客に提供することにより、安全で安心できる社会づくりに貢献することを使命とする」、と掲示されている。

表9-2　ジオ・サーチの会社概要

会社名	ジオ・サーチ株式会社
創業	1989年1月
創業者	冨田　洋
資本金	3000万円（払込資本金）
本社・東京事務所	〒144-0051　東京都大田区西蒲田8-15-12
工場	〒339-0073　埼玉県さいたま市岩槻区上野4丁目5-19
海外支社	なし
事業内容	路面下探査システムによる空洞、埋設物の位置情報、コンクリート構造物内部の劣化等の調査
主要顧客	国土交通省、東京都建設局、横浜市道路局、その他府県建設局

出所）ジオ・サーチHP等より著者作成

2）創業者の起業家精神

　冨田氏は1953年生まれで、中学まで過ごしたのは神戸市垂水区の漁師町であった。遊び場といえばもっぱら海で、学校が終わるとみんなで集まってよく野球をやっていたという。父よりも海運会社を起こした祖父とよく過ごしていたそうである。祖父からはよく「人間は貧しい時でも卑しいことをしてはだめだ。常に誇りを持って生きるのだ」と聞かされていた。さらには、「お前は性格的に癖があるから、普通の会社に勤めるのは難しいだろうな。海外の方が向いているぞ」、ともいわれていたという。

　父の仕事の関係で、中学3年のとき東京の世田谷に引っ越したが、少ししてから平塚に移転した。高校は慶応高校で所属したのは空手部である。ここはものすごいスパルタの部活で、毎日腕立て伏せ500回、腹筋1000回は当たり前であったという。大変しごかれ先輩たちから虫けらのように扱われていたそうだ。それでも理不尽に耐える精神力と頑健な体をつくってくれたのは、間違いなく空手部での日々の練習であったといっている。

　その後、慶応大学工学部に進んでいる。大学に登校するのは、興味のある授業と実験だけだったという。雨の日は雀荘や映画館にいって、晴れた日は湘南の海へ、といった生活を送っていた。19歳のときに祖父から突然、「海員手帳」を渡されて、「洋、海外に行ってもっと視野を広げてこい」、といわれたのである。そこで祖父の会社の貨物船に乗り込んで、甲板掃除やペンキ塗りなどの下働きをしながら、東南アジアやオーストラリアに何度かいったそうだ。これは彼にとって得難い経験になったといっている。

　日本に戻ると大学3年目で、いよいよ就職を考える時期になっていた。彼がどうしてもいきたかったのは、当時のテレビ番組「兼高かおるの世界の旅」のスポンサー企業に名を連ねていた「三井海洋開発」であった。志望動機は、単純に、自分は海に縁がありそうだし、海外で仕事ができそうだと思ったからである。しかし、石油開発のプラントエンジニア企業である同社には、自分が専攻している応用化学の学生枠はないという話であった。そこで、人事部に3カ月も通って、何とか応用科学の枠だけは用意してもらったという。

しかし、試験に受からなければだめなので、それから必死に勉強して何とか就職できたそうである。

　晴れて入社した三井海洋開発は大変面白い会社で、現場のエンジニアリング部門にいくと石油を掘削する掘削リグという機械を製造委託しており、九州や四国の造船所回りをすることになった。まだ24歳であったが、掘削リグの製造工程から海上で機器をプラントにセットアップする方法まで、重要な仕事を任せてもらったという。

　その後、いよいよセットアップオペレーションの管理のために、中東を中心に16カ国ほど渡り歩いたが、一つのプラントで最大3カ月ほどの仕事であったそうだ。さまざまな国の人々と交流し、異文化に触れる経験は非常に刺激的だったという。

　中でも重要な仕事は海底油田の掘削リグを現場でテストすることであった。アメリカ製の部品をたくさん利用していたが、品質管理が今ほど徹底していなかったので何かと故障などのトラブルが発生していた。そこで彼は、クレームの交渉のため、トラブルの状況を克明に記録し傍証もしっかり固めて、アメリカのメーカーに出かけていった。そこでメーカーの上級経営者を前に必死で喧々諤々の交渉をして、こちらの主張通り、ほぼ満額の賠償を引き出すことに成功したのである。意外なことにその後、そのアメリカのメーカーが冨田氏を次の駐在員として派遣することを要請してきたそうである。そこで彼は、アメリカのビジネスマンのフェア精神に感銘を受けたという。こうしてアメリカに赴任したのは入社6年目で、28歳のときであった。

　アメリカでの駐在を始めたのが1979年で、第2次オイルショックによる不景気の真っただ中であったという。時間もあったのでそうした構造不況の中でいったいどんなアメリカ企業が生き残っているのか、1年ほどかけて1300社ほど調べてみたら、石油関連事業では巨額の先行投資が必要で、不況時は新設するより既存設備の寿命を長くしてコスト削減を図っていた。その分野では、維持、補修、検査（MRI）の企業が伸びていることが判明した。そうした中で、特にこれはと可能性を感じたのが、構造物や設備の非破壊検

査サービス事業であったという。

そこで目指したい検査サービス分野で、誰もが実現していない新技術をもとに進化させれば、この分野のパイオニアになれるとひらめいたという。そこでその新技術のリサーチを開始したところ、ジョージア工科大学が軍用目的で開発した地中を電波で探査する技術をベンチャー起業家と事業化を進めていた企業に行き着いたのである。そして事業化のために日本のマーケットもしっかり調べて、最終的にその会社から技術供与と日本での事業許可の契約を取り付けることができた。

そしてこの事業化を日本本社に提案し、新規事業企画として認められ、社内ベンチャーとして事業化することが決定した。そこで冨田氏に帰国の辞令が届き、国内でのフィージビリティー・スタディが開始された。そして2年後には東京電力の水力発電所のダムから水を通す導水路のトンネル診断システムを実用化した。その結果、東京電力や官公庁などから多くの注文を受け、この新規事業は順調に推移し、年間売上高4億円ほどを稼ぐまでに成長した。

しかし、ここで重大な問題が勃発した。それは三井海洋開発が債務超過に陥って、解散することになったのである。解散日は1988年12月末であった。しかし、トンネル調査の仕事はまだ途中であり残っていた。途中で無責任に投げ出すことは難しかった。三井のグループ会社にこの事業を吸収してもらうという話もあったが、同氏としては何とか自分で引き継ぎたいと考えたのである。そこで先輩の紹介で、佐々木硝子の会長・佐々木秀一氏にすがる気持ちで会ってみた。佐々木氏からは、「会社経営はいばらの道だが、死ぬ気で継続させる覚悟はあるのか」、そして「その仕事は本当に人の役に立つものか」の2点を確認され、資本金の半分の出資と銀行の個人保障1億円を快諾してもらったのである。こうして、三井海洋開発からの技術および営業権譲渡に要する資金は、佐々木氏の援助と冨田氏の退職金で賄ったのである。こうして1989年1月1日に、ジオ・サーチは誕生した。

冨田氏は、35歳で初めて社長となり、起業家としての人生の幕を切ったわけである。当初は引き継いだ「導水路トンネル診断システム」の仕事

があったが、そのままでは事業が先細りするという危機感を募らせていた。ちょうどそんなとき、銀座で道路が陥没する事故が頻発していて、旧建設省が空洞探査技術の開発委託先を募集していた。技術開発の目標は時速30kmで、80％の的中率で空洞をみつけることとされ、当時の技術では的中率が5％だったため、ハードルは高かったという（Web資料5）。

　彼は社運を賭けてその開発に取り組み、その技術力が評価されて見事そのプロジェクトを獲得した。1年後の1990年11月に自走式探査車による世界初の「路面下空洞探査システム」の実用化に成功した。完成直後には「即位の礼」のパレードコースで空洞を発見し、同社が注目されることとなった。

　インフラ・セキュリティー・サービス事業の具体的なプランニングに迷っていたとき、その業界の雄であるセコムの創業者・最高顧問である飯田亮氏に手紙を出している。冨田氏によれば、飯田氏の著書を読むと自分の悩みに対する解答やヒントが詰まっていたという。飯田氏は、「俺は忙しんだ」といいながら、熱心に自分の事業企画書について説明すると、真剣に聞いてくれた。そして、別れ際に、「お前、面白いな。ちょくちょく会いに来ていいぞ」といってくれたそうである（Web資料6）。飯田氏はその後同社の社外重役に就任している。

　3）社会起業家としての冨田洋氏の側面

　さて、冨田氏は、自分が執筆した「路面下空洞探査システム」の論文が、国連の初代地雷除去責任者であるブラグデン氏の目に留まり、1992年11月に突然の訪問を受けている。

　彼は同社の技術を使って、プラスチック製対人地雷の探査ができないかという相談を持ちかけてきた。さらに1994年には、スウェーデンで開催された国連支援の「地雷除去専門者会議」に招待されてから俄然やる気になったそうである。ここで、初めてオモチャ型地雷の存在を知ったという。これは鮮やかな色や形で目を引くもので拾った子供の殺傷を狙った地雷である。まさに悪魔の兵器である。冨田氏はこれに強い憤りを感じて、帰国後すぐに地雷探知機のコンセプトを考えることに没頭し、その後電波を利用して地中の

埋蔵物の深さと形状がビジュアルに表示できる試作機の開発に取り掛かった。1997年には、「マイン・アイ」と名づけた地雷探知機の試作機を持ってカンボジアに入り、現地で対人地雷の可視化に何とか成功した。

他方、現地では地雷除去の問題だけでなく、電気、水道、道路、病院などのインフラはなく、多くの地雷が埋まっているタイ・カンボジア国境付近では、ほとんどの住民が凄まじい貧困に喘いでいる状況に直面していた。そこで冨田氏は、地雷除去はあくまで貧困克服の手段にすぎず、現地の経済を復興させることが一番重要なことではないかと思い至ったのである。また、地雷除去には、機材の運送だけでなく通信、医療なども含めたトータルな支援が必要なことがわかったのである。

そこで1998年3月、NGO法人「人道目的の地雷除去支援の会（JAHDS=ジャッズ）」を発足させた。これにはセコムをはじめトヨタ、ホンダ、ソニーなど、最終的には約250社（個人会員は約1000名）の参画を得ることができ、資金面だけでなく人材や技術を含め、各企業の得意分野を惜しみなく提供してもらったのである。

地雷探知機の「マイン・アイ」は、企業の技術の結晶である。例えば液晶はシャープ、センサーはオムロン、コンピュータは日本IBMといったようにである。もちろん同社の空洞探査技術も生かされている。地雷は現地で実際にそれを除去する人員だけでなく、資材や機材の運送から作業のための通信分野まで、いくつかの企業が得意分野で協力を申し出てくれたのである。例えば、運送では悪路対応救急車両はトヨタ自動車、オートバイ、洗浄用高圧ポンプはホンダというように車両や機材が提供された（原田、2006）。

2001年からはタイの農民を訓練して50名の地雷除去チームが結成された。また、タイ・カンボジア両国政府も互いにいがみ合うのをやめて、両国国境に跨る幻の大クメール遺跡「プレア・ヴィヒア寺院」周辺を共同で復興させ、世界遺産登録を目指そうという歴史的合意が成立したのである。その後、同氏は一般の人々にもわかりやすいようにこのプロジェクトの総称として「ピース・ロード」という名称をつけている。

その結果、「プレア・ヴィヒア寺院」周辺の広大な地域にとり残されていた地雷と不発弾を2年がかりで除去し、2006年11月27日、関係者700名が参集し、完工式と現地への引き継ぎ式が行われた。引き継ぎ式では、育成したスタッフや使用した機材の引き継ぎが、タイの篤志家が結成した新しい財団「ピース・ロード・オーガニゼーション（PRO）」に引き渡されたのである。

これによって約30万人もの観光客が世界各地から訪れるようになり、2008年にはこの「プレア・ヴィヒア寺院」が世界遺産として登録されたのである。ただ、その後、タイのタクシン元首相追放に端を発したタイ・カンボジア間の新たな国際紛争により、同寺院も紛争に巻き込まれてしまうことになる。

4）ジオ・サーチの競争優位の源泉

同社の競争優位性は、これまでみてきたように世界のどこにもないインフラ・セキュリティー・サービスを提供するビジネスにある。具体的には、路面下探査システムによる空洞、埋設物の位置情報、コンクリート構造物内部の劣化等の調査ということになる。

タイ・カンボジア国境での地雷除去プロジェクトでは同社の地下探査システムによる「マイン・アイ」を使っての作業が大きな効果を発揮したのである。同社ではこの「マイン・アイ」の技術をさらに応用進化させ、埋設管を3次元で可視化できるシステムを2008年に実現し、2010年には、時速60 kmものスピードで走りながら、橋の床板などコンクリート構造物内部の劣化や損傷個所を精密に「透ける化」できる技術の「スケルカ」を発明している。さらに、この走るCTスキャンをつけて橋梁床版や道路を一気に探査できる車両としてスケルカー（SKELE-Car）も完成した。

ここで創業から2010年までの同社技術の歩みの概略をまとめてみると表9-3のようになる。

そこで折しも、2011年3月11日に東日本大震災が発生したのである。震度5を超える地震が起こると、道路下などの地中に空洞が生じやすいことがわかっている。同社はそれまで東日本大震災が起こる前から阪神淡路大震災、

表9-3 ジオ・サーチの技術の歩み

完成時の年月	技術の進歩
1990年11月	世界で初めて「路面下空洞探査システム」を開発・実用化
1991年 2月	「舗装構造調査システム」が東京都の助成により開発・実用化。東京都舗装管理システム（RPSM）に採用される。
1997年 1月	対人地雷をビジュアルに探知できる試作機「マイン・アイ」を完成
1998年 6月	多配列アンテナを搭載した新型空洞探査車を開発
2003年12月	多配列アンテナ搭載機器・専用データ処理ソフトを開発
2004年 8月	空洞探査車シーガル（SEA GULL）完成
2008年 2月	小型探査車を用いた調査システムで特許登録
2008年11月	新・空洞探査車と新・小型探査車が完成
2009年 5月	「RC構造物内部診断」の技術で特許登録
2009年 6月	ジーキューブ（G-Cube）の商標登録
2010年 1月	「舗装内部診断」の技術で特許登録
2010年 9月	「スケルカ」の商標登録
2010年11月	橋梁床版や道路を一気にスケルカするSKELE-Carが完成

出所）ジオ・サーチHPをもとに著者作成

　鳥取西部地震、新潟中越地震、福岡県西方沖地震などでも、大地震が起こるたびに、緊急輸送確保のため港湾などから続く道路の空洞化探査活動を行ってきた。まさにこれらの大地震では同社の得意技で復興支援を行える絶好の出番が巡ってきたことになる。

　冨田氏は、未曽有の国難のときに、同社の得意技でお役に立てるこの機会に使命感を持って全力を挙げて取り組むつもりだと述べている。また、同氏は今回の東日本大震災はこれまで以上に自分たちの出番だと覚悟しており、「頑張れニッポン」という他人事ではなく、「頑張ろうニッポン」であり、全員がこの難局に立ち向かっていかなければならないと語っている。

2. 日本のボーン・アゲイン・グローバル企業

(1) マニーのケース

栃木県宇都宮市の近くに面白い会社がある。この会社は18期連続増収を達成していて、国内での従業員数よりもアジアでの従業員数が圧倒的に多い。製造しているものは手術用縫合針や歯科用治療器具で、この分野ではニッチではあるが世界1の市場シェアを持っている会社である。この企業が、2012年には何と東京証券取引所一部上場を果たしたのである。

1) マニーの沿革

それでは、まずマニーのこれまでの経緯からみていこう。簡単な沿革は表9-4にみる通りであるが、詳しくは、同社のHPなどを参照して戴きたい(Web資料7)。

表9-4をみると、マニーの創業は、現会長松谷貫司氏の父(故人)松谷正雄氏がアイド縫合針を研究し、製造販売を開始したことに始まる。以来約60年の長きにわたって、手術用縫合針、各種手術機器の専業メーカーとして業績を重ねている。松谷会長は、2009年の時点で、「過去25年間は、売上の伸び率平均年10.6％、経常利益の伸び率年平均22.5％でした。この売上の伸びは新製品・新事業進出と世界販売によるものです。そして、25年間の前半の利益の伸びは固有技術中心の改善・量産化によって生み出されたものであり、後半は海外生産によって生じたものです。しかし、創業から20年間は実質赤字で、現在も新製品は赤字です」、と振り返っている。

さらに、海外生産については、「日本人の高学歴化や労働人口の減少によって労働集約的な作業は国内では難しくなっているが、ベトナム人は子供の時からそうした作業になれているので教育すればベトナム人のほうが効率は良くなるだろう」、といっている。特に、当時国内工場内での検査ミスが多くなったので、そのような作業はベトナムのような国で行った方がうまくいくと考え海外進出を決意したといっている。ベトナムで教育を徹底的に行

表9-4 マニーの沿革

1956年	: アイド縫合針製造販売（創業）
59年	: 株式会社松谷製作所設立
61年	: 世界初の18.8ステンレス縫合針発売
69年	: 世界初の18.8ステンレス製針発売
70年	: 本社第1工場を新設
72年	: 世界初のレーザードリルドアイレス針発売
80年	: 多数本同時研磨技術による歯科用リーマ・ファイル輸出開始
90年	: グロスラッピングエッジ眼科アイレス縫合針発売
93年	: 清原工場（栃木県）新設
96年	: ベトナムに生産拠点設立（MMC）。本社社名をマニー株式会社に変更
99年	: ミャンマーに生産拠点設立（MYL）
2001年	: ジャスダック上場
03年	: マニー・ハノイ（MHC）設立
04年	: ベトナムの第2生産拠点（MIIC）が操業開始。レーザー治療器・マニプラー AZ 発売
06年	: 本社を宇都宮市（清原工場）へ移転
09年	: ラオスに3ヵ国目の生産拠点設立（MVC）。MMCをMHCに統合
2010年	: ハノイにMANI MEDICAL HANOI Co. Ltdを設立。宇都宮市にマニー・リソーシズ株式会社設立
11年	: 東京証券取引所第二部上場
12年	: 東京証券取引所第一部上場

出所）マニー HP をもとに著者作成

えば、「2、3倍の時間がかかったとしても、その方が効率は上がるだろう」とも述べている。

　また、日本では開発、新製品の生産・販売を、海外子会社では生産とその改善というように分業による棲み分けを行っている。「日本ではユーザ密着の開発・営業と開発直後の生産を主体とした『知識情報業』に専念して、海外子会社では改善活動を常態化させて、『製造改善業』に専念する」、と同氏は述べている。

２）失敗の経験と教訓

　この間、失敗の経験もしている。同社は縫合針をつくる機械を整えた結果生産過剰になり、また将来縫合針が要らない時代がきたら会社は潰れるのではないかと考え、同じ手術で使うメスの分野に参入した。しかし、これは大失敗であった。同時期にカミソリメーカーが電気カミソリに押され、メスの

分野に参入してきたからである。彼らは刃物屋であり、技術が数段優れていた。このとき、市場だけをみて、「針金屋」である自社の技術をみていなかったと反省した。やはり、自社の得意分野で勝負することが重要であることを思い知ったのである。その後、針金からつくる医療器である「極細治療器」に特化（後にポーター賞受賞）することに決定したのである。このことが、クレンザー・ブローチやリーマ・ファイル（歯の神経を削る器具）などの開発に結びつき、現在ではリーマ・ファイルの世界市場シェアは39％に達している。

また、ダイヤモンド薄膜技術開発についても、旧通産省の研究補助金がもらえるということで、針先やリーマ・ファイルの刃にダイヤモンドの薄い膜をつけて画期的な極細治療器具をつくろうとしたが、失敗した。これはいわば豆腐の上に硬い膜を載せるようなものでうまくいかなかった。しかし、この失敗から、技術的惚れ込みが昂じて極細ではないダイヤバーに参入して成果を出すことができた。これによってダイヤバーでは世界シェア10％程度（世界一の生産量）を獲得するまでになったのである。松谷貫司会長によれば、この失敗から学んだことは、「限定したドメインで戦わなければ弱い（一点集中が最も効率がよい）。しかし、それに閉じこもる限り、その範囲以上の発展はない。最も重要なことは、限定してきたドメインの枠を破って、もっと拡大したドメインに移行するタイミングときっかけである」、と述べている。同社のHPをみてみると、「以下のトレードオフ（やらないこと）を守ることで、長期的な安定成長を目指している」、と記されている。

① 医療機器以外は扱わない
② 世界一の品質以外は目指さない
③ 製品寿命の短い製品は扱わない
④ ニッチ市場（年間世界市場5000億円程度以下）以外に参入しない

3）マニーの現況と経営上の特徴

同社の2012年8月決算期での売上高は、9693百万円、経常利益は3518百万円で、18期連続の増収を達成している。販管費が増加したので営業利

益率が前年の 36.6% から 35.9% に低下している。また、同年 9 月 5 日には東証一部上場を果たしている。従業員数は、国内 284 名、国外 2200 名である。

a）透明な経営

マニーは委員会設置会社であり、社外取締役が過半数を占める取締役会で最終決定が行われる。7 名の取締役のうち、会社法上の社外取締役が 4 名と過半数を占めており、外部の客観的な意見を積極的に取り入れることにより、取締役会の監督機能を強化している。これによって、健全かつ透明性の高い経営を実現するとともに、執行役による意思決定の迅速化を目指している。

松谷貫司氏が現在、取締役会議長であり、指名委員会の委員長にもなっている。委員会設置会社を導入した目的は、経営の執行と監督の分離を行うためである。従来からの監査役設置会社では取締役が執行し、監督することになり、取締役社長が権限を持ちすぎたり、前社長が次期社長を指名する弊害があった。また、誰でも社長になれる機会がある制度になっている。同社では課長・子会社社長・部長、そして社長さえ公募制（子会社の社長経験が役員の条件）にしたのである。

b）経営方式

同社が行っている経営方式を同氏は「コア・コンピタンス経営」と称している。これは以下のプロセスを循環させる経営のやり方である。①コア・コンピタンス（自社の強み）の確認、②5 年後のビジョンの再構築、③ビジョン実現のための戦略の再設定、④今期方針目標の設定・実行、⑤各部署への展開、⑥コア・コンピタンスの再確認、……である。これを循環・フィードバックするやり方である。

c）企業理念、経営基本方針、社訓、営業基本方針、品質方針

同社の企業理念は、「患者のためになり、医師の役に立つ製品の開発・生産・提供を通して世界の人々の幸福に貢献する」というものである。この理念のもとに経営基本方針、社訓、営業基本方針が策定されている。経営基本方針は「順法精神と独創技術を持ち将来利益を確保する」、社訓は「科学する心で熱心に粘り強く」、さらに営業基本方針は「世界一の品質を世界のす

みずみへ」となっている。

経営基本方針の「将来利益」を確保するというのは、松谷会長によれば、「昔、給料が払えるかどうかの苦しい時があったが、またそんなことになったら、仕事どころではないと感じたからである。資金を借りるためには銀行を納得させる必要があり、どうすれば、また決算書のどの項目を改善すれば、金が借りられるのか銀行の担当者に教えてもらった。つまり、将来利益が出ることを銀行に納得させる必要があるのです。そのため自分は決算書に強くなった」、と述懐している。社訓の「熱心に粘り強く」というのは長く継続して行うのは難しいが、それ以外に問題解決法はないというものである。

同社の営業基本方針は「世界一の品質を世界のすみずみへ、"THE BEST QUALITY IN THE WORLD, TO THE WORLD"」である。世界中でモノを売るには世界一の品質しかないという考え方である。ちなみに、同社の品質方針は、①世界一の品質（目標）、②全員参加のQA活動（責務）、③独創技術を生む（指針）、④法・規則基準の順守（手段）の4つを掲げている。

d）企業文化と行動規範

同社の企業文化は、①熱心に粘り強く仕事をする文化、②上位職ほど謙虚でよく働く文化、③真実を語り合う文化、である。行動規範については、①誠実さ、②情熱、③コミュニケーション、を重視している（Web資料7）。

マニーの世界一を目指す戦略

○世界一の品質を目指すことにこだわる（ユニホームの背中に、"THE BEST QUALITY IN THE WORLD, TO THE WORLD" の標語が英語で書かれている）

○世界一か否かの比較試験（各製品、年2回）を行なっている

○世界一か否かの会議（各グループ別に年2回）を行なっている

○製品毎、特性ごとに細分化して世界一を追求している（世界一の項目は山ほどあり、これにより社員のモチベーションが向上する）

世界一を実現維持する戦略
○市場の要求にいち早く対応（生産に反映、そのために完全自動化はしない）
○品揃え・多品種生産対応（品揃えの不十分さは顧客から見放される）

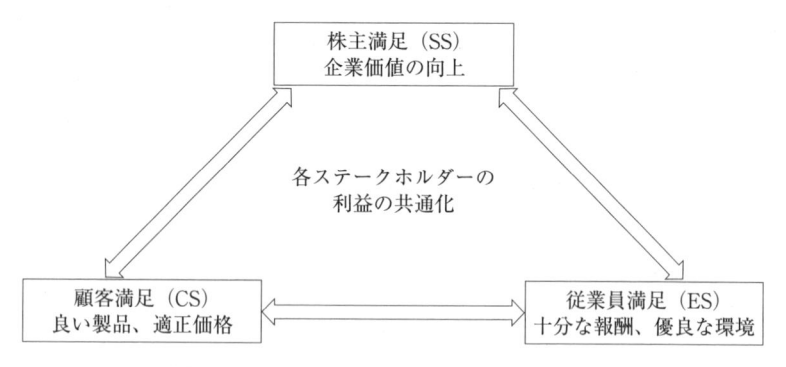

4）マニーのコーポレート・ガバナンス

次に HP に掲載されているコーポレート・ガバナンスの基本的考え方（取締役会議長のメッセージ）を少し長いが紹介しよう（Web 資料 7）。

「当社はより開かれた会社になることを目指し、且つ経営に対する客観的な評価を市場より得たいと考え、2001 年 6 月に株式を公開しました。株価という客観的評価を一つの基準として事業運営に努めるとともに、正しい評価が得られるよう情報開示にも努力してまいりました。さらに、経営の透明性を求めて、2004 年 11 月に『委員会設置会社』に移行し、社外取締役を過半数とした取締役会が執行役を監督する緊張感のある経営の仕組みとし、よりよいコーポレート・ガバナンス体制の追求と確立に努めております」。

また、「当社のコーポレート・ガバナンスに関する基本的な方針は、"Shareholders as owners"（所有者としての株主）を基本としつつ、『各ステークホルダーの利益の共通化』を実現することにあります。

即ち、顧客に対しては良い製品を適正な価格で提供することによる顧客満

```
              株主満足（SS）
              企業価値の向上
                   ▲
                  ╱ ╲
                 ╱   ╲
           各ステークホルダーの
              利益の共通化
           ╱               ╲
          ╱                 ╲
   顧客満足（CS）    ◄──►   従業員満足（ES）
   良い製品、適正価格         十分な報酬、優良な環境
```

図 9-1　マニーのコーポレート・ガバナンス
出所）マニー HP より

足（CS）の向上を追求して、売上・利益の増大を目指します。従業員（含執行役）に対しては当社に適した優秀な人材の確保に十分な報酬及び成果の上げられる優良な環境・制度を提供し、従業員満足（ES）の向上により的確で効率的な企業活動を目指します。また、これらを実現するために代表執行役はじめ全執行役が率先垂範して企業価値を向上させるとともに各経営システムの確立に努力します。一方、株主総会により選任された取締役会は基本を決定し、執行の方向性に誤りがないかを監督し、執行役を評価します。このガバナンスを通して株主利益の増大を目指し株主満足（SS）を獲得します。ここで重要なポイントは『各ステークホルダーの利益の共通化』を実現することにあります。

利益の共通化とは、顧客の利益は従業員・株主の利益であり、従業員の利益は顧客・株主の利益であり、株主の利益は顧客・従業員の利益となることです。ガバナンスの基本は、執行役の独走を防止するとともに、一ステークホルダーの利益が他のステークホルダーの損失となることを防止することにあると当社は考えております」、と記されている。

5）マニーの環境への取り組みと社会貢献

同社の環境への取り組みについては、「医療機器の提供者として、生命、環境の大切さを常に意識し、安全で効率的に働ける職場を目指し、全員参加の活動を行ないます」、とHPに記されている。さらに、同社では、環境・労働安全衛生方針のもと、環境マネジメントシステムに関する国際規格として、「ISO 14001」の認証を受けるとともに、労働安全衛生マネジメントシステムに関する規格として、「OHSAS 18001」の認証を受け、積極的な活動に取り組んでいる（Web資料7）。

松谷会長によれば、同社は社会貢献活動を次のように考えて、実施している。

　○それぞれの会社が、それぞれ社会貢献すればよい
　○当社は、たまたま医療機器が本業であり、よい医療機器を提供することが社会貢献になる

○本業の医療で社会貢献する。本業以外は効率が悪い。本業で貢献することが最も効率がよい
○一般的にも、ほとんどの会社は本業が最も効率がよいはずであり、本来その本業で社会貢献するべきである
○納税して、それを専門家に効率よく実行してもらうことが、最も効率のよい社会貢献だと思っている

従って、「当社はことさら本業以外の社会貢献をしない」と述べているのである。

(2011年東洋大学での講演会から)

6）マニー・ハノイ（MHC）のグローバル化

それでは次に国際化に関して、ベトナムのハノイに進出している同社最大規模の海外子会社 MANI HANOI Co. Ltd の工場を中心に、同社の現地生産および「中小企業の国際化」についてみていくことにしよう。

マニーは1996年にハノイの北方約70 kmにあるタイグエン省（Thai Nguyen Province）に最初の海外工場を設立した。進出時の社名は MANI MEINFER Co. Ltd（MMC）であり、合弁会社であった。その後、1999年にミャンマーのヤンゴンに MANI YANGON Ltd（MYL）がマニー100%出資で第2の工場（従業員数350名）として設立されたのである。そして、MANI HANOI Co. Ltd（MHC）は3番目の海外工場として MMC の近くに2003年に設立された。

2009年には MHC が MMC を吸収している。MHC は日本のマニーの子会社であり、現在従業員数は、約1800名である。工場の従業員は、女性の比率が男性より大幅に高く、ほぼ7対3である。また、同年には、4つ目の海外工場 MANI VIENTIANE Co. Ltd（MVC、従業員数50名）がラオスのビエンチャンに設立されている。

MHC では、日本本社で開発されたサージカル製品、医療用縫合針、デンタル製品の生産・加工を行っている。具体的には、外科用アイド縫合針、針糸付縫合針の生産、歯科用根管治療機器、眼科治療製品などの生産・加工である。

ところで、MHCではこれまでの日本企業の国際経営の通念とは違ったユニークな経営が行われている。まず、立地の観点でいえば、同社のどの工場も都心からかなり離れた場所に位置している。そして、その場所に半永久的に定着しようと考えているのである。しかも、工業団地などには入居しないという方針を貫いていることだ。ミャンマーやラオスでも同じ方針である。工場団地に入れば、例えば環境問題に関して排水その他で近隣住民からの苦情があるかもしれないが、田んぼの真ん中のようなところに工場をつくればそのような苦情はない。また、安い労働力も、工業団地では平均化してしまいメリットが少ない。あるいは何かにつけ抜け掛けしようものなら非難されるのは必定である。反対に、都市からかなり離れている立地ではそのような問題は発生しないし、採用に関しても数十名の募集でも150名から160名という多数の応募者があり、不利益は感じられないという。しかも、ベトナムは平均年齢が27～28歳の国なので、当地では若い従業員の募集には事欠かないそうである。

　もっともそうはいっても日系企業や業界についての情報が聴けないといった不利益があるのは事実なので、日系企業の経営者の集まりやベトナム日本商工会議所の集まりなどに出席してそれを補う努力はしているそうである。また、空港には近くて便利な立地だが、港湾には遠いので船便だと日本から1カ月はかかってしまう。船便だと上陸してからのコストもばかにならない。しかし、総合的にみれば上記のような立地の方針は今までは当を得ていたのである。この決定を行った本社の松谷貫司会長に先見の明があったということかもしれない。

　ハノイ進出については、松谷会長（当時社長）が中国などを含めて何カ所もアジア諸国を回って実地調査を行った末決定したとのことである。

　次に、昇給やボーナスと人事評価制度との関係については、同社のベトナム人の考え方として他の従業員と差をつけるよりも、全員一律な昇給やボーナスを望んでおり、労働組合もそのように希望しているとのことだった。ベトナムは所得でも人材でも「真中がいない」といわれ、何事にも上下の差が

大きいのが特徴であると聞いていたので、MHCでのこの回答は意外であった。ベトナム企業全般にそうなのか、日系企業の特徴なのか、あるいはマニーの従業員だけの特徴なのか今後検討の余地があるといえよう。

　MHCでは、日本人現地社長がマニーグループとして利益を上げるのが目的であることを全従業員に認識してもらい、また国籍がどこかという前に、グループの一員としての自覚を持つように指導しており、さらに仕事においては上下の差はないという考え方で臨んでいる。

　第3のユニークな点は現地人管理職や事務スタッフが社長や日本本社とのコミュニケーションの手段として日本語を使っていることである。社内での社長や日本人管理者との会話、電話、メールなどすべてが日本語で行われると同時に、日本本社との電話やメール等の交換も日本語で行われている。従来、国際経営論では現地子会社の社長に現地人がなれない理由として日本の本社サイドが英語で対応できる人が少なく、従って本社の海外関連部門担当者だけでなく経営管理職や技術者全員が英語を聞けて話せる「内なる国際化」が必要であるとの論調が支配的である。

　この点、同社では社内で日本人上司と日本語でコミュニケーションしているので、将来経営管理に精通した有能な現地人が出現し社長になっても日本語で本社とコミュニケーションできるのである。これが可能なら「内なる国際化」論などは論点でなくなるかもしれない。少なくとも現地人管理職や事務スタッフは日常オフィスでの日本人が係わるオペレーションは日本語でやっているのである。

　なぜこんなことがベトナムの片田舎でできるのだろうか。1800名の社員のうちこれまで100名くらいは日本本社にいって研修を受けたことがあり、現在も15、6名はいっているそうである。しかし、日本語検定試験の級を持っていたり、日本語学校に通った経験のある人はほとんどおらず、日本語は自学自習であるというのである。これが本当だとすれば、いや本当なのだから全世界の日系企業は日本本社と日本語でコミュニケーションを行った方がスムーズにいくかもしれない。実際に筆者が訪問したときもMHCでは社

内外の日本人とのコミュニケーション（会話やメール等）はすべて日本語で行われていた。従来の常識を打ち破る注目すべきコミュニケーションの方法ではなかろうか。

　他方、工場を視察してみると、圧倒的に女性で20歳前後の従業員が多いのに気づかされる。すでに述べたように工場では製品検査部門が重要であり、これには目がよくみえる若い20歳前半までの従業員を揃える必要がある。しかも、検査を担当する人の人数は日本よりはるかに多く必要となる。このような目のよい若い従業員を多く採用するにはベトナムはうってつけの国である。ベトナムの人口構成の特徴は、日本とは正反対の多子・低齢化のために、10代、20代の年齢層の国民全体に占める割合が圧倒的に高く、国民の平均年齢は2006年現在で27.5歳である。とにかく街に出ても企業にいっても若い人が圧倒的に多いのである。小・中学校などは生徒で溢れかえっている。

　7）ベトナム人従業員と日本人
　まず両者の共通点についてみると、共通点の方がむしろ多いという話である。しかし、合わない面としては、ベトナム従業員はどちらかといえば個人主義的である点だという。例えば、仕事についてはきちんと範囲を決めてそれだけやるといった風である。チームワークという点では、彼らなりのものはあるのだが、日本人のそれとはかなり違ったものである。

　また、日本人経営者のベトナム人従業員に対する評価の一つとして、「向学心はあるが向上心がない」という指摘があった。これは例えば、仕事の後短大や大学にいって勉強する人も多く、向上心が旺盛であるが、勉強自体が目的化していて、その知識を応用して会社の仕事に役立てたり、さらに人生を切り開いていこうとする向上心が欠如しているという。

　また、日本企業は現場主義であるが、ベトナムの大卒者は現場に出たがらない傾向がある。そこで、他社の例ではあるが、日本に出向させて自分より優秀な人も現場主義で頑張っているのをみせつける企業もあるという（ジェトロ・ホーチミン事務所資料、2009）。

8）マニー・ハノイの今後の課題

　まず、ベトナムでも賃金が上昇してきている点である。賃金は日本と比べるとブルーカラーの場合約30分の1～20分の1であり、中国（内陸側）と比べても3割は安いといわれているが、ここ2、3年で2、3割は上昇しているという。特に、ホーチミンやハノイなどの都市部ではそうである。従って、同社は次の候補地としてミャンマー、ラオスを選択したのであるが、そこでも賃金が上昇してくると次はどこにいけばよいかという問題がある。

　また、ベトナムではインフラが十分に整っていないのに、賃金が上がっているのが課題である。ロジスティックスの問題や納期の問題もある。また、中間管理職が不足している問題もある。ある軍足のメーカーは、工場を中国からベトナムに移転したが、ベトナムには中間管理職が少なく、ロジスティックスや納期の問題とも絡んで、結局再度中国に戻っていったという話もある。

9）マニー全体の今後の課題

　最後に、マニー全体の課題について松谷会長は、「グローバル化の実現のためには、ローカル化を実行する必要がある」、といっている。すなわち、「世界一率の製品では、本当のCSは得られないし、ニセモノの世界氾濫も招くことになる。それを克服するには、最適を編み出すことである。しかし、最適は業界や規模や製品や経営資源により違うので、要するにどうすれば最適になるかを『考えて、考えて、考え抜く』ことである。よく考える前の結論と、考え抜いた結論とがたとえ同じであったとしても、その意味や重みが違う。考え抜いた結論による行動には対応力がある」と、語っている。

＊当ケースは、マニー取締役会執行役会長の松谷貴司氏（元社長）による3度の講演会（日本経営教育学会、東洋大学経営力創成研究センター〔2009年7月、2011年6月〕）、同社HP、同社国内工場見学、第53期定期株主総会（ビデオ）、およびMANI HANOI Co. Ltdでの現地社長へのインタビュー調査と工場見学等をもとに著者が作成したものである。

（2）スミダコーポレーションのケース
　1）スミダの沿革

　スミダコーポレーション（以下スミダという）は1950年先代社長の故八幡一郎氏によって創業された。同社は東京都墨田区の小さな電気店(墨田電気商会)から出発し、2000年には東証一部上場企業となったのである。同社の沿革を簡単に示したのが表9-5である（Web資料8）。

　また、外国での子会社設立の経緯は、1971年台湾現地法人、1972年韓国現地法人、1974年香港現地法人、1978年シンガポール現地法人、1988年マレーシア現地法人、1992年中国広東省に中国現地法人をそれぞれ設立している。

　2）スミダの国際化戦略

　八幡一郎社長は、71年に台湾に合弁の現地法人を設立し、初めて、正式に海外進出を行った。実は、その前から輸出も増加していたので、台湾東菱電子の工場の一部を借りてテスト操業を行ったこともあった。そのときは製品づくりにはそれほど苦労しなかったが、製品が売れなかったそうである。満を持しての台湾現地法人の設立である。スミダ電機はこの会社に資本参加し、技術とノウハウも提供し、人材も派遣した。当時としては、中小企業のメーカーが海外へ進出することは、まだ非常に珍しい時代であり、台湾政府も大歓迎であったという。

表9-5　スミダコーポレーションの沿革

1950年	八幡一郎氏が墨田電気商会を創業
1956年	スミダ電機工業（株）として法人設立
1963年	本社社屋を建設落成。社名をスミダ電機（株）に変更
1988年	株式店頭公開
1998年	東証二部上場
2000年	東証一部上場。社名をスミダコーポレーションに変更。同時に純粋持ち株会社に移行。八幡滋行氏がスミダコーポレーション最高経営責任者（CEO）就任

出所）スミダコーポレーションHPをもとに著者作成

国内での生産コストが割高でやっていけない危機感から、やむを得ず台湾に進出したのであるが、当初考えていた以上にうまくいったのである。これは現地パートナーとの信頼関係ができていたこともあるが、何より台湾人が日本語を理解してくれて日本に好意的であったことが最も大きな要因であったと一郎氏は振り返っている。こうして、スミダコーポレーションのグローバル経営の芽は、創業者の一郎氏により育まれたのである。

　その後、72年に韓国に工場を稼働させ、一時はスミダ最大の生産拠点として展開された。そして以後、香港、シンガポール、マレーシア、中国と積極的な海外展開を図っていくのである。

3）失敗の経験と教訓

　失敗というのは韓国スミダの経営である。とはいっても、創業以来、韓国スミダは拡大・成長の一途を辿り、70年代から、80年代初頭にかけては、スミダ電機は韓国スミダに支えられていたといってもよい状況であった。

　しかし、1987年の盧泰愚政権による民主化宣言以降、状況が一変したのである。この民主化の潮流が産業界にも波及し、各地で労働争議が頻発した。原因は輸出最優先政策に伴う低賃金問題である。外資系企業も例外でなく、ストライキが一気に過激さを増し、経営者の誘拐や監禁まで相次いだのである。韓国スミダではサボタージュが続き、まともな操業ができない状態に陥り、結局3カ月近く操業停止の状態が続いた。会社側の話では、当時、韓国スミダの労働組合には、過激な民主化運動の活動家が入り込み、彼らが運動を扇動し、拡大させていった。このため生産能力が落ち、1989年6月には、約3億5000万円の赤字を計上し、ついに10月には倒産してしまったのである。

　この年の12月に韓国スミダ労組の女子社員3名が来日し、本社前でハンストを決行した。韓国スミダの撤退に抗議し、工場閉鎖の撤回、解雇の撤回を要求したのである。日本のマスコミもこれを「海を越えて来日した乙女たちの悲劇」とか、「渡り鳥企業」といった論調で報道した。

　このとき、一郎氏の長男の滋行氏が専務として事実上この問題の責任者で

あった。彼は以下のように述懐している。彼の父親一郎氏は、「スミダ電機は国境のない会社である。同時に民族の違いもない会社である。あるのは、仕事をする上での能力の差だけである。また、スミダ電機は能力主義である。仕事をするうえでは、国はもちろん、日本人、台湾人、韓国人と民族は違っても、みな平等である」とよくいっていた。これは当時からスミダに、グローバル経営の精神が宿っていたことを物語っている。

しかし、日本的経営自体が、日本固有の「文化」そのものであることに気がついていなかった。つまり、現地で日本的経営を押しつけることが、日本文化を押しつけることに他ならないことがわかっていなかったのである。

例えば、「世界の多くの民族は基本的には個人主義で動いている。貧しいうちは生きるために日本の集団主義を受け入れるが、ある程度豊かになってくると、個人主義が首をもたげるようになる。社会の豊かさとは関係なく集団主義を是とするのは、日本ならではの集団主義に他ならないのだ」、と滋行氏はいう（桐山、2010）。

結局、1990年6月、スミダ電機は、日本本社負担で韓国スミダ労組に「一時金3億9600ウォン（約8500万円）と正規の退職金を支払う」ことで交渉を決着させた。

4）ボーン・アゲイン・グローバル企業としてのスミダ

先代社長の八幡一郎氏は、英語も話せないドメスティックな自分の力量では、輸出量は増えていても会社のグローバル化には限界があると考えていた。そこで1968年3月、中学を卒業したばかりの長男滋行氏を16歳のときからロンドンに留学させた。最初、英語学校に入学し、ボーディングスクールを経由し、ケント・カンタベリー大学に入学した。結局、1977年8月までの約8年間、日本に一時帰国したのはたった1回だけだったという。

次男も高校からイギリスに、三男も大学卒業後、アメリカに留学させている。一郎氏はこのときすでに今日のスミダのグローバル経営への布石を打っていたのである。

スミダは今日グローバル企業として注目されている。八幡滋行現CEOは、

「顧客は世界、生産も世界、経営も世界……、考え方を、単に日本のみからグローバルに切り替えるだけで、その可能性は1億人相手から67億人相手に変わり、市場が67倍になる。結果、よい人材を集められる可能性も67倍に。資金調達も日本だけではなくなる」と述べている（桐山、2010）。

現在のスミダは、電子部品のL素子（コイル、トランス、インダクタ）の専業メーカーである。今や、売上の80％は海外市場であり、連結従業員数は約2万人であり、うち日本人は約600人である。主力生産拠点は、中国、台湾、メキシコ、ベトナム、ドイツ、オーストリア、ルーマニア、スロベニア（委託加工先含む）など、9割以上が海外である。研究開発拠点は日本国内50％、海外50％である。株主の持株は4割以上が外国資本である。日本企業としては珍しい文字通りのグローバル企業である。

八幡CEOは、「日本的な、ドメスティックな企業観や企業文化を潔く捨てた」と述べている。それは既述のように現地で日本的経営を押しつけることが、日本文化を押しつけることになるからである。同氏は日本人の集団主義の共同体意識を壊す必要があったという。

また、「スミダの一員である限り差別はしない。スミダに国籍はない」ともいう。そして、あらゆる民族が快適に過ごせる組織への変革を推進している。「違いを認めること、それをプラスとして超えること、それにチャレンジし続けること、それがグローバル経営である」と述べている（桐山、2010）。

さらに、同氏は人材育成において一番大切なこととして管理者と経営者は違うことを強調している。例えば、「日本企業は海外子会社の社長に本社の管理者を派遣することが多いが、これではグローバリゼーションの中での生き残りは難しい」と述べている。欧米では会社のトップは他社からスカウトしてくることが一種定着している。管理者の仕事と経営者の仕事は全く違うという考え方である（桐山、2010）。この点については、著者たちの研究調査（東洋大学経営力創成研究センター、2011）でも注目した点であった。

5）スミダのグローバル経営

最後に、スミダがいかにしてグローバル企業になったかをみてみたい。ま

ず、スミダでは「部課長制度」を廃止し、事業の一つ一つをビジネスユニットという単位に細分化することで、「ユニット制」を採用した。それに伴い、事業活動をプロジェクトごとに実行する機動力のある体制が整備されたのである。新たなプロジェクトが立ち上がるごとに、各事業分野のビジネスユニットが結集してチームをつくり課題に取り組む。

八幡CEOは、「部課単位の集団責任体制ではなく、個人が企業とどういう契約をして、どういう役割を担っているのかを明確にしたかった」といっている。このようにして整備された「プロジェクト・マネジメント型組織」の機動力は、すぐにスミダの強さになったのである。

また、権限委譲された各ビジネスユニット間でリーダーが話し合うので稟議書もなく社内調整に時間を要しない。従って、短納期・高品質・高顧客満足度を一挙に実現したという。

さらに、スミダはグローバル経営の推進のため社内において英語を共通語としている。特に、取締役、執行役以上の会議は英語が原則であり、議事録や公式記録も英語である。社内共通語を英語にしたメリットは2つある。一つは、瞬時にすべてのグループ会社に情報を伝達できることで仕事がスピードアップし、コストの削減も可能になること。もう一つは、言語間の誤差がなくなり、コミュニケーションギャップも解消されることであるという。新しい知識や技術をいち早く手に入れるには社員が英語に親しんでいることが必要である。英語を使わないと情報力に限界があり、事業の発展力を弱めてしまうことになる。また、グローバルな市場で活躍できる優れた人材を確保するためにも英語で活躍できる場を社内につくることが重要である（桐山、2010）。

さらに、スミダは純粋持株会社に移行し、それと同時に人事権を各事業会社の人事部門に委譲している。そして、持株会社のグローバル人事部門ではグループ全体の人事戦略や人材育成の基本方針を決定する。また、年功序列制度を廃止することにより実力主義への転換を図っている。それはピラミッド型階層組織の破壊である。この階層組織が内向き組織をつくる元凶であり、

日本中心主義を生み、優秀な人材の確保の阻害要因になっていたとの認識である。これによって、外向きの組織づくりとグローバル・スタンダードな人材確保を目指したのである。

さらに、同社が大鉈を振るったのが退職金制度の廃止である。これが外国人を採用する際の阻害要因であり、退職金制度を知らない外国人には単なる薄給としか映らなかったのである。退職金制度廃止の時点で、これまで長期にわたって蓄積していた内部留保金により全社員に退職金を支払ったのである。退職金の前払いである。

部課長制の廃止に続いて、年俸制も導入している。これにより、ベースアップやボーナス制度も廃止した（桐山、2010）。

次は、コーポレート・ガバナンスの改革である。まず、「開かれた株主総会」にするために、一般株主の利便性を考えて開催日を土曜日にしたり、ITを活用した「投票システム」も導入している。また、国内外機関投資家に加え、個人株主向けにも会社説明会を行っている。2003年には、コーポレート・ガバナンスの強化を目指し、日本初の「委員会設置会社」として登録している。この取締役会の委員会には外国人取締役も入っている。こうしたスミダのコーポレート・ガバナンス改革はハーバード・ビジネス・スクール（HBS）のケースにもなっている。

以上、スミダの「グローバル経営」では、日本企業が怖がってやらなかったことをほとんど実施しており、こうした変革への積極的なチャレンジは高く評価することができよう。

最後に、本章を研究目的に照らして整理してみよう。まず、国際的企業精神については、テラモーターズの徳重社長の場合、浪人時代に受験勉強だけでなく松下幸之助はじめ名だたる起業家についての著書を読みあさり「どんな困難に直面しても決して諦めず、歩みを止めない」ことを学んだことにその萌芽をみるのである。そして、アメリカでのビジネス・スクールやシリコンバレーでの起業に関する国際的経験や知識の蓄積により、「日本発のメガ

ベンチャーを生み出したい」という国際的起業家としての高い志と熱い思いを有している点が特筆されよう。

　また同社においては、創業時から中国で部品を調達し、設立2年目でベトナム工場の建設に着手したり、フィリピンでの国家プロジェクトに応札するといった早期国際化が可能なのは、2倍の質で、2倍働き、普通の大企業より4倍速で働く結果であるとしており、また、徳重社長の「スピード経営」をすれば大企業との競争に勝ち残れるという信念によるところが大きいと思われる。

　さらに、同社の競争優位の源泉については、電動バイクは4輪車に比べて部品点数も圧倒的に少なく構造が簡単であり、ガソリンのバイクとの比較では音が静かで、CO_2 を出さず、充電料金が安く、さらには大企業が参入しにくい分野であるなどBGCとして好条件を備えていることである。

　一方で、ジオ・サーチの富田社長の起業家精神については、大学時代に船でアジア諸国やオーストラリアを見て歩いたことや三井海洋開発時代の海外駐在経験によるところが大きく、またその後自分の提案したプロジェクトが社内で実現し、「企業内アントレプレナー」としての経験も積んだことが大きいと思われる。また、独立後はカンボジア・タイ国境での地雷の探知・除去活動を通じた国際的な社会起業家としての経験を積んだことも大いに寄与していると思われる。また、同社の競争優位の源泉は、一言でいえば、世界のどこにもないインフラ・セキュリティー・サービス企業であることであり、具体的には、路面下探索システムの開発による空洞、埋設物やコンクリート構造物内部の劣化等の探索ノウハウであった。

　2人の起業家に共通しているのは、自社の企業活動だけでなく広く世界の市場に目が行き届いていることである。徳重氏の場合は、自社をメガベンチャーに導き、将来自社から多くの国際的アントレプレナーを輩出させることを目標にしている。富田氏の場合も上記の海外での地雷の探知・除去だけでなく、国内においても東日本大震災をはじめ多くの震災への復興支援を通じて、広く社会に貢献しようとしている点である。

次に、ボーン・アゲイン・グローバル企業について、その国内事業から国際事業への移行はいかなる契機によるものだったのか。マニーの場合、「日本人の高学歴化や労働人口の減少によって労働集約的な作業は国内では難しくなる」との松谷貫司社長（当時）の将来予測があったことである。また、同社製品はニッチ市場向けであってもグローバル・ニッチで世界一を目指せば必ず企業成長に繋がることを常に意識した事業活動に徹しているといえよう。そのため、製品の改良や新製品の開発だけでなく、「委員会設置会社」への移行や「ステークホルダーの利益の共通化」など、国内本社のコーポレート・ガバナンスを世界標準に高める努力がなされている。

　一方、スミダの場合、八幡一郎前社長がこのままでは国内の中小企業で終わってしまうとの危機感から、自分の子息たちをイギリスやアメリカに留学させて、国際企業への転機を図ろうとした意気込みが感じられる。また、海外進出後も、韓国スミダでの失敗の経験を生かして、他の国々へのグローバル展開に成功している。さらに、同社では早くから日本の大企業も怖がってなし得なかった伝統的な日本的経営からの脱却を図るための施策や、コーポレート・ガバナンスの世界標準化を実施している。

◆参考文献
巻末の参考文献を参照

終章

本書の結論

　国際経営あるいはグローバル経営を取り巻く環境は、ここ数十年間で劇的な変化を遂げている。経済のグローバル化の進展、世界市場経済の統合、ナレッジ・エコノミーの進展、情報通信技術（ICT）の進展とそれに伴うインターネットの発展、BRICsなどの新興市場の台頭と市場化、中国・ベトナムなど社会主義新興国の技術力向上などにより、国際的な経営の内容は大きく変化している。

　そのため現代の多国籍企業やグローバル企業は新しいパラダイムや理論的枠組みに立脚し、絶えずイノベーションに挑戦しながら持続的競争優位性を確保できるようなビジネスモデルや経営の展開に迫られている（江夏他、2008：p.1）。このような現実の変化に応えるべく、多くの多国籍企業やグローバル企業は、例えば、グローバル化に即応したCSR、国際的なM&Aや戦略提携、BRICsやVISTA（ベトナム、インドネシア、南アフリカ共和国、トルコ、アルゼンチン）などの新興市場の開拓、BOP（base of pyramid）市場など未開拓分野の掘り起こし、グローバル・スタンダードなコーポレート・ガバナンス、国際的なナレッジ・マネジメントなど多くの新しい国際経営の分野に果敢に挑戦している。

　そのような環境の中で国際経営研究のニューフロンティア領域の一つとして注目されるのが、本書で取り上げたBGCの国際化・グローバル化に関する研究である。欧米では1980年代末頃から研究が開始され、2000年以降着々とその成果が発表されているが、残念ながらわが国ではほんの少数の研究者による研究が緒に就いたばかりである。

その理由としては、これまでベンチャー企業や中小企業は国内市場中心の活動をしており、国際市場・グローバル市場での活動は大規模多国籍企業の独壇場であったからであろう。また、少なくともバブル経済までは日本は自由主義市場でGNP世界第2位を誇る経済大国であり、国内市場規模が大きかったことにもよるであろう。特に、ベンチャー企業や中小企業は北欧諸国のように自力で海外市場に打って出なくても十分やっていけたのである。また、わが国ではベンチャー・ビジネスに対するエンジェルやベンチャーキャピタルからの支援はアメリカなどに比べて決して十分なものではなかった点である。国内で起業する際にそうなのだから、ましてや海外展開を図ろうとする企業への支援はほとんど望めないものであっただろう。さらに、海外留学を経験したり、大企業の海外事業部等の国際部門に所属したような、海外経験が豊富な人材が今日のように豊富ではなかったことも大きな原因として考えられる。これまでみてきたように、国際的起業家精神を持った起業家の存在はBGCの創業およびその後の国際化プロセスにおいて重要な役割を演じていると考えられるからである。

さて、本書においては、序論で述べた7つの「本書の研究目的」の解明に取り組んできた。再度、そのリストを示せば次表の通りである。

1番目の研究目的は、BGCの国際化プロセスを解明することであった。これには2つの課題があり、1つ目は、伝統的な国際化プロセスとどこが違うのか。その違いはなぜ発生するのか、であった。この課題については、第4章の「ボーングローバル企業に関する文献レビューと理論的枠組み」および第5章の「ボーングローバル企業の概念と新しい国際化アプローチ」において詳しく検討した。ウプサラ・モデルが確立した連鎖モデルでは国際化は国際化に関係ない状態から輸出へ、さらに現地生産へと漸進的・段階的に進展すると考えられているが、実際には、BGCはさまざまな参入オプションを選択し、場合によってはそれらをいくつかの国で同時的に採用する企業も存在する。また、伝統的な大規模多国籍企業の国際化プロセスが漸進的・連続的・段階的であるのに対してBGCのそれは必ずしも同じではなく、時には

本書の研究目的

1.	BGC の国際化プロセスを解明する。 ① 伝統的な国際化プロセスとどこが違うのか。その違いはなぜ発生するのか。 ② BGC はなぜ急速な国際化（早期国際化）が可能か。それを可能にする要因は何か。
2.	希少な経営資源しか持たない BGC がなぜ国際市場で伝統的な大規模多国籍企業との競争に伍していけるのか。また、その場合の「持続的競争優位性の源泉」は何か。
3.	BGC の経営の解明にはどのような研究アプローチがなされてきたのか。また、それらは「本書の研究目的」のいずれを解明するのに役立つか。
4.	BGC と類似した企業概念について、それら企業の特徴を明らかにすると同時に、それら企業との比較研究により BGC の特徴を明らかにする。
5.	北欧諸国にはなぜ BGC が多いのか、各国の BGC 出現の背景は何か、BGC を創出・成長させる政策的基盤や支援機関の実態はどうなっているか、を明らかにする。
6.	わが国のボーングローバル企業やボーン・アゲイン・グローバル企業にはどのような企業があるのか。また、それらはなぜグローバル企業になり得たのか。
7.	ボーングローバル企業の早期国際化や持続的競争優位性の源泉は、従来の国際経営の理論で解明可能なのか、それとも新しい理論の構築が必要なのか。

国際化の発展段階のいくつかを飛び越えて発展する「蛙跳び」もあるのであった。

　それではそうした違いがなぜ発生するのかといえば、第1には、企業を取り巻く現代の環境が BGC 出現前の環境と大きく変わったことである。具体的には、外部環境要因としての、グローバル化の進展、世界市場経済の統合、ナレッジ・エコノミーの進展、ICT の発展、特にインターネットの登場、途上国の市場化や技術力の向上、等である。

　しかしながら、これらの外部環境要因は大規模多国籍企業にも同様な影響を与えており、BGC の国際化を容易にする必要条件（背景）であっても、大規模多国籍企業の国際化との違いを説明する十分条件とはいえない。他のより本質的な理由は何かということになる。それは BGC 自体の内部環境要因、すなわち、BGC の希少な経営資源の有効利用や経営者による国際的起業家精神（志向）の台頭などである。

　国際化プロセスとの関係で、2つ目は、BGC はなぜ早急な国際化（早期国際化）が可能なのか、また、それを可能にする要因は何か、である。第4章

および第6章では、何人かの研究者たちは、ある産業のグローバルな統合水準と競合企業の国際化の程度が、新たな企業の海外進出の早さに影響を及ぼす要因であると述べていた。また、他の研究者たちは、伝統的多国籍企業とは別のタイプの企業における多様な国際化の「経路」が認められる統合モデルを提示し、早期の国際化を促進させる企業内外の諸要因（最先端の知識など）の役割に焦点を合わせていた。また、他の研究者たちはBGCを育成し、支援する公共政策の役割を重視しており、著者もその一環として北欧諸国で実施したBGC支援機関の実地調査を通じて考察を行った。

さらに、中小企業の輸出業者を調査したMcNaughton（2003）は、企業は独占所有権のある知識集約的な製品を所有していればいるほど、また強力なグローバル志向産業に属していればいるほど、また小さな国内市場しか持たない国で創業すればするほど、初期の国際化段階から多数の海外市場をターゲットにする傾向があることを示唆している。

また、加速化された国際化に関して国際的起業家精神（起業家的ダイナミックス）を調査したMathews & Zander（2007）は、急速な早期国際化の際立った特徴を理解するには、起業家精神と国際的な志向を統合して捉えることがベストであると主張している。

さらに、Zhou（2007）は、早期に国際化する企業では海外の市場知識は革新的で積極的な起業家精神による機会を探究することから得られるとしている。さらに、彼は、起業家精神の特質に関わる3つの局面を説明しており、特に「積極性」は最も影響力が強く、その次には「革新性」であり、「リスクテイキング」の局面は最も影響力が少ないと述べている。

Kudina, Yip & Barkema（2008）はイギリスにおけるボーングローバルを研究し、早期国際化の主要な理由は国内市場のサイズが小さいことにあることを見出している。さらに、彼らは、早期国際化へ企業を推し進める重要な諸要因として、グローバルネットワークと連携の存在、世界中の買い手のニーズの同質性、コミュニケーション技術の進展、経営者の持つ以前の国際化の経験、等を強調していた。

また、VCから資源を広く入手できる産業では、早期に国際化できる傾向があるとの説も提示されている。この点はわが国BGCの育成、発展の速度が緩慢になる大きな理由でもある。

　研究目的の2番目は、希少な経営資源しか持たないBGCがなぜ国際市場で伝統的な大規模多国籍企業との競争に伍していけるのか、という課題であった。これについては、資源ベース論を中心に、第4章、第5章、および第6章で検討した。それはBGCが持続的競争優位性を有しているからであるが、その優位性の源泉として何が重要なのか。つまり、BGC固有の持続的競争優位の源泉は何かということである。

　資源ベース論では、具体的な資源特性として、①その資源が経済的価値を有すること（value）、②希少性があること（rarity）、③模倣が困難であること（inimitability）、④以上の経営資源を活用できる組織になっていること（organization）の4つを挙げている。さらに、模倣困難性の内容として、①独自の歴史的条件、②因果関係の曖昧性、③社会的複雑性、④特許、を挙げている。これらの資源特性は伝統的な大規模多国籍企業だけでなくBGCにとっても重要である。資源ベース論では、経営資源の中でも目にみえない技術、スキル、マネジメント・ノウハウなどの暗黙知をベースとした無形の資源を重視する。

　しかし、資源の特性や条件は持続的競争優位性を生み出すための必要条件ではあるが十分条件ではあり得ない。企業が所有する経営資源にはリソースとケイパビリティがある。そこで本研究では持続的競争優位性を構築するには、これらのリソースを活用する能力、つまりコンピタンスまたはケイパビリティが重要であると考えた。ケイパビリティとは、「組織プロセスを利用して望まれる結果に向けてリソースを配置する企業のキャパシティあるいは資源間の複雑な相互作用を通じて時間をかけて開発される企業特殊的能力」、と定義される（高井、2007：p. 102）。

　従って、持続的競争優位性は、リソースよりもむしろケイパビリティによってもたらされる場合が多いのである。リソースとケイパビリティが競争

優位性を創り出すためには、顧客、ライバルなどの戦略的外部要因と企業内部の戦略的資産との適合が必要である。

また、企業が持続的競争優位性を構築するためには、複数のイノベーションを連続的に組み合わせ、そのようなイノベーションを継続的に起こしていく組織能力を構築する必要がある。つまり、ラディカル・イノベーション、市場創造イノベーション、インクリメンタル・イノベーションなどの複数のイノベーションを連続的に組み合わせる組織能力を構築することで持続的競争優位を構築できることになる。

Lado, et al. (1992) は、コンピタンスの4つの源泉を統合的にリンクしたシステムモデルを構築している (Lado, et al., 1992：pp. 77-91)。当モデルでは、トップによる戦略的リーダーシップが組織戦略や業績に大きな影響を与え、そのようなリーダーシップが企業特殊的コンピタンスを活用しユニークさを打ち出せる限り持続的競争優位性の源泉となることを示している。企業のトップは個々のコンピタンスを引き出し、統括し、全社的な持続的競争優位性の構築に繋げるのである。このような持続的競争優位性の構築は、大規模多国籍企業だけでなくBGCの経営にも共通する部分が多いといえよう。

次に、ネットワーク・アプローチからみたBGCの持続的競争優位性では、著者は次のような知見がその持続的競争優位性にとって重要だと考える。企業ネットワークの繋がりは企業特殊的であり、模倣するのが難しく、次の3つの局面に関わることになる。すなわち、①その企業に入手可能な情報、②それを手に入れるタイミング、③自社の「紹介状」の働き、である。まず、ネットワークは企業にとって市場で起こっていることについての情報の源である。同じ情報がその市場のすべての企業に利用可能なわけではない。2つ目に繋がりは特定の情報がある特定の企業に到達するタイミングに影響を及ぼす。最後に、ネットワークの中で中心に位置する企業ほどより多くの、よりよい知識をそれらの競争相手に比べて早期に受け取るのである。このことは企業の国際化プロセスと持続的競争優位性に影響を与えることになろう。

その繋がりは強い場合も弱い場合もあるだろう。繋がりは時間量、感情的

強度、親密さ、相互依存性の程度が低いと弱くなる。ここで注目すべきは、数多くの弱い繋がりを持つ企業は強い繋がりを有する企業よりも優位性を享受できる場合があるという観点である。

第1に、数多くの弱い繋がりを維持する企業の方が多くの強い繋がりを有する企業よりコストの面で有利な立場にある。強力な繋がりには企業間のタイトな統合が必要であり、維持するコストが高くつく。第2に、弱い繋がりは強い繋がりより新鮮な知識を供給する。弱い繋がりで結びついている企業の知識は強い繋がりのそれよりも類似点が少ない。強い繋がりの中にいる企業はお互いに類似の知識ベースを採用し開発することになる。第3に、弱い繋がりは企業間が分離している（de-coupling）ことを意味しており、このことは企業の適応行動に対する制限が少ないことになる。弱い繋がりの中にいる企業は新しい知識を探索し、より大きな自治を享受し、適応するのに有利な地位にある。強力な繋がりは企業の知識ベースの適応的対応を制限することになるかもしれない。従って、多数の弱い繋がりを持っている企業は数少ない顧客のニーズに対してカスタマイズ度の高い製品やサービスを開発できるかもしれない。製品やサービスが標準化され、アフターサービスの必要性が少なくなるにつれてニッチ市場の少数の顧客についての専門的な知識が必要になる。以上の知見は、BGCの持続的競争優位性に繋がると考えられる。

3番目のアプローチとして、国際的起業家精神の台頭は、そのこと自体が当該のBGCにとって持続的競争優位性の根源であるといえよう。BGCが出現した背景をみると、今日のグローバル化の進行、ICTの進展（特にインターネットの急速な発展）、国際ネットワークの展開などの要因が大きく関わっている。しかし、これらの要因に勝るとも劣らないほどに重要な要因として、豊富な国際的経験と知識を持った起業家精神の旺盛な多数の起業家（アントレプレナー）の出現を挙げることができよう。多くの国際的起業家精神の研究において顕著な特性の一つは、BGCが国際活動において強力な起業家志向を示す傾向があることである。特に、BGCは海外で比較的攻めの姿勢をとる経営者を有しており、国際的な機会の積極的な探査・追求を支援する

組織文化を有する傾向があるという。こうした傾向は、その企業が競争的・戦略的な目標を達成するのに、革新的、積極的でリスクを恐れない行動をとることに反映されている。

さらに、メタナショナル経営論からの観点を第5章で展開した。この観点を導入する理由は、BGC誕生の背景として「メタナショナル現象」が大きく与かっていると考えられるからである。メタナショナル経営は、トランスナショナル経営よりも21世紀の知識経済時代にフィットとした注目に値するグローバル経営の新モデルとして登場した。この革新的なモデルの特徴は、本国に立脚した競争優位性にだけ依存するのではなく、それを超越してグローバル規模で優位性を獲得しようとするところにある。換言すれば、「メタナショナル経営は、世界に拡散する新しい技術、能力、市場ニーズなどに関する知識をいち早く感知・獲得し、それらを自社で革新的な製品・サービス・生産プロセスを創造するために移転し、さらに日常業務に活用して価値創造を行い、競争優位を創造する経営である」(桑名、2008：pp. 247-268)。まさに、BGCが将来目指す方向性を示しているといえるのである。また、メタナショナル企業の経営は、BGCのそれと規模の大小の違いはあっても、外部環境、産業・技術の特徴、経営資源、競争優位性の源泉、経営志向、国際経営戦略等において類似性が高く、その長所をBGCの経営に大いに取り入れることが持続的競争優位性に繋がると考えられる。

さて、3つ目の研究目的は、BGCの経営の解明にはどのような研究アプローチがなされてきたか。それらは「本書の研究目的」のいずれを解明するのに役立つか、であった。これについては第4章および第5章を中心に検討した。すなわち、ネットワーク・アプローチ、資源ベース論、および国際的起業家精神アプローチ、メタナショナル経営論を中心とした研究である。その中で、特にBGCの早期国際化の説明には、ネットワーク・アプローチ、国際的起業家精神アプローチ、資源ベース論、およびメタナショナル経営論が有効であり、持続的競争優位性の源泉については、資源ベース論とメタナショナル経営論が有効であると結論づけた。

また、第4章の文献レビューでは、これらに加えて「BGCに関す初期の研究」、「BGCの全般的特徴に関する研究」、「BGCにおける情報通信技術（ICT）の役割研究」、「BGCの経営戦略の研究」等についても検討を行った。

　結論としていえることは、BGCの早期国際化と持続的競争の優位性についての説明は伝統的国際経営論では説明できないので、それに代わる新しい国際経営の理論が必要になるということである。

　4つ目の研究目的は、BGCと類似した企業概念について、それら企業の特徴を明らかにすると同時に、それら企業との比較研究によりBGCの特徴を浮き彫りにした。第7章ではBGCとの関連でボーン・アゲイン・グローバル企業、国際ニュー・ベンチャー、国内ベースの中小企業、ハイテク・スタートアップを取り上げた。それらはBGCと本質的にどこが違うのか。またなぜ、そのような違いが生じるのか。さらに、カナダのBGCとボーン・アゲイン・グローバル企業についても比較を行った。

　次に、ハイテク・スタートアップを「起業家、発明家によって率いられる先端的な技術をシーズとする革新的な新規創造企業」と定義し、こうした企業の出現背景の一つとして「オープン・イノベーション」という概念を検討した。これは、企業内部のアイディアと外部のそれを有機的に結合させ、価値を創造することである。つまり、現代では大規模多国籍企業といえども自前で行う研究開発だけに頼るのではなく、外部にも研究開発の担い手を求める傾向が出てきている。そこで存在が浮かび上がってくるのがハイテク・スタートアップというわけである。

　しかし、ハイテク・スタートアップの成功確率はアメリカでも低く、VCから資金調達に成功した企業でもIPOに至る確率は10分の1という調査もある。また、ハイテク・スタートアップの市場要因には外的要因と企業固有の要因が考えられる。いうまでもなく、これら企業にとって最も重要なのは製品・技術である。それは競争優位の源泉であり、競合企業からの模倣を防がなければならない。

　5つ目の研究目的である北欧諸国のBGCに関する調査は著者にとって長

年の課題でもあった。すなわち、北欧諸国にはなぜBGCが多いのか、各国のBGC出現の背景は何か、BGCを創出・成長させる政策的基盤や支援機関の実態はどうなっているか、わが国が北欧諸国から学ぶべき点は何か、等を明らかにすることであった。北欧諸国に共通していえることは、人口や資源が少なく、従って内需も少なくGDPの規模も小さい。しかし、一人当たりGDPはわが国より大きい国が多いので、これを維持するには労働集約的産業ではなく、IT技術、バイオ技術、医薬品技術、健康産業技術、エネルギー・環境技術といった技術集約的で高付加価値のハイテク産業を推進する以外にない。このことが北欧4カ国においてBGCやハイテク・スタートアップの創業が盛んである一大要因であり、出現の根本的理由であることが改めて明らかになったといえる。

各国のBGCを創出・成長させる支援機関としては、例えば、フィンランドではTEKES（フィンランド技術庁）が科学技術政策を主導しており、SITRA（研究開発財団）がVC事業と起業時の資金支援活動を行っている。さらに北欧諸国では多くの起業を支援するインキュベーション施設を含むサイエンスパークがあることも明らかにした。また、各国には多くのハイテク産業の集積基地（クラスター）があり、一例としてバイオ技術に特化したデンマークとスウェーデンに跨るメディコンバレーを紹介した。

6つ目の研究目的は、日本のBGCとボーン・アゲイン・グローバル企業を特定し、それらがどのようにしてグローバル企業になったのか検討することであった。これについては、事例研究として前者ではテラモーターズとジオ・サーチを、後者としてはマニーとスミダを取り上げ、具体的に検討した。

まず、国際的企業精神については、テラモーターズの徳重社長の場合、起業家精神の萌芽は、浪人時代に受験勉強だけでなく起業家についての著書を読みあさり多大の影響を受けたとみられるのである。そして、アメリカでのビジネス・スクールやシリコンバレーでの起業に関する国際的経験や知識の蓄積が、「日本発のメガベンチャーを生み出したい」という国際的起業家としての高い志と熱い思いに昇華されている。

また同社において、創業時から早期国際化が可能なのは、2倍の質で2倍働き、普通の大企業より4倍速で働く結果であるとしており、また、徳重社長の大企業との競争を意識した「スピード経営」によるところが大きいと考えられる。さらに、同社の競争優位の源泉については、電動バイク生産の4輪車生産に比べた優位性、ガソリンバイクと比較した場合の優位性、さらには大企業が参入しにくい分野であることなどが挙げられる。

　一方で、ジオ・サーチの富田社長の起業家精神については、大学時代の海外旅行の経験や三井海洋開発時代の海外駐在経験によるところが大きく、またその後の「企業内アントレプレナー」としての経験も大きく寄与していると考えられる。また、独立後は地雷埋設国での探知・除去活動を通じた国際的な社会起業家としての経験が大いに関連していると思われる。さらに、同社の競争優位性の源泉は、一言でいえば、世界のどこにもないインフラ・セキュリティー・サービスを提供する企業であることであった。

　さらに、ボーン・アゲイン・グローバル企業の国内事業から国際事業への移行はいかなる契機によるものであったかは、マニーの場合、「日本人の高学歴化や労働人口の減少によって労働集約的な作業は国内では難しくなる」との松谷社長（当時）の将来予測があったことである。また、同社製品はニッチ市場向けであってもグローバル・ニッチで世界一を目指せば必ず企業成長に繋がることを常に意識した事業活動に徹している点である。そのため、製品の改良や新製品の開発だけでなく、「委員会設置会社」への移行や「ステークホルダーの利益の共通化」など、国内本社のコーポレート・ガバナンスを世界標準に高めている点である。

　一方、スミダの場合、八幡一郎社長（当時）が、このままでは国内の中小企業で終わってしまうとの危機感から、自分の子息たちをイギリスやアメリカに留学させて、国際企業への転換を図ろうとしたことである。また、海外進出後も、韓国スミダでの失敗の経験を生かして、グローバル展開に成功している。さらに、同社では伝統的な日本的経営からの脱却を図るために日本の大企業も怖がってなし得なかった数々の制度改革や、コーポレート・ガバ

ナンスの世界標準化を実施した点が挙げられる。

　7つ目の研究目的は、ボーングローバルの早期国際化や持続的競争優位性の源泉は、従来の国際経営の理論で解明可能なのか、それとも新しい理論の構築が必要なのか、という難しい問題である。換言すれば、BGCの出現は、伝統的な多国籍企業の漸進的・連続的・段階的な国際化プロセスにとって代わるBGC独自の新しい早期国際化を説明できる理論構築が必要なのか。また、BGCの持続的競争優位性の源泉についても、従来の伝統的な国際経営論では説明できないのか、という問題であった。著者の結論としては、BGCの国際経営戦略全般については伝統的国際経営論で説明できるとしても、早期国際化プロセスと持続的競争優位性の源泉の説明には新しい理論の構築が必要であり、早期国際化プロセスについてはネットワーク・アプローチ、資源ベース論、国際的起業家精神アプローチ、およびメタナショナル経営論が、持続的競争優位性の源泉については資源ベース論とメタナショナル経営論が、この目的に適合しうる理論であるとの結論に到達したのである。

◆参考文献
巻末の参考文献を参照

参考文献一覧

英語文献

Aaker, D. & Jacobson, R. (1994, May). "The financial information content of perceived quality". *Journal of Marketing Research*, 31 (2), pp. 191-201.

Abegglen, J. C. & Stalk, G. (1985). *Kaisha*, Basic Books（植山周一郎訳〔1986〕『カイシャ』講談社）

Acedo, F. & Jones, M. (2007). "Speed of internationalization and entrepreneurial cognition: Insights and a comparison between international new ventures, exporters and domestic firms". *Journal of World Business*, 42 (3), pp. 236-252.

Alley, J. (1997). "The heart of silicon valley". *Fortune*, July 7, pp. 86+.

Almor, T. & Hashai, N. (2002). "*Competitive Advantage and Strategic Configuration of "Born Global" Firms: A Modified Resource Based Vies*". from Web Site.

Almus, M. & Nerlinger, E. A. (1999). Growth of New Technology-Based Firms: Which Factors Matter?, *Small Business Economics*, 13 (2), pp. 141-154.

America's little fellows surge ahead. (1993, July 3). *The Economist*, pp. 59-60.

Amit, R. & Shoemaker, P. J. (1993). "Strategic Asset and Organizational Rent". *Strategic Management Journal*, 14, pp. 33-46.

Andersen, P. H., Blenker, P. & Christensen, P. R. (1995). "*Generic Routes to Subcontractors' Internationalization*". Paper Presented at the RENT IX Conference on Entrepreneurship and SMEs in Milan, Italy, November

Anderson, E. & Gatignon, H. (1986, Fall). "Modes of foreign entry: A transaction cost analysis and propositions". *Journal of International Business Studies*, 17 (3), pp. 1-26.

Arthur, W. B. (1989). "Competing technologies, increasing returns, and lock-in by historical events". *Economic Journal*, 99, pp. 116-131.

Aspelund, A., Madsen, T. & Moen, O. (2007). "A review of the foundation, international marketing strategies, and performance of international new ventures". *European Journal of Marketing*, 41 (11/12), pp. 1423-1448.

Autio, E., Sapienza, H. & Almeida, J. (2000). "Effects of age at entry, knowledge intensity, and imitability on international growth". *Academy of Management Journal*, 43 (5), pp. 909-924.

Autio, E., Lummaa, H. & Arenius, P. (2002). *Emergent "Born Globals": Crafting Early and Rapid Internationalization Strategies in Technology-Based New Firms*, Working Paper Series 91-WP-2002-003 Espoo, Finland, from Web Site.

Bain, J. S. (1956). *Barriers to New Competition*, Cambridge : Harvard University

Press.
Barkema, H. & Vermeulen, F. (1998). " International expansion through start-up or acquisition:A learning perspective". *Academy of Management Journal*, 41 (1), pp. 7-26.
Barney, J. (1991). "Firm resources and sustained competitive advantage". *Journal of Management*, 17 (1), pp. 99-120.
Barney, J. (2002). *Gaining and Sustaining Competitive Advantage*, Pearson Prentice Hall. (岡田正大訳〔2003〕『企業戦略論』ダイヤモンド社)
Bartlett, C. A. & Ghoshal, S. (1989). *Managing Across Borders:The Transnational Solution*, Harvard Business School Press. (吉原英樹監訳〔1990〕『地球市場時代の企業戦略』日本経済新聞社)
Bartlett, C. A. & Ghoshal, S. (1992). *Transnational Management*, Richard D. Irwin, Inc. (梅津祐良訳〔1998〕『MBAのグローバル経営』日本能率協会マネジメントセンター)
Bell, J. (1995). "The internationalization of small computer software firms : A further challenge to "stage" theories". *European Journal of Marketing*, 29 (8), pp. 60-75.
Bell, J., McNaughton, R. & Young, S. (2001). "'Born-again global' firms An extension to the 'born global' phenomenon". *Journal of International Management*, 7, pp. 173-189.
Bell, J., McNaughton, R., Young, S. & Crick, D. (2003). "Towards an integrative model of small firm internationalization". *Journal of International Entrepreneurship*, 1 (4), pp. 339-362.
Bilkey, W. & Tesar, G. (1977, Spring/Summer). "The export behavior of smaller Wisconsin manufacturing firms". *Journal of International Business Studies*, 9, pp. 93-98.
Black, J. A. & Boal, K. B. (1994). "Strategic Resources : Trait, Configurations and Paths to Sustainable Competitive Advantage". *Strategic Management Journal*, Summer Special Issue, 15, pp. 131-148.
Bloodgood, J., Sapienza, H. & Almeida, J. (1996, Summer). "The internationalization of new high potential ventures : Antecedents and outcomes". *Entrepreneurship Theory and Practice*, 20, pp. 61-76.
Borsheim, J. H. & Solberg, C. A. (2004). "*The Internationalization of Born Global Internet Firms*". from Web Site.
Brouthers, K. D., Brouthers, L. E. & Wernet, S. (1996). "Dunning's Eclectic Theory and the Smaller Firm: The Impact of Ownership and Locational Advantages on the Choice of Entry-modes in the Computer Software Industry".

International Business Review, 5（4），pp. 377-394.

Buckley, P. & Casson, M.（1976）. *The future of the multinational enterprise*, London: MacMillan.（清水隆雄訳〔1993〕『多国籍企業の将来』文眞堂）

Buckley, P. J. & Brooke, M. Z.（1992）. *International Business Studies*, Basil Blackwell, p. 6.（江夏健一訳〔1993〕『国際ビジネス研究』文眞堂）

Burt, R. S.（1992）. *Structural Holes:The Social Structure of Competition*, Cambridge, MA:Harvard University Press.（安田雪訳〔2006〕『競争の社会的構造—構造的空隙の理論』新曜社）

Burt, R. S.（2004）."Structural Holes and Good Ideas". *The American Journal of Sociology*, 110（2），pp. 349-399.

Carlson, S.（1975）. *How Foreign is Foreign Trade : A Problem in International Business Research*. Uppsala: Uppsala University.

Castanias, R. P. & Helfat, C. E.（1991）."Managing Resources and Rent". *Journal of Management*, 17, pp. 155-157.

Cavusgil, S. T.（1980）."On the internationalization process of firms", *European Research*, 8（6），pp. 273-281.

Cavusgil, S. T.（1982）. Some observations on the relevance of critical variables for internationalization stages. In M. Czinkota & G. Tesar（Eds.）, *Export management*, New York: Praeger, pp. 276-286.

Cavusgil, S. T.（1994）."A Quiet Revolution in Australian Exporters". *Marketing News*, 28（11），pp. 18-21.

Cavusgil, S. T.（2002）."Extending the reach of e-business". *Marketing Management*, 11（2），pp. 24-29.

Cavusgil, S. T., Knight, G. & Riesenberger, J.（2008）. *International Business*（1st ed.）. *Upper Saddle River*, NJ：Person.

Cavusgil, S. T. & Knight, G.（2009）. *Born Global Firms:A New International Enterprise*, Business Expert Press, pp. 1-111.（中村久人監訳、村瀬慶紀・萩原道雄訳〔2013〕『ボーングローバル企業論—新タイプの国際中小・ベンチャー企業の出現—』八千代出版）

Cavusgil, S. T. & Zou, S.（1994, January）."Marketing strategy-performance relationship: An investigation of the empirical link in export market ventures". *Journal of Marketing*, 58（1），pp. 1-21.

Chamberlin, E. H.（1933）. *The Theory of Monopolistic Competition*, Harvard University Press.

Chang, T. & Grub, P.（1993）."Competitive strategies of Taiwanese PC firms in early internationalization process". *Journal of Global Marketing*, 6（3），pp. 5-27.

Chesbrough, H. W.（2003）. *Open Innovation:The New Imperative for Creating an*

Profiting from Technology, Harvard Business School Press.（大前恵一朗訳〔2004〕『OPEN INNOVATION —ハーバード流 イノベーション戦略のすべて』産業能率大学出版部）

Chetty, S. & Campbell-Hunt, C. (2004). "A strategic approach to internationalization : A traditional versus a "born-global" approach". *Journal of International Marketing*, 12 (1), pp. 57-81.

Chetty, S. & Holm, D. B. (2000). "Internationalization of Small to Medium-sized Manufacturing Firms : A Network Approach". *International Business Review*, 9, pp. 77-93.

Chuusho Kigyo Cho. (1995). *Chuusho Kigyo Hakusho* (White paper on small and medium-size enterprise). In Okurasho Insatsu Kyoku. Tokyo：Treasury Department, Government of Japan（中小企業庁〔1995〕『中小企業白書 1995 平成7年版』大蔵省印刷局）

Clendenning, E. W. & Associates (2000). "*Comparison and Reconciliation of SIC and NAICS: Industry Codes Used to Define Knowledge-Based Industries (KBIs)*". Indusry Canada.

Coase, R. H. (1988). *The Nature of the Firm, Reprinted in the Firm, the Market, and the Law*, The University of Chicago（宮沢健一・後藤晃・藤垣芳文訳〔1992〕『企業・市場・法』東洋経済新報社）

Cohen, W. & Levinthal, D. (1990). "Absorptive capacity : A new perspective on learning and innovation". *Administrative Science Quarterly*, 35 (1), pp. 128-152.

Coleman, A. (2005, October 26). *How to be an expert at export*. Financial Times.

Collis, D. (1991). " A resource-based analysis of global competition". *Strategic Management Journal*, 12 (S1), pp. 49-68.

Colombo, M. G. & Grilli, L. (2005). Founders' Human Capital and The Growth of New Technology-Based Firms : A Competence-Based View, *Research Policy*, 34 (6), No. 6, pp. 795-816.

Conner, K. R. & Prahalad, C. K. (1996). "A Resourced-based Theory of the Firms : Knowledge versus Opportunism". *Organization Science*, 7, pp. 477-501.

Cooper, A. C. & Bruno, A. (1997). "Success among High-Technology Firms". *Business Horizones*, 20 (2), pp. 16-22.

Cooper, A. C., Gimeno-Gascon, F. J. & Woo, C. Y. (1994). "Initial Human Capital and Financial Capital as Predictors of New Venture Performance". *Journal of Business Venturing*, 9 (5), pp. 371-396.

Coviello, N. (2006). "The network dynamics of international new ventures". *Journal of International Business Studies*, 37 (5), pp. 713-731.

Coviello, N. & Cox, M. (2006). "The resource dynamics of international new venture networks". *Journal of International Entrepreneurship*, 4 (2-3), pp. 113-132.

Coviello, N. & McAuley, A. (1999). "Internationalisation and the smaller firm : A review of contemporary empirical research". *Management International Review*, 39 (3), pp. 223-256.

Coviello, N. & Munro, H. (1995). "Growing the entrepreneurial firm: Networking for international market development". *European Journal of Marketing*, 29 (7), pp. 49-61.

Covin, J. & Slevin, D. (1991, Fall). "A conceptual model of entrepreneurship as firm behavior". *Entrepreneurship Theory and Practice*, 16 (1), pp. 7-25.

Crick, D. & Jones, M. V. (2000). "Small High Technology Firms and International High Technology Markets". *Journal of Intrnational Marketing*, 8 (2), pp. 63-85.

Dalgic, T. (1994). "International marketing and market orientation". In C. Axinn (Ed.), *Advances in international marketing:Export marketing* (Vol. 6). Greenwich, CT : JAI Press, pp. 751-767.

Davis, D., Morris, M. & Allen, J. (1991). "Perceived environmental turbulence and its effect on selected entrepreneurship, marketing, and organizational characteristics in industrial firms". *Journal of the Academy of Marketing Science*, 19 (1), pp. 43-51.

Day, G. (1994, October). "The capabilities of market-driven organizations". *Journal of Marketing*, 58, pp. 37-52.

Deshpande, R. (1983, Fall). " Paradigms lost: On theory and method in research in marketing". *Journal of Marketing*, 47 (4), pp. 101-110.

Dess, G., Lumpkin, G. & Covin, J. (1997). "Entrepreneurial strategy making and firm performance : Tests of contingency and configurational models". *Strategic Management Journal*, 18 (1), pp. 2-23.

Di Gregorio, D., Musteen, M. & Thomas, D. (2008). "International new ventures : The cross-border nexus of individuals and opportunities". *Journal of World Business*, 43 (2), pp. 186-196.

Dierickx, I. & Cool, K. (1989). "Asset stock accumulation and sustainability of competitive advantage". *Management Science*, 35, pp. 1504-1511.

Dosi, G. (1988). "Sources, procedures, and microeconomic effects of innovation". *Journal of Economic Literature*, 26 (3), pp. 1120-1171.

Doz, Y., Santos, J. & Williamson, P. (2001). *From Global to Metanational:How Companies Win in the Knowledge Economy*, Boston, Ma. : Harvard Business School Press.

Dunning, J. H. (1993). *Multinational Enterprises and the Global Economy*, Addison-

Wesley, New York.

Eisenhardt, M. & Martin, J. (2000). "Dynamic capabilities : What are they?". *Strategic Management Journal*, 21 (10/11), pp. 1105-1117.

Eisenhardt, K. M. & Schoonhoven, C. B. (1990). "Organizational Growth : Linking Founding Team, Strategy, Environment, and Growth among U. S. Semiconductor Ventures, 1978-1988". *Administrative Science Qarterly*, 35 (3), pp. 504-529.

Emmerij, L. (1992). "Globalization, regionalization, and world trade". *Columbia Journal of World Business*, 27 (2), pp. 6-13.

Etemad, H. (2004, March). "Internationalization of small and mediumsized enterprises : A grounded theoretical framework and an overview". *Canadian Journal of Administrative Sciences*, 21 (1), pp. 1-21.

Fan, T. & Phan, P . (2007). "International new ventures : Revisiting the influences behind the "born-global" firm". *Journal of International Business Studies*, 38 (7), pp. 1113-1131.

Fernhaber, S., McDougall, P. & Oviatt, B. (2007). "Exploring the role of industry structure in new venture internationalization". *Entrepreneurship Theory and Practice*, 31 (4), pp. 517-542.

Freeman, S. & Cavusgil, S. T. (2007). "Toward a typology of commitment states among managers of born global firms : A study of accelerated internationalization". *Journal of International Marketing*, 15 (4), pp. 1-40.

Freeman, S., Edwards, R. & Schroder, B. (2006). "How smaller born global firms use networks and alliances to overcome constraints to rapid internationalization". *Journal of International Marketing*, 14 (3), pp. 33-63.

Friedman, M. (1953). "The Methodology of Positive Economics". In M. Friedman (ed.), *Essay in Positive Economics*, University of Chicago Press. pp. 3-43.

Friedman, T. (2005). *The world is flat*. New York: Farrar, Straus & Giroux. (伏見威蕃訳〔2006〕『フラット化する世界』日本経済新聞社)

Gabrielsson, M., Sasi, V. & Darling, J. (2004). Finance strategies of rapidly-growing Finnish SMEs : born international and born globals. *European Business Review*, 16 (6), pp. 590-604.

Ganitsky, J. (1989). "Strategies for innate and adaptive exporters : Lessons from Israel's case". *International Marketing Review*, 6 (5), pp. 50-65.

Garnier, G. (1982). Comparative export behavior of small Canadian firms in the printing and electrical industries. In M. Czinkota & G. Tesar (Eds.), *Export management*, New York : Praeger.

Ghoshal, S. & Nohria, N. (1989). Internal Differentiation within Multinational Corporations. *Strategic Management Journal*, 10, pp. 323-337.

Ghoshal, S. & Westney, E. (1993). *Organization Theory and the Multinational Corporation*, Macmillan Publishing Ltd.

Giamartino, G., McDougall, P. & Bird, B. (1993). "International entrepreneurship : The state of the field". *Entrepreneurship Theory and Practice*, 18 (1), pp. 37-42.

Gleason, K. & Wiggenhorn, J. (2007). "Born globals, the choice of globalization strategy, and the market's perception of performance". *Journal of World Business*, 42 (3), pp. 322-331.

Granovetter, M. S. (1974). *Getting a Job:A Study of Contacts and Careers*, Cambridge, MA：Harvard University School Press. (渡辺深訳〔1998〕『転職―ネットワークとキャリアの研究』ミネルヴァ書房)

Granovetter, M. S. (1985). "Economic Action and Social Structure：The Problem of Embeddedness". *The American Journal of Sociology*, 91 (3), pp. 481-510.

Granovetter, M. S. (1992). Problems of Explanation in Economic Sociology, In N. Nohria & R. G. Eccles (Eds.), *Networks and Organizations:Structure, Form, and Action*, Boston, MA：Harvard University School Press, pp. 25-56.

Grant, R. M. (1991). "The Resource-Based Theory of Competitive Advantage: Implications for Strategy Formulation". *California Management Review*, Spring, 33, pp. 114-135.

Gulati, R. (1995). "Does Familiarity Breed Trust? The Implications of Repeated Ties for Contractual Choices in Alliances". *Academy of Management Journal*, 38, pp. 85-112.

Hamel, G. & Prahalad, C. K. (1994). *Competing for the Future*, Harvard University School Press. (一條和生訳〔1995〕『コア・コンピタンス経営』日本経済新聞社)

Hedlund, G. (1986). The Hypermodern MNC：A Heterarchy? *Human Resource Management*, 25, pp. 9-35.

Hedlund, G. & Kverneland, A. (1985). "Are strategies for foreign markets changing? The case of Swedish investment in Japan". *International Studies of Management and Organization*, 15 (2), pp. 41-59.

Helfat, C. & Raubitschek, R. (2000). "Product sequencing：Co-evolution of knowledge, capabilities and products". *Strategic Management Journal*, 21 (10/11), pp. 961-979.

Hill, C. W. L. (1988). "Differentiation versus Low Cost or Diffrentiation and Low Cost：A Contingency Framework". *Academy of Management Review*, 13 (3), pp. 401-412.

Holtbrügge & Enßlinger (2005). "*Initiating Forces and Success Factors of Born Global Firms*". from Web site.

Hunt, S. (2000). *A general theory of competition*. Thousand Oaks, CA : Sage Publications.

Hymer, S. (1976). *The international operations of national firms*. Cambridge, MA : MIT Press. (宮崎義一編訳 〔1979〕『多国籍企業論』岩波書店)

Johanson, J. & Mattsson, L. G. (1988). Internationalization in Industrial Systems: A Network Approach, In N. Hood & J. E. Vahlne (Eds.), *Strategies in Global Competition*, London : Croom Helm.

Johanson, J. & Vahlne, J. (1977). "The internationalization process of the firm : A model of knowledge development and increasing foreign market commitments". *Journal of International Business Studies*, 8 (1), pp. 23-32.

Johanson, J. & Vahlne, J. (1990). "The mechanism of internationalization". *International Marketing Review*, 7 (4), pp. 11-24.

Johanson, J. & Vahlne, J. -E. (2009). The Uppsala internationalization process model revisited : from liability of foreignes to liability of outsidership. *Journal of International Business Studies*, 40, pp. 1411-1431.

Johanson, J. & Wiedersheim-Paul- F. (1975). The Internationalization of the Firm: Four Sweden Cases, *Journal of Management Studies*, 12 (3), pp. 305-322.

Johanson, J. E. (2004). "Factors Influencing the Early Internationalization of High Technology Start-ups : US and UK Evidence". *Journal of International Entrepreneurship*, 2 (1-2), pp. 139-154

John H. Dunning (1993). *Multinational Enterprises and the Global Economy*, Addison-Wesley, pp. 76-86.

Jolly, V. K., Alahuhta, M. & Jeannet, J. -P. (1992), "Challenging the Incumbents: How High Technology Start-ups Compete Globally". *Journal of Strategic Change*, 1, pp. 71-82.

Jones, M. & Coviello, N. (2005). "Internationalisation : Conceptualising an entrepreneurial process of behaviour in time". *Journal of international Business Studies*, 36 (3), pp. 284-303.

Judy, J. (1998, July 1). *Worldwise women*. Small Business News, 21.

Kaihla, P. (2005, June). "*Why China wants to scoop up your company*". Business 2. 0, pp. 29-30.

Karra, N., Phillips, N. & Tracey, P. (2008). "Building the born global firm : Developing entrepreneurial capabilities for international new venture success". *Long Range Planning*, 41 (4), pp. 440-458.

Kerin, R, Varadarajan, P. & Peterson, R. (1992). "First-mover advantage :

A synthesis, conceptual framework, and research propositions". *Journal of Marketing*, 56 (4), pp. 33-52.

Kindleberger, C. P. (1969). *American Business Abroad*, Yale University. (小沼敏監訳〔1970〕『国際化経済の論理』ペリカン社)

Knickerbocker, F. (1973). *Oligopolistic reaction and the multinational enterprise*. Cambridge, MA：Harvard University Press.

Knight, G. (1997). *Emerging paradigm for international marketing; The born global firm*. Unpublished doctoral dissertation, Michigan State University - East Lansing.

Knight, G. (2000). "Entrepreneurship and marketing strategy:The SME under globalization". *Journal of International Marketing*, 8 (2), pp. 12-32.

Knight, G. (2001). "Entrepreneurship and strategy in the international SME". *Journal of International Management*, 7 (3), pp. 155-171.

Knight, G. (2007). *The new global marketing realities*. In B. Keillor (Ed.), Marketing in the 21st century. Westport, CT：Praeger.

Knight, G. & Aulakh, P. (1998). *A taxonomy, with performance correlates, of born global firms*. In S. Cavusgil & H. Tutek (Eds.), Proceedings of the conference on globalization, the international firm and emerging economies. Izmir, Turkey.

Knight, G. & Cavusgil, S. T. (1995). The born global firm:Challenge to traditional internationalization theory. In T. Madsen (Ed.), *Proceedings of the third symposium of the Consortium for International Marketing Research*. Odense, Denmark：Odense University.

Knight, G. & Cavusgil, S. T. (1996). *The born global firm:A challenge to traditional internationalization theory*. In S. Cavusgil & T. Madsen (Eds.), Advances in international marketing 8. Greenwich, CT : JAI Press.

Knight, G. & Cavusgil, S. T. (2004). "Innovation, organizational capabilities, and the born global firm". *Journal of International Business Studies*, 35 (2), pp. 124-141.

Knight, G. & Cavusgil, S. T. (2005). "A taxonomy of born global firms". *Management International Review*, 45 (3), pp. 15-35.

Knight, G., Madsen, T. & Servais, P. (2004). "An inquiry into European and American born global firms". *International Marketing Review*, 21 (6), pp. 645-665.

Knudsen, T., Madsen, T. K., Rasmussen, E. S. & Servaia, P. (2002). International Market Strategies in Small and Medium-sized Enterprises. In. S. A. Knudsen & N. Jorgensen (Eds.), *Perspectives on Marketing Relationships*, Kobenhavn：Thomson, pp. 107-124.

Kohli, A. & Jaworski, B. (1990, April). "Market orientation：The construct, research propositions, and managerial implications". *Journal of Marketing*, 54, pp. 1-18.

Kudina, A., Yip, G. & Barkema, H. (2008, Winter). Born global. *Business Strategy Review*, pp. 38-44.

Kuivalainen, O., Sundqvist, S. & Servais, P. (2007). "Firms' degree of born globalness, international entrepreneurial orientation and export performance". *Journal of world Business*, 42 (3), pp. 253-267.

Laanti, R., Gabrielsson, M. & Gabrielsson, P. (2007). "The globalization strategies of Business-to-business born global firms in the wireless technology industry". *Industrial Marketing Management*, 36 (8), pp. 1104-1117.

Lado, A., Boyd, N. & Wright, P. (1992). "A competency-based model of sustainable competitive advantage : Toward a conceptual integration". *Journal of Management*, 18 (1), pp. 77-91.

Larson, A. L. & Starr, J. A. (1993). "A network model of organization formation". *Entrepreneurship : Theory and Practice*, 17 (2), pp. 5-15.

Liesch, P. & Knight, G. (1999). "Information internalization and hurdle rates in SME internationalization". *Journal of International Business Studies*, 30 (2), pp. 383-394.

Loane, S. (2006). "The role of the internet in the internationalization of small and medium sized companies". *Journal of International Entrepreneurship*, 3 (4), pp. 263-277.

Lu, J. & Beamish, P . (2001). "The internationalization and performance of SMEs". *Strategic Management Journal*, 22 (6-7), pp. 565-586.

Lummaa, Heikki Juhani (2002). *Internationalization Behavior of Finnish Born Global Companies*, Thesis submitted for the degree of Master of Science in Industrial Engineering and Management, Helsinki University of Technology, from Web Site.

Lumpkin, G. & Dess, G. (1996). "Clarifying the entrepreneurial orientation construct and linking it to performance". *Academy of Management Review*, 21 (1), pp. 135-172.

Luostarinen, R. & Gabrielsson, M. (2002). *Globalization and Global Marketing Strategies of Born Globals in SMOPECs*, A paper proposal submitted for the Annual Conference of European International Business Academy, 8-10 December, 2002 Athens, from Web Site.

Luostarinen, R. & Gabrielsson, M. (2006). "Globalization and marketing strategies of born globals in SMOPECs". *Thunderbird International Business Review*, 48 (6), pp. 773-801.

Luostarinen, R., Korhonen, H., Jokinen, J. & Pelkonen, T. (1994). *Globalization and SME* (59). Helsinki, Finland : Ministry of Trade and Industry.

Madsen, T. & Servais, P. (1997). "The internationalization of born globals: An evolutionary process". *International Business Review*, 6 (6), pp. 1-14, 561-583.

Madsen, T. K., Rasmussen, E. & Servais, P. (2000). "Differences and Similarities between Born Globals and other Types of Exporters". *Advances in International Marketing*, 10, pp. 247-265.

Mahoney, J. (1995). "The management of resources and the resource of management". *Journal of Business Research*, 33 (2), pp. 91-101.

Mathews, J. & Zander, I. (2007). "The international entrepreneurial dynamics of accelerated internationalization". *Journal of International Business Studies*, 38 (3), pp. 387-403.

Matlack, C. (2006, October 30). *Europe: Go east, young man*. Business Week.

McDougall, P. (1989). "International versus domestic entrepreneurship : New venture strategic behavior and industry structure". *Journal of Business Venturing*, 4 (6), pp. 387-400.

McDougall, P. & Oviatt, B. (1997). International entrepreneurship literature in the 1990s and directions for future research. In D. L. Sexton & R. W. Smilor (Eds.), *Entrepreneurship 2000*, Chicago : Upstart Publishing, pp. 291-320.

McDougall, P. & Oviatt, B. (2000). "International entrepreneurship : The intersection of two research paths". *Academy of Management Journal*, 43 (5), pp. 902-906.

McDougall, P., Oviatt, B. & Shrader, R. (2003). "A comparison of international and domestic new ventures". *Journal of International Entrepreneurship*, 1 (1), pp. 59-82.

McDougall, P., Shane, S. & Oviatt, B. (1994). "Explaining the formation of international new ventures : The limits of theories from international business research". *Journal of Business Venturing*, 9 (6), pp. 469-487.

McEvily, S. & Chakravarthy, B. (2002). "The persistence of knowledge-based advantage : An empirical test for product performance and technological knowledge". *Strategic Management Journal*, 23 (4), pp. 285-305.

McKinsey & Co. (1993). *Emerging exporters:Australia's high value-added manufacturing exporters*. Melbourne : Australian Manufacturing Council.

McNaughton, R. B. (2000). "Determinants of Time-span to Foreign Market Entry". *Journal of Euromarketing*, 9 (2), pp. 99-112.

McNaughton, R. (2003). "The number of export markets that a firm serves : Process models versus the born-global phenomenon". *Journal of International Entrepreneurship*, 1 (3), pp. 297-307.

Michailova, S. & Wilson, H. (2008). "Small firm internationalization through experiential learning: The moderating role of socialization tactics". *Journal of World Business*, 43 (2), pp. 243-254.

Miles, R. & Snow, C. (1978). *Organizational strategy, structure, and process*. New York : McGraw-Hill.

Miller, D. (1988). "Relating Porter's business strategies to environment and structure : Analysis and performance implications". *Academy of Management Journal*, 31 (2), pp. 280-308.

Miller, D. & Friesen, P. (1984). *Organizations:A quantum view*. Englewood Cliffs, NJ : Prentice-Hall.

Mitchell, R., Smith, B., Seawright, K. & Morse, E. (2000). "Cross-cultural cognitions and the venture creation decision". *Academy of Management Journal*, 43 (5), pp. 974-993.

Moen, O. (2002). "The born globals : A new generation of small European exporters". *International Marketing Review*, 19 (2), pp. 156-175.

Moen, O. & Servais, P. (2002). "Born global or gradual global? Examining the export behavior of small and medium-sized enterprises". *Journal of International Marketing*, 10 (3), pp. 49-72.

Mohr-Jackson, I. (1998). "Conceptualizing total quality orientation". *European Journal of Marketing*, 32 (1/2), pp. 13-22.

Mort, G. & Weerawardena, J. (2006). "Networking capability and international entrepreneurship : How networks function in Australian born global firms". *International Marketing Review*, 23 (5), pp. 549-572.

Mosakowski, E. (1993). "A Resource-based perspective on the dynamic strategy-performance relationship : An empirical examination of the focus and differentiation strategies in entrepreneurial firms". *Journal of Management*, 19 (4), pp. 819-839.

Mudambi, R. & Zahra, S. (2007). "The survival of international new ventures". *Journal of International Business Studies*, 38 (2), pp. 333-352.

Nakamura, S. (1992). *21 seiki gata chuushoo kigyoo* (21st century-style small and medium size enterprises). Tokyo : Iwanami Shoten. (中村秀一郎〔1992〕『21世紀型中小企業』岩波書店)

Narver, J. & Slater, S. (1990). "The effect of a market orientation on business profitability". *Journal of Marketing*, 54 (4), pp. 20-35.

Nelson, R. & Winter, S. (1982). *An evolutionary theory of economic change*. Cambridge, Mk. Belknap Press. (角南篤・田中辰雄・後藤晃訳〔2007〕『経済変動の進化理論』慶應義塾大学出版会)

Nerkar, A. & Paruchuri, S. (2005). "Evolution of R & D capabilities : The role of knowledge networks within a firm". *Management Science*, 51 (5), pp. 771-786.

Nesheim, J. L. (1997). *High Tec Startup: The Complete How-to Handbook for Creating Successful New High Tech Companies*, The Free Press. (エスゼインベスターズ訳〔2000〕『IT ビジネス起業バイブル―シリコンバレー・勝者のセオリー』ハルアンドアーク)

Neupert, K., Baughn, C. & Dao, T. (2006). "SME exporting challenges in transitional and developed economies". *Journal of Small Business and Enterprise Development*, 13 (4), pp. 535-544.

Nikkei Sangyoo Shimbun. (1995). Benchaa shin sedai (New generation ventures). Tokyo : Nihon Keizai Shimbun Sha. (日経産業新聞編〔1995〕『ベンチャー新世代―「起業立国」の担い手たち』日本経済新聞社)

Nohria, N. & Ghoshal, S. (1993). "Horses for Courses : Organizational Forms for Multinational Corporations". *Sloan Management Review*, 34 (2), pp. 23-35.

Nonaka, I. (1994, February). "A dynamic theory of organizational knowledge creation". *Organization Science*, 5 (1), pp. 14-37.

Nordstrom, K. (1991). *The internationalization process of the firm*. Unpublished doctoral dissertation, Institute of International Business, Stockholm School of Economics.

Normann, R. & Ramirez, R. (1993). "From Value Chain to Value Constellation : Designing Interractive Strategy". *Harvard Business Review*, Jul-Aug., 71, pp. 65-75.

OECD (1997). *Globalization and small and medium enterprises (SMEs)*. Paris : Organization for Economic Co-operation and Development.

Omae, K. (1990). *The Borderless World*, Harper Business/Harper Collins Publishers. (田口統吾訳〔1990〕『ボーダレス・ワールド』プレジデント社)

Oviatt, B. & McDougall, P. (1994). "Toward a theory of international new ventures". *Journal of International Business Studies*, 25 (1), pp. 45-64.

Oviatt, B. & McDougall, P. (1995). "Global start-ups : Entrepreneurs on a worldwide stage". *Academy of Management Executive*, 9 (2), pp. 30-43.

Oviatt, B. & McDougall, P. (1997). "Challenges for internationalization process theory : The case of international new ventures". *Management International Review*, 37 (2), pp. 85-99.

Oviatt, B. M. & McDougall, P. (1997). "A Framework for Understanding Accelerated International Entrepreneurship". In A. M. Rugman & R. W. Wright (Eds.), *Research in Global Strategic Management*, 7, Stamford, CT : JAI Press, pp. 23-40.

Oviatt, B. M. & McDougall, P. (2000). "International Entrepreneurship : The

Intersection of Two Research Paths". *Academy of Management Journal*, 43 (5), pp. 902-906.

Oviatt, B. & McDougall, P. (2005a). "Defining international entrepreneurship and modeling the speed of internationalization". *Entrepreneurship Theory of Practice*, 29 (5), pp. 537-553.

Oviatt, B. & McDougall, P. (2005b). "The internationalization of entrepreneurship". *Journal of International Business Studies*, 36 (1), pp. 2-8.

Pavilkey, S. (2001, January 19). *Pet product maker gives international clients royal treatment.* Business First, p. 20.

Pelham, A. & Wilson, D. (1995). "Does market orientation matter for small firms?". Cambridge, MA : *Marketing Science Institute*, Report No. 95-102, pp. 33-35.

Peng, M. & York, A. (2001). "Behind intermediary performance in export trade : Transactions, agents, and resources". *Journal of International Business Studies*, 32 (2), pp. 327-346.

Peng, M. W. (2001). "The Resource Based View and International Business". *Journal of Management*, 27, pp. 803-829.

Phillips, L., Chang, D. & Buzzell, R. (1983, Spring). "Product quality, cost position, and business performance : A test of some key hypotheses". *Journal of Marketing*, 47, pp. 26-43.

Porter, M. (1980). *Competitive strategy.* New York : Free Press. (土岐坤・服部照夫・中辻萬治訳〔1995〕『競争の戦略　新訂版』ダイヤモンド社、pp. 17-71)

Porter, M. (1980). *Competitive advantage:Creating and sustaining superior performance.* New York : Free Press. (土岐坤・中辻萬治・小野寺武夫訳〔1982〕『競争優位の戦略―いかに高業績を持続させるのか』ダイヤモンド社)

Porter, M. (1985). *Competitive Advantage*, The Free Press. (土岐坤・中辻萬治・小野寺武夫訳〔1985〕『競争優位の戦略』ダイヤモンド社、pp. 3-77)

Porter, M. E. (1986). *Competition in Global Industries*, Harvard Business School Press. (土岐坤・中辻萬治・小野寺武夫訳『グローバル企業の競争戦略』ダイヤモンド社、1989年)

Porter, M. E. (1990). *The Competitive Advantage of Nations*, The Free Press. (土岐坤・中辻萬治・小野寺武夫・戸成富美子訳〔1992〕『国の競争優位』ダイヤモンド社、pp. 49-257)

Porter, M. E. (1996). *What Is Strategy?* Harvard Business Review, Nov. - Dec. (中辻萬治訳〔1997〕「戦略の本質」『Diamond ハーバード・ビジネス・レビュー』、2-3月号)

Porter, M. E. (1998). *On Competition*, Harvard Business School Press (竹内弘高訳

『競争戦略論』II〔1999〕の2章、および「クラスターが生むグローバル時代の競争優位」『Diamond ハーバード・ビジネス・レビュー』、2-3月号)

Prahalad, C. K. & Doz, Y. (1987). *The Multinational Mission:Balancing Local Demand and Global Vision*, New York：Free Press.

Rahman. B. (1999, July 22). Extra eye on land, MI Financial Times.

Rasmussen, E. S. & Madsen, T. K. (2002), *The Born Global Concept*, from Web Site.

Rasmussen, E. S., Madsen, T. K. & Evaligelisra, F. (2001). "The founding of the born global company in Denmark and Australia: Sensemaking and networking". *Asia Pacific Journal of Marketing Logistics*, 13 (3), pp. 75-107.

Reed, R. & DeFillippi, R. (1990). "Causal Ambiguity, Barriers to Imitation, and Sustainable Competitive Advantage". *Academy of Management Review*, 15 (1), pp. 88-102.

Reid, S. (1981. Fall). "The decision-maker and export entry and expansion". *Journal of International Business Studies*, 12, pp. 101-11.

Rennie, M. (1993). Born global. *McKinsey Quarterly*, 4, pp. 45-52.

Rialp, A. & Rialp, J. (2007). "Faster and more successful exporters：An exploratory study of born global firms from die resource-based view". *Journal of Euro-Marketing*, 16 (1-2), pp. 71-86.

Rialp. A., Rialp, J. & Knight, G. (2005). "The phenomenon of early internationalizing firms：What do we know, after a decade (1993-2003) of scientific inquiry？" *International Business Review*, 14 (2), pp. 147-166.

Roberts, E. B. (1990). Evolving Toward Product and Market-Orientation：The Early Years of Technology-Based Firms, *Journal of Product Innovation Management*, 7 (4), pp. 274-287.

Root, F. R. (1982). *Foreign Market Entry Strategies*, AMACOM. (中村元一監訳、桑名義晴訳〔1984〕『海外市場戦略―その展開と成功へのノウハウ』ホルト・サウンダース・ジャパン)

Rosenbloom, R. S. & Spencer D. J. (1996). Engines of Innovations: U. S. Industrial Research at the End of an Era, Harvard Business School Press. (西村吉雄訳〔1998〕『中央研究所の時代の終焉―研究開発の未来』日経BP社)

Roux, E. (1979). *The export behavior of small and medium size French firms*. In L. Mattsson & F.-P. Wiedersheim (Eds.), Recent research on the internationalization of business. Uppsala, Sweden：Proceedings the Annual Meeting of the European International Business Association.

Rugman, A. M., Lecraw, D. J. & Booth, L. D. (1986). *International Business*, McGraw-Hill (中島潤・安室憲一・江夏健一監訳、多国籍企業研究会訳〔1987〕『インターナショナル・ビジネス』マグロウヒル、pp. 126-128)

Sasi, V. & Arenius, P. (2007). *Networks and Rapid Internationalization of INVs. An Advantage or a Liability?*, Manuscript submitted to the Conference on Internationalization of Indian and Chinese Firms, Brunel Business School, Uxbridge, Helsinki, Finland, from Web Site.

Sasi, V. & Arenius, P. (2008). "International New Ventures and Social Networks: Advantage or Liability?". *European Management Journal*, 26, pp. 400-411.

Selnes, F. & Sallis, F. (2003). "Promoting relationship learning". *Journal of Marketing*, 67 (3), pp. 80-89.

Servais, P., Madsen, T. & Rasmussen, E. (2007). "Small manufacturing firms' involvement in international e-business activities". *Advances in international Marketing*, 17, pp. 297-309.

Servais, P., Zucchella, A. & Palamara, G. (2006). "International entrepreneurship and sourcing : International value chain of small firms". *Journal of Euro-Marketing*, 16 (1/2), pp. 105-117.

Sharma, D. & Blomstermo, A. (2003). "The internationalization process of born globals : A network view". *International Business Review*, 12 (6), pp. 657-788.

Shane, S. (2003). *A General Theory of Entrepreneurships : The Individual-Opportunity Nexus*, Edgard Elgar.

Sheppard, M. & McNaughton, R. (2012). "Born global and born-again global firms : a comparison of internationalization patterns". In M. Gabrielsson & V. H. M. Kirpalani, (Eds.), *Handbook of Researc on Born Globals*, Edward Elgar, pp. 46-56.

Simmonds, K. & Smith, H. (1968). "The first export order : A marketing innovation. British". *British Journal of Marketing*, 2 (2), pp. 93-100.

Simon, H. (1996). *Hidden champions:Lessons from 500 of the world's best unknown companies*. Boston:Harvard Business School Press. (上田隆穂・渡部典子訳〔2012〕『グローバルビジネスの隠れたチャンピオン企業』中央経済社)

Small firms aren't waiting to grow up to go global. (1989, December 5). *Wall Street Journal*, p. B2.

Smith, W. (1956, July). "Product differentiation and market segmentation as alternative marketing strategies". *Journal of Marketing*, 21 (1), pp. 3-8.

Snow, C. & Hrebiniak, L. (1980, June). "Strategy, distinctive competence, and organizational performance". *Administrative Science Quarterly*, 25, pp. 317-336.

Stalk, G., Evans, P. & Shulman, L. E. (1992). "Competing on Capabilities : the New Rules of Corporate Strategy". *Harvard Business Review*, Mar.-Apr., 70 (2), pp. 54-66.

Stopford, J. M. & Wells, L. T. Jr. (1972). *Managing the Multinational Enterprise*, Basic Books, Inc. (山崎清訳〔1976〕『多国籍企業の組織と所有政策』ダイヤモンド社)

Storey, D. J. (1994). *Understanding the Small Business Sector*, International Thomas Learning Press. (忽那憲治・安田武彦・高橋徳行訳〔2004〕『アントレプレナーシップ入門』有斐閣)

Stray, S., Brigewater, S. & Murray, G. (2001). "The internationalization Process of Small, Technology-based Firms : Market selection, mode choice and Degree of Internationalization". *Journal of Global Marketing*, 25 (1), pp. 7-29.

Sullivan, D. (1994). "Measuring the degree of internationalization of a firm". *Journal of International Business Studies*, 25 (2), pp. 325-342.

Szymanski, D., Bharadwaj, S. & Varadarajan, P. (1993, October). "Standardization versus adaptation of international marketing strategy : An empirical investigation". *Journal of Marketing*, 57 (4), pp. 1-17.

Teece, D. (1987). *The competitive challenge:Strategies for industrial innovation and renewal*. Cambridge, MA : Ballinger.

Teece, D., Pisano, G. & Shuen, A. (1997). "Dynamic capabilities and strategic management". *Strategic Management Journal*, 18 (7), pp. 509-533.

The death of distance : A survey of telecommunications. (1995, September 30). *The Economist*, Special Section.

Timmons, J. A. (1994). *New Venture Creation*, 4th ed., Richard D. Irwin. (千本倖生・金井信次訳〔1997〕『ベンチャー創造の理論と戦略』ダイヤモンド社)

Trevino, L. J. & Grosse, R. (2002). "An Analysis of Firm-specific Resources and Foreign Direct Investment in the United States". *International Business Review*, 11 (4), pp. 431-452.

United Nations. (1993). *Small and medium-sized transnational corporations:Role, impact and policy implications*. New York : United Nations Conference on Trade and Development.

Van de Ven, A. H., Hudson, H. R. & Schroeder, D. M. (1984). "Designing New Business Startups : Entrepreneurial, Organizational, Ecological Considerations". *Journal of Management*, 10 (1), pp. 87-107.

Vernon, R. (1966). "International investment and international trade in the product cycle". *Quarterly Journal of Economics*, 80 (2), pp. 190-207.

Walker, G., Kogut, B. & Shan, W. (1997). "Social Capital, Structural Holes and the Formation of Industry Network". *Organization Science*, 8, pp. 109-125.

Weerawardena, J., Mort, G., Liesch, P. & Knight, G. (2007). "Conceptualization of accelerated internationalization in the born global firm: A dynamic capabilities perspective". *Journal of World Business*, 42 (3), pp. 294-303.

Wernerfelt, B. (1984). "A resource-based view of the firm". *Strategic Management Journal*, 5 (2), pp. 171-180.

Williamson, O. (1975). *Markets and hierarchies:Analysis and antitrust implications*. New York : Free Press.
Williamson, O. (1985). *The economic institutions of capitalism*. New York : Free Press.
World Bank. (2005). *2004 Annual review:Small business activities*. Washington, DC : World Bank Group.
Wright, P., Kroll, M., Chan, P. & Hamel, K. (1991). "Strategic profiles and performance : An empirical test of select key propositions". *Journal of the Academy of Marketing Science*, 19 (3), pp. 245-254.
Wright, R. & Ricks, D. (1994). "Trends in international business research : Twenty Five years later". *Journal of International Business Studies*, 25 (4), pp. 687-701.
Wymbs, C. (2000). "How e-commerce is transforming and internationalizing service industries". *Journal of Services Marketing*, 14 (6), pp. 463-471.
Yeoh, P. (2000). "Information acquisition activities : A study of global start-up exporting companies". *Journal of International Marketing*, 8 (3), pp. 36-60.
Yeoh, P. (2004). "International learning : Antecedents and performance application among newly internationalizing companies in an exporting context". *International Marketing Review*, 21 (4/5), pp. 511-522.
Zahra, S. & George, G. (2002). *International entrepreneurship:The current status of the field and future research agenda*. In M. Hitt, R. Ireland, M. Camp & D. Sexton(Eds.), Strategic Entrepreneurship : Creating a New Mindset. London : Blackwell, pp. 255-288.
Zahra, S., Ireland, D. & Hitt, M. (2000). "International expansion by new venture firms : International diversity, mode of market entry, technological learning, and performance". *Academy of Management Journal*, 43 (5), pp. 925-950.
Zhang, M. & Tansuhaj, P. (2007). "Organizational culture, information technology capability, and performance:The case of born global firms". *Multinational Business Review*, 15 (3), pp. 43-78.
Zhou, L. (2007). "The effects of entrepreneurial proclivity and foreign market knowledge on early internationalization". *Journal of World Business*, 42 (3), pp. 281-293.
Zhou, L., Wu, W. & Luo, X. (2007). "Internationalization and the performance of born-global SMEs : The mediating role of social networks". *Journal of International Business Studies*, 38 (4), pp. 673-690.
Zollo, M. & Winter, S. (2002). "Deliberate learning and the evolution of dynamic capabilities". *Organization Science*, 13 (3), pp. 339-351.

英文資料

Copenhagen Capacity (2011). "Medicon Valley"
EBAN (2007, 2008). "Statistics Compendium"
Finpro (2011). International Success! with Finpro
IMD (2010). "IMD World Competitiveness 2010 Year Book"
TEKES (2011). Tekes strategy : Growth and wellbeing from renewal

日本語文献

浅川和宏（2003）『グローバル経営入門』日本経済新聞社
J. C. アベグレン & G. ストーク、植山周一郎訳（1986）『カイシャ』講談社、pp. 100-101.（Abegglen, J. C. & Stalk. G. Jr.〔1985〕*Kaisha*, Basic Books, p. 61）
岩淵秀樹（2005）「デンマークの科学技術政策―北欧の科学技術政策の一例として―」文部科学省科学技術政策研究所
石倉洋子稿（1999）「イノベーションの視点から見たポーター理論の動向」『Diamond ハーバード・ビジネス・レビュー』、2-3月号
宇敷健一（2007）「オランダの科学技術戦略と研究開発機構に関する調査研究」、Web サイトより
内田衡純（2011）「北欧におけるサイエンスパークとその取組～海外調査報告～」『立法と調査』No. 321、10月、参議院事務局企画調整室編集・発行
江夏健一（1984）『多国籍企業要論』文眞堂、pp. 43-49.
江夏健一・桑名義春・岸本寿生編（2008）『国際ビジネス研究の新潮流』中央経済社
大前研一、田口統吾訳（1990）『ボーダレス・ワールド』プレジデント社、p. 37 （Omae, K.〔1990〕. *The Borderless World*, New York Harper Business/Harper collins Publishers）
Kim, Hyung Jun(2005)「ボーングローバルベンチャーコーポレーションのパフォーマンスと特徴に関する研究」忠南大学経済管理学部、Web サイトより
桐山秀樹（2010）『スミダ式国際経営』幻冬舎
R. H. コース、宮沢健一・後藤晃・藤垣芳文訳（1992）『企業・市場・法』東洋経済新報社（Coase, R. H.〔1988〕. The Nature of the Firm, Reprinted in the Firm, the Market, and the Law, The University of Chicago）
桑名義晴（2008）「国際ビジネスの今後の展開」、江夏健一・太田正孝・藤井健編『国際ビジネス入門』（シリーズ国際ビジネス1）、中央経済社、pp. 247-268.
慶應義塾大学ビジネス・スクール編（1994）ケース「パーシー・バーネビックとABB」
後藤康浩（2005）『勝つ工場』日本経済新聞社、pp. 61-101.
小林規威（1972）『インターナショナル・ビジネス』筑摩書房、pp. 27-28.

新藤晴臣（2005）「ベンチャー企業の成長・発展とビジネスモデル」『ベンチャーズ・レビュー』4号

JETRO ユーロトレンド（2002）「新治療薬などの開発進むメディコンバレー（デンマーク）」Report 5

JETRO ユーロトレンド（2003）「バイオ・医薬分野の集積進むメディコンバレー（デンマーク、スウェーデン）」Report 12

JETRO ユーロトレンド（2006）「デンマークのバイオテクノロジー産業―メディコンバレーの概観・評価―」Report 5

ジェトロ・ホーチミン事務所資料（2009）「ベトナム・ホーチミン市近郊ビジネス情報　2009」ジェトロ

J. M. ストップフォード & L. T. ウェルス、山崎清訳（1976）『多国籍企業の組織と所有政策』ダイヤモンド社（Stopford, J. M. & Wells, L. T. Jr.〔1972〕. *Managing the Multinational Enterprise*, New York Basic Books, Inc.）

鈴木典比古（1988）『多国籍企業経営論』同文舘出版、p. 23.

総務省統計局（2010）『世界の統計 2010』

高井透（2007）『グローバル事業の創造』千倉書房、pp. 85-125.

高木博康（2001）「フィンランドにおけるビジネス・インキュベーションの現状について」日本新事業支援機関協議会

竹之内玲子（2008）「メタナショナル経営論―ドーズ & サントス & ウイリアムソン―」、江夏健一・長谷川信次・長谷川礼編『国際ビジネス理論』（シリーズ国際ビジネス2）、中央経済社、pp. 191-205.

田路則子・露木恵美子編著、鹿住倫世・新藤晴臣・五十嵐伸吾（2010）『ハイテク・スタートアップの経営戦略』東洋経済新報社

㈶中小企業総合研究機構（2005）「ベンチャー企業の経営戦略に関する調査研究」、『平成17年度自主調査研究』通巻番号96号

中小企業庁（1998）「21世紀におけるハイテクベンチャー企業支援策に関する調査報告書」

露木恵美子（2006）「ハイテク・スタートアップスの創出基盤調査」第9回戦略的研究拠点育成評価委員会資料1-4

W. A. ディムザ、小林規威監修・荒井孝訳（1974）『多国籍企業の経営戦略』日本生産性本部、pp. 43-45.

徳重徹（2013）『世界へ挑め』フォレスト出版

富沢木実「駆け足、北欧3か国見聞録・産学連携と情報化（その2）」Web サイトより

冨田洋（2012）『復活への道』幻冬舎

東洋大学経営力創成研究センター（2011）「日本発経営力の創成と『新・日本流』経営者・管理者教育」に関するアンケート調査中間報告書

中村久人（2008）「ボーン・グローバル・カンパニー（BGC）の研究—その概念と新しい国際化プロセスの検討—」東洋大学『経営論集』72 号、pp. 1-16.

中村久人（2009）「資源ベース論からみたマネジリアル・ケイパビリティ—持続的競争優位性の構築を求めて—」『経営力創成の研究』学文社、pp. 61-75.

中村久人（2010a）「ボーン・グローバル企業の研究—国際的起業家精神アプローチおよびメタナショナル経営の観点から—」東洋大学『経営論集』76 号、pp. 1-12.

中村久人（2010b）『グローバル経営の理論と実態』（新訂版）、同文舘出版、pp. 97-114.

中村久人（2011）「北欧諸国における BGC を創出・成長させる政策的基盤と支援機関に関する一考察—その1：フィンランドとオランダを中心として」東洋大学『経営論集』78 号、pp. 121-134.

中村久人（2012）「北欧諸国における BGC を創出・成長させる政策的基盤と支援機関に関する一考察—その2：スウェーデンとデンマークを中心として」東洋大学『経営論集』79 号、pp. 95-111.

日刊工業新聞 2003 年 7 月 17 日

C. A. バートレット ＆ S. ゴシャール、吉原英樹監訳（1990）『地球市場時代の企業戦略』日本経済新聞社（Bartlett, C. A. & Ghoshal, S.〔1989〕. *Managing Across Borders: The Transnational Solution*, Harvard Business School Press）

C. A. バートレット ＆ S. ゴシャール、梅津祐良訳（1998）『MBA のグローバル経営』日本能率協会マネジメントセンター、pp. 197-198.（Bartlett, C. A. & Ghoshal, S.〔1992〕. *Transnational Management*, Richard D. Irwin, Inc.）

C. A. バートレット ＆ S. ゴシャール、グロービス・マネジメント・インスティテュート訳（1999）『個を生かす企業』ダイヤモンド社、pp. 11-12.（Bartlet, C. A. & Ghoshal, S.〔1997〕. *The Individual Corporation*, Harper Colins Publishers, Inc.）

J. B. バーニー（2001）「リソース・ベースト・ビュー」『DIAMOND ハーバード・ビジネス・レビュー』5 月号

長谷川信次（1989）「多国籍企業の内部化理論」『世界経済評論』10 月号

長谷川信次（1998）『多国籍企業の内部化理論と戦略提携』同文舘、p. 56.

P. J. バックレー ＆ M. Z. ブルーク、江夏健一訳（1993）『国際ビジネス研究』文眞堂、p. 3.（Buckley, P. J. & Brooke, M. Z.〔1992〕. *International Business Studies*, Basil Blackwell, p. 6）

G. ハメル ＆ C. K. プラハラード、一條和生訳（1995）『コア・コンピタンス経営』日本経済新聞社（Hamel, G. & Prahalad, C. K.〔1994〕. *Competing for the Future*, Harvard Business School Press）

原田勝広（2006）「地雷除去支援 NGO 事務局長、冨田洋にみる社会起業家として

の生き方」、原田勝広・塚本一郎『ボーダレス化する CSR』同文舘出版
G. ヘッドランド（1998）「ヒエラルキーの諸仮定とヘテラルキー：多国籍企業マネジメントへのその応用」S. ゴシャール & E. ウェストニー編著、江夏健一監訳、IBI 国際ビジネス研究センター訳『組織理論と多国籍企業』文眞堂、pp. 261-296.（Ghoshal, S. & E. Westney〔1993〕. *Organization Theory and the Multinational Corporation*, Macmillan Publishing Ltd）
ベンチャー企業の創出・成長に関する研究会（2009）「ベンチャー企業の資金調達に関する中間報告」（経済産業省）
M. E. ポーター、中辻萬治訳（1997）「戦略の本質」『Diamond ハーバード・ビジネス・レビュー』、2-3 月号（Porter, M. E.〔1996〕*What Is Strategy?* Harvard Business Review, Nov. - Dec.）
M. E. ポーター（1998）「クラスターが生むグローバル時代の競争優位」『Diamond ハーバード・ビジネス・レビュー』、2-3 月号
ミカ・クルユ、末延弘子訳（2008）『オウルの奇跡―フィンランドの IT クラスター地域の立役者達―』新評論
みずほ総合研究所（2009）「北欧等における技術移転市場の動向に関する調査報告」
諸上茂登・藤澤武史・嶋正（2007）『グローバル・ビジネス戦略の革新』（第 12 章）同文舘出版
若林直樹（2009）『ネットワーク組織』有斐閣、pp. 36-265.
山口隆英（1999）「多国籍企業の成長に関する理論的課題」福島大学『商学論集』第 68 巻第 1 号
山口隆英（2006）『多国籍企業の組織能力』白桃書房、pp. 34-35.
矢田龍生・矢田晶紀（2006）『ザ・フィンランド・システム』産業能率大学出版部
米倉誠一郎編（2006）『ケースブック 日本のスタートアップ企業』有斐閣ブックス、pp. 2-10.
A. M. ラグマン, D. J. ルクロウ & L. D. ブース、中島潤・安室憲一・江夏健一監訳、多国籍企業研究会訳（1987）『インターナショナル・ビジネス』マグロウヒル、pp. 126-128.（Rugman, A. M., Lecraw, D. J. & Booth, L. D.〔1986〕. *International Business*, McGraw-Hill）
F. R. ルート、中村元一監訳・桑名義晴訳（1984）『海外市場戦略』ホルト・サウンダース（Root, F. R.〔1982〕. *Foreign Market Entry Strategies*, AMACOM.）

Web 情報

総務省統計局：http://www.stat.go.jp/data/sekai/0.3htm
TEKES：http://www.tekes.fi/en/community/Why_Finland/626
ソフトバンクビジネス + IT：http://www.sbbit.jp/article/contr1/14558（矢田龍生「ボーン・グローバル：フィンランドからグローバル・ベンチャー企業をつ

くる人々のビジネス＋IT戦略（2）」)
メディコンバレー：www. mediconvalley. com
コペンハーゲン・キャパシティ：www. copcap. com
マルチメディア・インターネット事典：jiten. com/dicmi/docs/k13/17801s. htm

Web 資料

1　テラモーターズ HP：http://www. terra-motors. com/jp/about/
2　テラモーターズ（徳重徹氏）経営者人事対談：http://www. executive-interview. com/archives/048/index. html
3　テラモーターズ株式会社ってどこそれ？：http://shingohayashi. com/ev/terra-motors
4　ジオ・サーチ会社概要他：http://www. geosearch. co. jp/company/about. shtml
5　地中の空洞を診るインフラの「内科医」：http://diamond. jp/articles/-/22351
6　第132回ジオ・サーチ（株）冨田洋―ドリーム・ゲート・スペシャル・インタビュー：http://case. dreamgate. gr. jp/mbl_t/id=1147
7　マニー株式会社 HP：http://www. mani. co. jp/index. html
8　スミダコーポレーション HP：http://www. sumida. com/jpn/

人名索引

ア行

アダム・スミス（Smith, A.）　19
ウイリアムソン（Williamson, O. E.）　27
ウイリアムソン（Williamson, P.）　83
ウェルズ（Wells, L. T.）　58
エリクソン（Ericsson, L. M.）　234
オリーン（Ohlin, B. G.）　21

カ行

カソン（Casson, M.）　27
カブスギル（Cavusgil, S. T.）　75
カレスト（Karesto, J.）　223
キンドルバーガー（Kindleberger, C. P.）　23
ゴシャール（Ghoshal, S.）　8, 60, 64, 80-1

サ行

サントス（Santos, J.）　83
シャンタル・ロス（Ross, C.）　92
ストップフォード（Stopford, J. M.）　58

タ行

ダニング（Dunning, J. H.）　27, 31
ティース（Teece, D. J.）　27
ドーズ（Doz, Y.）　77-8, 83
徳重徹　253
冨田洋　262

ナ行

ナイト（Knight, G.）　75
ノリア（Nohria, N.）　80-1

ハ行

パーシー・バーネビック（Barnevik, P.）　72
バートレット（Bartlett, C. A.）　8, 60, 64
バーノン（Vernon, R.）　22, 24
ハイマー（Hymer, S.）　23-4
パスクァーレ・ピストリオ（Pistorio, P.）　89
バックリー（Buckley, P.）　27
フォーセン（Forsen, S.）　231
プラハラッド（Prahalad, C. K.）　77-8
ヘクシャー（Heckscher, E. F.）　21
ヘッドランド（Hedlund, G.）　77, 79
ヘナート（Hennart, J.-F.）　27
ベンダニエル（BenDaniel, D.）　208
ポーター（Porter, M. E.）　8, 39

マ行

マクマナス（McManus, J.）　27
松谷貫司　271, 290
三宅一生　92

ヤ行

八幡一郎　283, 290
八幡滋行　285
米倉誠一郎　175

ラ行

ラグマン（Rugman, A. M.）　27-8
リカード（Ricardo, D.）　20
ルート（Root, F. R.）　8
レオンチェフ（Leontief, W. S.）　21

事項索引

ア 行

ICT（情報通信技術）　2, 106
AstraZeneca　245, 247
アセア・ブラウン・ボベリ（ABB）　72
新しい国際化アプローチ　9
新しい国際市場の創造者　144
アドホックな変化　82
ALMI　238-9
アントレプレナー　256
アントレプレナー大学　228
EV タクシー　253, 258
委員会設置会社　274, 288, 290
イケア　188
5つの競争要因　44
イデオン　232
イデオン・サイエンスパーク　230
イノベーション　127
イノベーション・コンソーシアム　242
イノベーション・バウチャー　225
イノベーション・モデル　134
イノベーション理論　127
インキュベーション施設　230
インキュベータ施設　218, 232
インターナショナル企業　62
インターネット革命　176
インフラ・セキュリティー・サービス　262-3
インベンション法　241
VINNOVA　238
ウプサラ・モデル　8, 22, 35, 134
ABB　72
SKE　227
ST マイクロエレクトロニクス　88
NWO　228
NTBF　208
NVP　227

エリクソン　231, 234
LG　260
L 素子　286
エンジェル　227, 230
エンスヘーデの技術クラスター　227
オウル・サイエンスパーク　218
OIIC　219
オープン・イノベーション　208-9
オタニエミ・サイエンスパーク　217

カ 行

海外市場参入戦略　40
海外直接投資論　22
学習ケイパビリティ　127-8
各種手術機器　271
価値連鎖（value chain）　48
環境適合類型モデル　80
韓国スミダ　284
起業家（アントレプレナー）　161
起業家精神　209, 255, 289
技術・イノベーション会議　240-1
技術インキュベータ制度　242
キャパシティ　193
競争優位の源泉　213, 260, 269
距離の終焉　179
際立ったコンピタンス　188, 191
近年の貿易論　21
グローバル化　172, 175
　——の進展　2
　——の段階　18
　経営の——　16
グローバル企業　6, 61, 212, 286
グローバル（世界）企業型の経営　16
グローバル競争戦略　50
グローバル競争戦略論　44
グローバル競争優位の源泉　54
グローバル経営組織論　58

329

グローバル・スタートアップ　144
グローバル統合（integration）　78
グローバル・マトリックス組織　59-60
経営国際化の発展段階　13
経営戦略　108
ケイパビリティ　184, 187, 189
ケイパビリティ論　113, 122
契約による参入方式　41
経路依存性の概念　186
コア・コンピタンス　188
コア・コンピタンス概念　187
コア・コンピタンス経営　274
公式化（formalization）　70, 80
構造的均一性　82
構造的空隙　154
後発企業　149-50
コーポレート・アントレプレナーシップ　162
コーポレート・ガバナンス　276, 290
国際化の段階　17
国際起業家精神アプローチ　6, 9
国際事業（本）部　15
国際事業本部型経営　15
国際的アントレプレナー　289
国際的起業家　289
国際的起業家志向　164
国際的起業家精神　3, 160-1, 183
国際的起業家精神アプローチ　139, 159
国際的企業精神　288
国際ニュー・ベンチャー（INV）　1, 140, 143, 198-200, 216
コスト・リーダーシップ戦略　45
5段階アプローチ　189
コペンハーゲン・キャパシティ　215, 243
コンピタンス　184, 189-90
コンプライアンス　255

サ 行

Science Alliance　228
サイエンスシティ　233
サイエンスパーク　217, 230, 234
サウスウェスト航空　194
差別化された適合性　82
差別化戦略　45
サムソン　260
産業集積（クラスター）　233
産業組織論　184
産業Ph.D制度　243
サンダーバード経営大学院　253
ジオ・サーチ　180, 251, 262-3, 266
時間圧縮の不経済　186
資源アプローチ　139
資源ベース・アプローチ　6
資源ベース論　9, 113, 154-6, 185, 187
シスタ・サイエンスシティ　233
シスタ・サイエンスパーク　230
資生堂　91
持続的競争優位性　5, 9, 155-6, 184, 187, 193, 213
　　──の源泉　4, 6, 10, 154
SITRA（研究開発財団）　222
シャープ　195
社会化（socialization）　70, 80
社会起業家　267, 289
JAHDS　263, 268
社内共通語　287
集権化（centralization）　70, 80
手術用縫合針　271
純粋持株会社　287
準レント　185
焦点戦略　46
所有特殊の優位　31
地雷探知機　268
シリコンバレー　253, 257, 259
自律的海外子会社　15
新古典派経済学　184
シンビオン・サイエンスパーク　236
SYMBICON　223
スウェーデン研究開発会議　238
スウェーデン産業開発基金　238-9
透ける化　269

スケルカー　269
スケルカ技術　263
スタートアップ　207-8
　　地理的に絞った——　144
ステークホルダーの利益の共通化　276
スピード　259
スミダコーポレーション　251, 283
住友海上火災保険　254
成長基金　235, 243
製品ライフ・サイクル理論（PLCモデル）　8, 24
世界標準化　290
絶対生産費説　19
折衷理論（OLIモデル）　8, 31
漸進的な国際化企業　200
センター・ノベム　225
先発企業　149
戦略フォーカス　190
戦略論　184
早期国際化　5, 9, 11, 35, 99, 181, 183, 257, 259
組織学習理論　124-6
組織能力　188
ソニー　188, 234, 256

タ　行

大学発ベンチャー　208
退職金制度の廃止　288
ダイナミック・ケイパビリティ　122
ダイナミック・ケイパビリティ論　122-3
ダイヤモンド・フレームワーク　54
多国籍化の段階　18
多国籍企業　6, 16
段階モデル　58
知識ベース論　194
CHAMPION DOOR　223
中小企業　2-3, 197, 212
直接投資による参入方式　41
強い紐帯の強み　153
TNO　228
TLO（技術移転機関）　217, 219
Techno Partner　226
TEKES　221
テラモーターズ　251, 255-6
伝統的な国際化プロセス論　140
電動バイク　260
デンマークのバイオ産業　244
統合された多様性　82
統合ネットワーク　64
特に国際的な企業　150
トランスナショナル型組織　69
トランスナショナル企業　6, 8, 63, 69
　　——の特徴　64
取引コスト学派　27

ナ　行

内部化誘因から生じる優位　32
内部化理論　8, 27-8
日本的経営からの脱却　290
ネオゲン（Neogen）　173
ネットワーク・アプローチ　6, 9, 139, 147-8, 151-2
ネットワーク組織　147
ネットワーク論　115
NeBIB　227
年功序列制度　287
年俸制　288
Novo Nordisk　245, 247

ハ　行

ハイテク・スタートアップ　1, 4, 9, 140, 143, 208-9, 211-3, 215-6
ハイテク・スタートアップ企業　230
ハイマー＆キンドルバーガー理論　8, 23
パフォーマンス・モデル　81
バリュー・コンスタレーションの概念　188
BGC　1, 3, 200, 215-6
　　——の早期国際化　10
比較生産費説　20

ビジネス・エンジェル　235
ビジネスプロセスの概念　188
ファスホルム・サイエンスパーク　236-7
VC　230, 235
VTT　221
フィンプロ（Finpro）　223
FedEx　193
部課長制の廃止　288
VRIO フレームワーク　185
ヘクシャー＆オリーン理論　21
ヘテラーキー・モデル　79
ベトナム工場　258
ベトナム工場建設　253
ベンチャー企業　212, 218, 230
ベンチャー・キャピタル　2
ベンチャー・ビジネス　2-3, 159, 197
貿易論　8
ボーン・アゲイン・グローバル企業　4, 9-10, 197-9, 202-6, 251, 290
ボーン・インターナショナル　207
ボーングローバル　145, 171
ボーングローバル・カンパニー　140
ボーングローバル企業　1-3, 251
ボーングローバル経営　257
ボーングローバル現象　139, 171
ボーン・グローバルズ　140
ボーングローバル・ファーム　140
ボーン・リージョナル　206

マ 行

マーケティング・ケイパビリティ　129
マッキンゼー社　142, 145

マニー　251, 271
マニー・ハノイ（MHC）　278
マネジリアル・コンピタンス　190
マルティナショナル企業　61
マルティフォーカル・モデル　78
三井海洋開発　264
3つの基本戦略　45
メガベンチャー　253
メタナショナル企業　167-8
メタナショナル企業経営　83
　――の特徴　85
メタナショナル経営　166
メタナショナル経営論　6, 9, 139
メディコンバレー　215, 230, 235, 243-4

ヤ 行

輸出による参入方式　40
弱い紐帯の強み　153-4

ラ 行

リスク管理　255
リソース　187, 189
立地特殊的優位　33
ルンド大学　231
Lundbeck　245, 247
LEO Pharma　245
レディング学派　27
ローカル適応（responsiveness）　78
Rho-Dam Ventures　229

ワ 行

Wageningen UR　227

著者紹介

中村　久人（なかむら・ひさと）

　生　　年：1943年生まれ
　最終学歴：筑波大学大学院経営・政策科学研究科博士後期課程単位取得満期退学
　現　　職：東洋大学経営学部教授。博士（経営学）東洋大学
　専　　攻：経営管理理論、国際経営論
　主要著書：『グローバル経営の理論と実態』（単著、新訂版）同文舘出版、2010年
　　　　　　『国際経営論』（佐藤憲正編、分担）学文社、2005年
　　　　　　『グローバル経営の理論と実態』（単著）同文舘出版、2002年
　　　　　　『転換期の経営学』（共著）八千代出版、1998年
　　　　　　『多国籍企業論』（江夏健一・首藤信彦編、分担）八千代出版、1993年
　　　　　　『経営管理のグローバル化』（単著）同文舘出版、1991年
　　　　　　『最新　国際経営論』（共著）中央経済社、1990年
　論　　文：「グローバル小売企業の理論構築に向けて―小売企業のグローバル・パスに関する考察―」『国際ビジネス研究学会年報』No.11、2005年

ボーングローバル企業の経営理論
―新しい国際的ベンチャー・中小企業の出現―

2013年6月21日　第1版1刷発行

　　　著　者──中　村　久　人
　　　発行者──大　野　俊　郎
　　　印刷所──新　灯　印　刷
　　　製本所──渡　邊　製　本㈱
　　　発行所──八千代出版株式会社
　　　　　　　〒101-0061
　　　　　　　東京都千代田区三崎町2-2-13
　　　　　　　TEL　03-3262-0420
　　　　　　　FAX　03-3237-0723
　　　　　　　振替　00190-4-168060
　　　　　　　＊定価はカバーに表示してあります。
　　　　　　　＊落丁・乱丁はお取り替え致します。

Ⓒ 2013 Printed in Japan
ISBN978-4-8429-1611-8